物业管理·物业设施管理专业通用系列教材

WUYE GUANLI

ZHAOTOUBIAO SHIWU

第2版

物业管理招投标实务

 郭淑芬　王秀燕　编著

清华大学出版社

北京

内 容 简 介

本书系统介绍了物业管理招投标的基础知识、基本要求与操作程序，重点介绍了物业管理招标的程序、招标文件的编写与标底编制、投标文件的制作与投标报价等相关理论与实务。本书注重物业管理招投标理论的系统性与实践的可操作性，目的是将物业管理招投标领域系统的理论知识、规范的操作程序与标书的编制方法和技巧等介绍给学生及其他读者，以使他们全面而准确地了解和掌握物业管理招投标领域的基础知识、基本要求与操作方式。第 2 版根据行业或学科发展中出现的新观点、新内容、新知识对原有内容进行了调整与完善，加入了新的案例和链接资料，更能体现物业管理与服务工作的实践发展与变化。

本书既可作为物业管理、物业设施管理、房地产开发与经营、工程管理、酒店管理专业的应用型本科和高职高专院校的教材使用，也可作为物业管理从业人员和房地产从业人员的培训用书。

图书在版编目（CIP）数据

物业管理招投标实务/郭淑芬，王秀燕编著 . —2 版 . —北京：清华大学出版社，2010.7（2025.1 重印）
（物业管理·物业设施管理专业通用系列教材）
ISBN 978-7-302-22541-6

I. ①物… II. ①郭… ②王… III. ①物业管理-招标-高等学校-教材 ②物业管理-投标-高等学校-教材 IV. ①F293.33

中国版本图书馆 CIP 数据核字（2010）第 069731 号

责任编辑：杜春杰　王　威
封面设计：张　岩
版式设计：牛瑞瑞
责任校对：柴　燕
责任印制：宋　林
出版发行：清华大学出版社
　　　　网　　址：https://www.tup.com.cn, https://www.wqxuetang.com
　　　　地　　址：北京清华大学学研大厦 A 座　　　邮　　编：100084
　　　　社 总 机：010-83470000　　　　邮　　购：010-62786544
　　　　投稿与读者服务：010-62776969，c-service@tup.tsinghua.edu.cn
　　　　质 量 反 馈：010-62772015，zhiliang@tup.tsinghua.edu.cn
印 装 者：三河市龙大印装有限公司
经　　销：全国新华书店
开　　本：185mm×230mm　　印　　张：17.5　　字　　数：358 千字
版　　次：2010 年 7 月第 2 版　　　　印　　次：2025 年 1 月第 15 次印刷
定　　价：55.00 元

产品编号：033952-03

编　委　会

（以汉语拼音为序）

顾 问 简 介

（以汉语拼音为序）

郝寿义 著名经济学家，房地产管理专家，美国芝加哥大学博士后，南开大学经济学院教授、博士生导师，原建设部（现为住房和城乡建设部）高等教育工程管理专业评估委员会委员，中国区域科学协会副会长，天津市滨海新区管委会副主任。

胡代光 著名经济学家，教育家，北京大学经济学院和西南财经大学经济学院教授、博士生导师，曾任北京市经济总会副会长和民革中央第六届、第七届常委，第七届全国人大常委，享受国务院特殊津贴。

胡健颖 著名经济学家，统计学家，营销管理专家，房地产管理专家，北京大学光华管理学院教授、博士生导师，北京大学房地产经营与管理研究所所长，原建设部（现为住房和城乡建设部）特聘专家，北京布雷德管理顾问有限公司首席顾问。

胡乃武 著名经济学家，教育家，中国人民大学经济学院教授、博士生导师，中国人民大学学术委员会副主任，北京市经济总会副会长，国家重点学科国民经济学学术带头人，享受国务院特殊津贴。

王健林 著名企业家，大连万达集团股份有限公司董事长兼总裁，全国工商联副主席，全国政协常委，中国房地产业协会副会长，入选"20 年 20 位影响中国的本土企业家"和"CCTV 中国 2005 经济年度人物"。

谢家瑾 著名物业管理专家、房地产专家，中国物业管理协会会长，原建设部房地产业司司长，中国物业管理制度建设的核心领导者。

郑超愚 著名经济学家，中国人民大学经济研究所所长、教授、博士生导师，霍英东青年教师研究基金奖和中经报联优秀教师奖获得者，美国富布赖特基金高级访问学者。

朱中一 著名房地产专家，中国房地产业协会副会长兼秘书长，原建设部办公厅主任，多项房地产法规、文件的起草人之一。

序

自 1981 年 3 月深圳市物业管理公司成立以来，物业管理行业在中国大陆已经走过了 30 年的发展历程。现在，物业管理行业已经成为一个新兴而飞速发展的行业，就业人口数量已经近 500 万，可以和钢铁、水泥行业相媲美。随着房地产业的发展，现在的住宅存量加上新建住宅，累计产生的服务需求将是长期而巨大的，物业管理还有巨大的发展空间，从业人员数量可能超过 1 000 万人。正如著名经济学家胡乃武所言："加强对这一行业发展的规划、指导与管理，以及对服务人员的培养与培训，将是一项长期而重要的工作。"

2005 年，我们在万达集团、清华大学出版社和一些学术前辈的支持下，出版了"物业管理·物业设施管理专业通用系列教材"，在三四年的时间里，这套教材被上百家高校和培训机构采用，引起了普遍关注，业内给予了较高的评价。由于物业管理和物业设施管理是教育部批准新设立的专业，在课程设置、教学内容与方法上都处于探索阶段，从此角度来说，这套教材的意义还是很明显的。

但是，正如著名企业家、全国工商联副主席、大连万达集团董事长王健林在这套教材第 1 版序言中所说的那样："教育的发展要适应经济、社会发展的需要，否则人才缺乏的局面将继续表现为房地产业的瓶颈而制约着这一行业的健康发展。"当初我们精心打造的这套教材，在快速发展的中国物业管理实践面前，也逐渐暴露出一些问题：一是物业管理行业出现了一些新观点、新内容、新知识，需要在教材中体现出来，以便及时传授给学生；二是这几年国家和地方政府或政府的主管部门分别出台了一些与物业管理相关的新法规，过去有些规定已经不适应管理实践了；三是我们使用的一些案例已显陈旧，需要更新，使这套教材显示出生命力。基于这三点想法，在清华大学出版社的支持下，我们决定对其中八本教材进行修订，以便更好地适应教学实践的需要。

在这次修订中，我们还试图和全国物业管理师考试科目——《物业管理基本制度与政策》、《物业经营管理》、《物业管理实务》和《物业管理综合能力》中的内容结合起来，以便学生能较早熟悉这种执业资格考试，在内容和难度上适应将来的考试需要。

随着中国对外开放工作的深化，物业管理领域也开始了面对境外同行的全面竞争，来自美国、英国的一些知名企业正在全力拓展中国市场业务。它们具有技术优势、价格优势、体制优势，尤其在高档物业管理、环保高新技术、大型机械设备管理等方面优势明显。因此，中国的物业管理企业处于机遇与挑战并存的发展环境中，不论是从行业的健康发展来看，还是从服务质量的提高来看，也不论是从企业竞争力的提升来看，还是从国际经济一体化的趋势来看，加强物业管理教育、培养高水平的物业管理人才，已经成为摆在财经和工程管理教育工作者面前的重要任务。我们希望这套新修订的教材，能够适应高职高专、成人院校甚至应用型本科院校开设的物业管理、物业设施管理专业教育，为物业管理、物业设施管理人才的培养作出贡献。

在这套丛书的修订过程中，我们参阅了很多教材、著作、论文和新闻稿件，在每本书的注释或参考文献中我们对此分别做了列示，在此对这些文献的作者表示感谢。但是，这些教材可能还存在一些错误或不足之处，欢迎大家批评指正，以便下次修订时加以完善。

董 藩

2010 年 1 月

第 2 版前言

本书是在 2005 年 10 月出版的第 1 版基础上修订而成的。此次修订仍保留了第 1 版的基本框架，但对全书的体例进行了修改，多数章节的内容也作了完善。

体例修改主要是在各章正文的前面增加了学习要点、基本概念与导入案例，正文结束后，增加了本章小结、思考与讨论部分。此外，增加了《中华人民共和国招标投标法》、《前期物业管理招标投标管理暂行办法》作为附录部分。这种体例安排便于教师组织与开展教学，方便读者自学与自检。

内容修改主要是多数章节中加入了新的案例或链接资料，部分章节的内容还根据行业或学科发展中出现的新观点、新内容、新知识进行了删减、调整、充实与丰富。新选入的案例更加能体现物业管理与服务工作的实践发展与变化。

本书修订由郭淑芬和王秀燕共同负责并统稿。其中，第一、二、三、四章主要由郭淑芬修改，第六、七、八、九章由王秀燕完成，第五章由王秀燕和郭淑芬共同负责。毕晓茹、赵昌胜等同志参加了部分章节修改的讨论与校对。附录由赵昌胜整理。

衷心感谢书中注释、参考文献所列著作、文章的各位作者。

本书附有配套的电子课件可免费提供给采用本书作为教材的大专院校教师使用。

不当之处敬请同行和读者提出宝贵意见和建议。

编　者
2010 年 5 月

第 1 版前言

招投标作为一种特殊的交易方式，在国际经济往来中被广泛采用。在中国，招标与投标从改革开放以后才真正兴起，在物业管理领域推行招投标制度更是近几年的事情。

伴随中国物业管理行业的不断发展，物业管理市场的逐渐完善，物业管理招投标制度必将越来越成为影响物业管理行业规范与健康发展的重要因素。因此，房地产、工程管理、物业管理、企业管理等相关专业人士应及时、系统而全面地了解并熟悉物业管理招投标基础知识与操作方法。

本书从物业管理与招投标的基础概念入手，概述了物业管理招投标的基础知识、基本要求与操作程序，重点介绍了物业管理招标与投标的程序、招标文件的编写、投标文件的制作、投标报价等相关理论与实务。作者在写作的过程中，注重物业管理招投标理论的系统性与实际的可操作性，将物业管理招投标领域系统的理论知识、规范的操作程序与标书的编制方法和技巧等介绍给学生及其他读者，以使他们全面而准确地了解和掌握物业管理招投标领域的基础知识、基本要求与操作程序。

本书为编著层次的著作，兼作教材使用。既有全面而系统的理论知识介绍，又融合了物业管理招投标大量案例，突出了实用性。同时，本书在对物业管理招投标成熟知识的严谨介绍基础上，又保持了一定的开放性，涉及前瞻性的观点与方法。

本书第一、二、三、四章由郭淑芬撰写，第六、七、八、九章由王秀燕撰写，第五章由王秀燕和郭淑芬合写，全书由郭淑芬统稿。

本书可以作为专科学生的专业教材使用，也可作为普通高校本科生的简易教材和课外读物，以及相关专业的参考与培训用书。

王庭、俞继业等同志参加了本书部分章节初稿的校对，浙江通策集团提供了宝贵的材料，在此表示感谢。

衷心感谢书后参考文献所列著作、文章的各位作者，感谢清华大学出版社，感谢丛书主编、北京师范大学管理学院博士生导师董藩教授。但对本书知识产权方面的责任完全由作者本人负担，与他人无关。

由于作者经验不足，水平有限，不当之处在所难免，敬请各位读者提出宝贵意见和建议。

郭淑芬　王秀燕

2005 年 5 月

CONTENTS

目录

CONTENTS

目录

CONTENTS

目录

CONTENTS

目录

第一章 物业管理与招投标制度

本章学习要点

1. 物业管理领域的几个重要概念
2. 招投标的一般知识基础
3. 国内外招投标制度的起源与发展
4. 招投标制度对我国物业管理发展的意义

本章基本概念

物业 物业管理 业主 业主委员会 前期物业管理 物业服务企业 招投标 招标人 投标人 招标 投标 开标 评标 标的

导入案例

深圳"莲花北村"小区与建设部①机关大院选"管家"

1993 年底,市住宅局对即将建成的莲花北村的物业管理服务进行了招标,该大型住宅区占地面积为 39 万平方米,建筑面积 62 万平方米,总户数 6 000 户,人口为 2 万多。当时有两家物业管理公司报名。万厦居业公司经评委评议后中标。一年多后,该大型住宅区以总分 99.2 分登上"全国城市物业管理优秀住宅示范小区"的榜首。1999 年,建设部把 38 万平方米办公大楼的管理权拿出来通过招标方式选择"管家"。最后确定万科物业管理公司来管理,建设部每年支付物业管理费 300 多万元,平均每月每平方米价格仅为 0.658 元,与经济适用房物业管理费相当。2000 年元旦以后,万科物业公司全面进入建设部大院,短短几天,建设部大楼环境变了。

[评析] 1993 年底,深圳市住宅局首次尝试以招标方式为莲花北村选择"管家",但当

---

① 根据 2008 年 3 月 11 日公布的《国务院机构改革方案》,"组建住房和城乡建设部。不再保留建设部"的规定,文中凡以"建设部"或"原建设部"出现的,均指机构改革前的建设部,对应现在的住房和城乡建设部。后文不再一一说明。

时的物业管理公司对市场经济的运行机制以及生存方法还不适应，当时报名的仅有两家物业管理公司。然而万厦居业公司的辛勤工作与业绩开启了物业服务以招投标方式选择物业公司的良好开端；建设部机关率先在国家机关后勤改革中，把办公大楼的管理权拿出来通过招标方式选择万科物业管理公司管理，不仅节约了费用，还使大楼环境与人的精神面貌改变了。

招标与投标是伴随社会经济的发展产生并不断发展的高级的、有组织的、规范的交易运作方式，在国际上已经运用一二百年。它是一种引入竞争机制，也是一种适用范围极为广泛的市场行为，被广泛运用于当今强调竞争与效率的世界经济活动中。在我国，物业管理领域开展招投标则是近些年的事情，其目的是在日益快速发展的物业管理领域引入市场竞争机制，以通过加快物业管理市场化提高物业管理行业的管理服务水平，改善物业管理行业的整体效益和面貌。

本章从对物业管理几个基本概念的解释入手，在概述招投标知识的基础上，讨论了招投标对我国物业管理发展的意义。

第一节　物业管理基本概念释义

一、物业

物业英文译为"Real Estate"或"Real Property"，它是指已建成并具有使用功能和经济效用的各类供居住和非居住用途的屋宇以及与之相配套的设备、市政、共用设施，屋宇所在的建筑地块与附属的场地、庭院等。物业的定义规定了物业的内涵所包含的三个要求：（1）已建成并具有使用功能和经济效用的各类供居住和非居住的屋宇；（2）与这些屋宇相配套的设备和市政及共用设施；（3）屋宇的建筑（包括内部的各项设施）和相邻的场地、庭院、停车场、小区内的非主干交通道路。物业是一个具有弹性的概念，可以根据区域空间、所有权属等作相对划分。如根据用途，物业可以分为住宅公寓（小区）、写字楼、商铺、酒店旅馆、娱乐场所、金融大厦、工业厂房、停车场、车站、码头、仓库以及文化馆、影剧院、体育场、学校、医院等。而且，物业具有位置固定、不可移动的自然属性，所以通常又被称为不动产。就其根本性质而言，物业又只是房地产业进入消费领域的房地产商品，是房地产业在消费领域的延伸。

二、物业管理

物业管理是房地产综合开发的派生产物，它作为房地产市场的消费环节，实质上是房地产综合开发的延续与完善，是一种综合性经营服务方式。物业管理有广义和狭义之分，通常所讲的物业管理，是一种狭义范围内的物业管理，即对房地产的管理。根据我国《物业管理条例》（国务院令第504号）第二条的规定，它"是指业主通过选聘物业服务企业，由业主和物业服务企业按照物业服务合同约定，对房屋及配套的设施设备和相关场地进行维修、养护、管理，维护物业管理区域内的环境卫生和相关秩序的活动"。物业管理的对象是完整的物业，服务的对象是人（即物业的业主和非业主的使用人，包括同住人、承租人和实际使用物业的其他人）。

物业管理作为现代房屋管理的一种模式，首先产生于19世纪60年代的英国，到现在已有约130多年的发展历史。现代意义的物业管理则形成于19世纪末的美国，它对应的英文为"Property Management"。在我国，物业管理是伴随房地产业的发展与国家的改革开放而产生并发展起来的。20世纪80年代，在我国改革开放的前沿阵地——深圳和广州，首先出现了借鉴我国香港地区的经验，大胆探索并且不断创新的现代物业管理行业。我国大陆最早成立的专业化物业管理组织机构为深圳市物业管理公司，该公司成立于1981年3月10日，它的成立是我国新型房地产管理模式诞生的标志，意味着我国的房地产管理从此发生了划时代的变化。[①]

三、业主、业主大会和业主委员会

一般地，业主（Owner）是指物业的所有权人[②]。

业主大会是业主自治管理的最高权力机构，它通过业主委员会代表业主对辖区内物业实行自治管理，代表和维护物业管理区域内全体业主在物业管理活动中的合法权益。

根据《业主大会规程》[③]第三条规定，"一个物业管理区域只能成立一个业主大会。业主大会由物业管理区域内的全体业主组成；业主大会应当设立业主委员会作为执行机构；业主大会自首次业主大会会议召开之日起成立。"

根据《业主大会规程》第四条规定，在物业管理区域内"只有一个业主，或者业主人数较少且经全体业主同意，决定不成立业主大会的，可由业主共同履行业主大会、业主委员会职责"。

通常某个物业管理区域内，具备如下情况之一时，物业所在地的区、县人民政府房地产行政管理部门和街道办事处应当指导召开第一次业主大会：

（1）已交付使用的物业建筑面积达到50%。

（2）已交付使用的物业建筑面积达到30%不足50%，但交付使用已满一年。

[①] 我国香港地区于20世纪60年代就出现了物业管理，但当时香港还在英国的统辖下，故一般把深圳物业管理公司的成立时间看作我国（大陆）物业管理的开端时点。

[②] 在物业管理招投标中，有时有大业主和小业主之分。一般地，大业主特指开发商，小业主则是指物业的所有权人。若没有特别所指，业主就是指物业的所有权人。

[③] 《业主大会规程》由原建设部于2003年6月26日根据修订前的《物业管理条例》制定。

（3）已交付使用的物业建筑面积不足 30%，但交付使用已满两年。

业主委员会是业主大会的执行机构，是在物业管理活动中代表和维护全体业主合法权益的组织。业主委员会由业主大会选举产生，对业主大会负责。

业主委员会应当自选举产生之日起 30 日内，向物业所在地的区、县人民政府房地产行政主管部门和街道办事处、乡镇人民政府备案。

业主委员会委员应当由热心公益事业、责任心强、具有一定组织能力的业主担任。业主委员会主任、副主任在业主委员会成员中推选产生。

业主委员会是代表全体业主行使权利的机构，它对物业管理的健康发展有着重要的意义。

四、物业服务企业

物业服务企业是指按法定程序成立并具有相应资质条件，专门从事永久性建筑物，附属设备设施等物业以及相关和周边环境管理工作，为业主和非业主使用人提供良好的生活或工作环境，具有独立的企业法人地位的经济实体。

某一物业服务企业的机构设置及组成与其管理物业的规模、服务标准、质量是紧密相连的。

物业服务企业具有以下几个方面的特征：[①]

（1）经营性。物业服务企业通常实行"一业为主，多种经营"，并且提供有偿服务。

（2）专业性。物业服务企业必须以其所具有的资质等级，承担相应的工作，而且其从业人员也必须具有相应的专业技能及证书。

（3）统一性。由于物业及区域的整体性，要求在此区域内成立一个业主委员会，委托一家物业服务企业实施管理，避免多头管理所造成的混乱。

（4）平等性。物业服务企业与业主的法律地位是平等的，双方对于是否建立服务契约关系，均具有自主选择权。

五、前期物业管理与物业管理的早期介入

在原建设部 2003 年 10 月正式向全国推广的《前期物业管理服务协议》标准格式文本中，对"前期物业管理"下了这样的定义："前期物业管理是指：房屋出售之日起至业主委员会与物业服务企业签订《物业管理合同》生效时止的物业管理"。这说明"前期物业管理"有别于一般意义的物业管理。前期物业管理期间，由于业主委员会尚未成立，没有选聘物业公司的职权机构，但已有部分业主入住，不能没有物业管理和服务，那只能由开发商选

[①] 姜旱龙，张涞贤. 物业管理概论. 武汉：武汉理工大学出版社，2008，53

聘物业管理单位，或者就是开发商属下的物业公司来承担物业管理和服务工作。

物业管理的早期介入，也称早期管理，是指在物业服务企业未正式接管物业之前、建设项目未竣工之前的施工阶段甚至未动工之前的规划阶段就介入，从事一些前期把关和服务工作。

不少从事物业管理的过来人都认为，物业管理应该实施早期介入或前期物业管理，早期介入或前期物业管理不是可有可无，而是十分必要的。

六、物业管理法规

法规是法律规范的简称，指由国家制定或认可，反映统治阶级意志，并以国家强制力保证其实施的社会行为规范。物业管理法规，是法律规范体系中的一种，它是针对物业管理活动中涉及的各方面、各类型权利和义务关系进行调整、界定并引导、规范、制约物业管理过程中各种基本行为的法律规范制度。[①]或者简单地讲，它是在物业管理活动中调整其涉及的各方面的权利和义务的法律规范。[②]例如，义务人不缴纳管理费或水、电、煤气费等，或损坏物业公共设施而又拒绝修复或赔偿的，或管理公司将专项维修费挪作他用且情节严重的，或住房质量明显不符合标准而开发商软拖硬抗不理睬的，有关组织或个人均可申请司法部门强制义务人履行自己的义务或强制责任人承担法律责任。

物业管理法规是保证物业管理健康发展的前提。目前，我国的物业管理法规已基本形成了一个体系。与物业管理招投标相关的法规有《中华人民共和国招标投标法》（简称《招标投标法》，见附录 A）、《前期物业管理招标投标管理暂行办法》（见附录 B）、《物业管理条例》等。

第二节　招投标基础知识

一、招投标

招投标，其全称为招标投标，是指招标人（招标单位）事先提出货物、工程或服务采购的条件和要求，发布招标公告或投标邀请书，招请或邀请众多投标人参加投标并按照规定程序从中选择交易对象的一种市场交易行为。招标承包中的标，也称为"标的"，是指"拟发包工程项目内容的标明"。从招标整个交易过程来看，它必然包括招标和投标两个最基本的环节，前者是招标人以一定的方式邀请不特定或一定数量的自然人、法人或其他组织投

---

① 邹益华. 海外物业管理. 南京：东南大学出版社，2001，94
② 周珂. 物业规范管理教程. 北京：中国计量出版社，2001，261

标，后者是投标人响应招标人的要求参加投标竞争。没有招标就不会有供应商或承包商的投标；没有投标，采购人的招标就没有得到响应，也就没有开标、评标、定标和合同签订及履行等。在世界各国和有关国际组织的招标采购法律规则中，尽管大都只称招标（如国际竞争性招标、国内竞争性招标、选择性招标、限制性招标等），但无不对投标作出相应的规定和约束。因此，招标与投标是一对相互对应的范畴，无论叫招标投标还是叫招标，都是内涵和外延一致的概念。

招投标是由招标人提出自己的要求和条件，利用投标企业之间的竞争，进行"货比三家"、"优中选优"，达到投资省或付款省、工程质量高或机器设备好、工期短或供货时间快、服务上乘等目的。它是市场交易活动的一种运作方式，其特点是由专一的买主设定包括商品质量、价格、期限为主的标的，邀请若干卖主通过秘密报价实行竞争，由买主选择优胜者，与之达成交易协议，签订合同，随之按合同实现标的。

一般而言，招投标作为当事人之间达成协议的一种交易方式，必然包括两方主体，即招标人和投标人。某些情况下，还可能包括他们的代理人，即招投标代理机构。这三者共同构成了招投标活动的参加人和招投标法律关系的基本主体。

（一）招标人

招标人，也称招标采购人，是采用招标方式进行货物、工程或服务采购的法人和其他社会经济组织。

招标人享有的权利一般包括：

（1）自行组织招标或者委托招标代理机构进行招标。

（2）自由选定招标代理机构并核验其资质证明。

（3）委托招标代理机构招标时，可以参与整个招标过程，其代表可以进入评标委员会。

（4）要求投标人提供有关资质情况的资料。

（5）根据评标委员会推荐的候选人确定中标人。

招标人应该履行下列义务：

（1）不得侵犯投标人的合法权益。

（2）委托招标代理机构进行招标时，应当向其提供招标所需的有关资料并支付委托费。

（3）接受招投标管理机构的监督管理。

（4）与中标人签订并履行合同。

（二）投标人

投标人是指响应招标、参加投标竞争的法人或者其他组织。其中，那些对招标公告或邀请感兴趣的可能参加投标的人称为潜在投标人，只有那些响应并参加投标的潜在投标人才能称为投标人。

投标人一般要求具备下列条件：

（1）与招标文件要求相适应的人力、物力和财力。

（2）招标文件要求的资质证书和相应的工作经验与业绩证明。

（3）法律、法规规定的其他条件。

投标人享有的权利一般包括：

（1）平等地获得招标信息。

（2）要求招标人或招标代理机构对招标文件中的有关问题进行答疑。

（3）控告、检举招标过程中的违法行为。

投标人应该履行下列义务：

（1）保证所提供的投标文件的真实性。

（2）按招标人或招标代理机构的要求对投标文件的有关问题进行答疑。

（3）提供投标保证金或其他形式的担保。

（4）中标后与招标人签订并履行合同，非经招标人同意不得转让或分包合同。

（三）招投标代理机构

招投标代理机构，在我国是指独立核算、自负盈亏的从事招投标代理业务的社会中介组织。招投标代理机构必须依法取得法定的招投标代理资质等级证书，并依据其招投标代理资质等级从事相应的招投标代理业务。招投标代理机构受招标人或投标人的委托开展招投标代理活动，其行为对招标人或投标人产生效力。

作为一种民事代理人，招投标代理机构享有的权利包括：

（1）组织和参与招投标活动。

（2）依据招标文件规定，审查投标人的资质。

（3）按照规定标准收取招标代理费。

（4）招标人或投标人授予的其他权利。

招投标代理机构也应该履行相应的义务：

（1）维护招标人和投标人的合法权益。

（2）组织编制、解释招标文件或投标文件。

（3）接受招投标管理机构和招投标协会的指导、监督。

二、招标

对招标的定义，现在流行的有以下几种：[①]

（1）招标是业主就拟建工程准备招标文件，发布招标广告或信函以吸引或邀请承包商来购买招标文件，进而使承包商投标的过程。

[①] 这些定义各从一个侧面对招标进行了解释，均有助于我们更好地理解招标的含义。

（2）招标是指招标人（标主）以企业承包项目、建筑工程设计和施工、大宗商品交易等为目的，将拟买卖的商品或拟建工程等的名称，自己的要求和条件，有关的材料或图样等对外公布，招来合乎要求条件的承包商参与竞争，招标人通过比较论证，选择其中条件最佳者为中标人并与之签订合同。[①]

（3）招标就是择优。

（4）招标是一种买卖方法，是业主选择最合理供货商、承建商或劳务提供者的一种手段，是实施资源最优、合理配置的前提，招标全过程是选择实质性响应标的过程，因而招标也是各方面利益比较、均衡的过程。[②]

（5）招标是将项目的要求和条件公开告示，让合乎要求和条件的承包者（各种经济形式的企业）参与竞争，从中选择最佳对象为中标者，然后双方签订合同，这个过程称之为招标。[③]

（6）已广泛运用的工程招标，则是指建设单位（招标单位）在发包建设工程项目前，发表招标公告，由多家工程承包企业（咨询公司、勘察设计单位、建筑公司、安装公司等）前来投标，最后由建设单位从中择优选定承包企业的一种经济行为。[④]

三、投标

所谓投标，有时也称报价，是对招标的回应，是竞争承包的行为。它是指竞标者按照招标公告的要求与条件提出投标方案的法律行为。[⑤]

一般情况下，投标是在投标人详细认真研究招标文件的内容基础上，并充分调查情况之后，根据招标书所列的条件、要求，开列清单、拟出详细方案并提出自己要求的价格等有关条件，在规定的投标期限内向招标人投函申请参加竞选的过程。

下面以对工程项目施工投标为例，对投标过程进行简单介绍。

（1）作出投标决策。国内外都有许多招标项目，一个公司在某一个阶段参不参加投标，对某一个范围的工程投哪一个工程的标，投高标价还是投低标价，就是投标决策。

目前，国内的许多工程公司已逐步打破了狭窄的专业界限，做到既有自己的专业特长，又有较广泛的适应性。可以从事多种类型的工程建设，在国外更是如此。但是对一个公司来说，面对国内外众多的招标承包项目，究竟应该如何确定投标的对象——投标决策便是放在公司经理面前的第一个重要课题。

当初步作出对某一个项目投标的决定后，随即就应购买与填报资格预审文件。可以说，

[①] 李晶漪. 招标、投标及合资企业文书英语. 郑州：河南人民出版社，1997，1

[②] 许高峰. 国际招投标. 北京：人民交通出版社，2003，2

[③] 黄安永. 物业管理招标投标. 南京：东南大学出版社，2000，13

[④] 徐文通. 工程招标投标管理概论. 北京：中国人民大学出版社，1992，2

[⑤] 黄安永. 物业管理招标投标. 南京：东南大学出版社，2000，13

填报资格预审文件的过程也是深入研究项目招标内容，提出详细意见供公司领导进一步决策的过程。

（2）进行投标准备。当确定对一个工程投标之后，需要做大量的准备工作，确定投标组织和人员，确定承包方法（本公司独自承包或与其他公司合作），进行现场考察以及核算工程量等。同时还应该尽可能地了解、研究有关竞争对手的一些情况。

（3）制订施工方案，研究替代方案，估算工程成本，确定利润目标，计算投标报价，编制投标文件等。其中，投标文件在整个招投标过程中占据着特殊重要的地位，直接关系到招投标的成败以及日后工程项目的能否顺利进行，应认真做好。

（4）作出报价决策，递交投标书。当计算出工程成本，提出投标报价方案后，公司领导要根据当时具体情况，包括了解到的竞争对手情况，作出最后的投标报价决策。然后按规定时间、地点及业主的投标要求递送投标书。

四、开标

开标是招标的重要程序。招标单位在规定的时间和地点内，在管理部门或招投标公司的主持下和有投标单位出席的情况下，当众公开拆封投标资料（包括投标函件），宣布投标单位的名称，投标报价及投标价格的修改，这个过程叫开标。

开标必须在紧接着截标时间之后进行。我国《招标投标法》第三十四条规定，"开标应当在招标文件确定的提交投标文件截止时间的同一时间公开进行；开标地点应当为招标文件中预先确定的地点。"这样的规定是为了防止投标截止日期之后与开标之前有一段时间间隔，间隔时间过长容易出现投标书被窥窃、涂改等现象。若有一个投标人的投标文件被开封宣读之后，就不应再要求或允许任何投标人改变其投标。

五、评标

招标单位根据招标文件的要求，对投标单位所报送的投标资料进行审查和比较，对项目报价、质量、工期条件等进行评比和分析，以选出最满意的中标人，这个过程称为评标。

评标是一件相当复杂的工作，它是由招标人依法组建的评标委员会负责，在严格保密的情况下进行的。主要是从技术、商务的角度对每份投标文件进行分析，根据招标单位的要求而择优作出决策。而且，评标必须按照已制定且公开的标准和方法进行。评标的基本原则是：

（1）必须把评标的标准和评标因素及其量化计算方法事先制定好并写在招标书里，开标后依次进行评标，不能开标后再针对投标内容来随意制定评标原则和计算方法。

（2）评标依据是涵盖在招标书和评标书内容中的，招标书、投标书内容以外的东西，不能作为评标依据。

（3）招标书中要求不明确、前后矛盾或界限含糊不清的，均不得作为评标依据。

（4）违反国家法律、法规的不能中标。

六、招标标的

招标标的是指招标的项目。由于招标标的涉及的范围广泛，正处于不断被修正的过程中。从有关国家、地区和国际组织法律、条约、协议、决定等的规定来看，通常可以将招标标的分为货物（物资）、工程和服务三种，但是三者之间如何划分，尤其对服务如何界定，仍有分歧。例如，在《WTO 政府采购协议》中，招标标的分为产品和服务，服务包括建筑工程。在《国际复兴开发银行贷款和国际开发协会信贷采购指南》（简称《世界银行采购指南》）中，将招标标的分为货物和工程（包括其相关的服务）两类，其中货物包括商品、原材料、机械、设备和工业厂房。《联合国采购示范法》则明确界定了货物和工程标的，该法规定：“货物”是指各种各样的物品，包括原材料、产品、设备和固态、液态或气态物体和电力；“工程”是指与楼房、结构或建筑物的建造、改建、拆除、修缮或翻新有关的一切工作；而对于“服务”，只泛泛定义为“除货物或工程以外的任何采购对象”。在世界贸易组织《服务贸易总协定》中也只对“服务贸易”的几种形式做了界定，也没有对服务本身的性质作出明确规定。[①]从我国的招标实践来看，招标标的可以分为货物、工程和服务三类。其中，在货物方面主要是指机电设备和大宗原辅材料；在工程方面主要包括工程建设和安装；在服务方面主要包括了科研课题、工程监理、招标代理和承包租赁等项目。

第三节　招投标制度的起源与发展

一、海外招投标的起源与发展

招标办法最早来源于原始的“招标拍卖”。实行招标拍卖就是把东西卖给愿出高价的买主。例如，一幅名画拍卖，如果买主较多，大家出高价争购这幅名画，就会形成竞争；反之，如果买主较少时，不但不会抬价竞争，还会出现压价现象，甚至出现亏本出售的局面。而招标制与招标拍卖不同，招标拍卖东西是选“高价出售”，招标承包工程则是选“低价出包”。招标制的发展过程，大体可分为以下两个阶段。

（一）原始招投标阶段

原始招标办法只有一个条件，就是“谁的报价最低就给谁干”。其缺点是明显的，即便宜的东西往往质量不好。“便宜没有好货”，这是人们生活中经常遇到的事情，因为在生产

---

① 张莹. 招标投标理论与实务. 北京：中国物资出版社，2003，7

手段基本相同的条件下，质量和价格有着一定的关系。例如，对劳动力来说，技术水平高和工作熟练的工人，其工资要高些；质量好的材料比质量次的材料价格要贵些。当然，它所构成的工程成本自然也就不同。因此，在通常情况下，贪便宜往往会招来不可靠的承包商。这在原始招投标阶段是司空见惯的事情。

（二）现代招标办法的产生与发展

现代招标办法是在原始招标办法的基础上发展起来的，与原始招标办法相比，现代招标办法有三个特点：（1）招标前，先编制一套完整的"工程标底"，做到心中有数。起初是由招标单位自己编制标底，以后又发展为聘请专门的预算公司（或咨询公司）的预算专家来做标底，以求得准确无误。（2）对参加投标的承包商预先进行资格审查，只有取得投标资格的承包商才允许参加投标。（3）扩大了评价条件，从过去的一个条件"谁报价最低就给谁干"，发展为预选前三名（或前两名）作为评标对象。再从其中选定一个为"中标"单位。评选的标准是：技术能力强弱、施工质量高低、信誉好坏和资本雄厚与否等。因此，除了报价最低的头标以外，第二、第三标价也可能中标，少数情况下，第四标价也有中标的可能性。

现代招标办法是目前西方发达国家（地区）普遍实行的一种招标方式，已盛行很久。最早可追溯至 18 世纪后叶英国实行的"公共采购"或称"集中采购"。可以说，这种"公共采购"是公开招标的雏形和最原始形式。当时英国的社会购买市场可按购买人划分为公共购买和私人购买两种。私人采购的方法和程序是任意的，或通过洽谈签约、或从拍卖市场买进，形式不受约束；公共采购的方式则是受限制的，一般要求以招标方式进行采购，只有在招标不可能的情况下才能以谈判购买。其原因是：公开采购的开支，即政府机构和公用事业部门的开支主要来源于税收。税收取之于众，开支的使用就要对公众负责。因此，政府和公用事业部门有义务保证自己的购买行为的合理和有效。为便于公众监督，上述部门的采购要最大限度地透明、公开。公开招标即由此产生。

自第二次世界大战以来，招标的影响力不断扩大。先是西方发达国家（地区），接着是世界银行、亚洲开发银行等国际金融组织在货物采购、工程承包、咨询合同中大量推行招标方式。近二三十年以来，发展中国家（地区）也日益重视招标，并在设备采购、工程承包中采用招标制。招标作为一种成熟而高级的交易方式，其重要性和优越性在国内、国际经济活动中日益为各国（地区）和各种国际金融组织所广泛认可，进而在相当多的国家（地区）和国际组织中通过立法得到推行。

国际招标与其他国际贸易方式相比，具有公开性、公正性、一次性和有组织性等特征，可以使资金得到更有效的、更节省的使用，因此在国际经济贸易中被普遍采用。许多国家和地区成立专门的机构或通过专门的法律，以确定招标采购的重要地位。例如，美国在1861年通过一项联邦法案，规定超过一定金额的联邦政府的采购，都必须使用公开招标的方式；

新西兰政府则对专门设立的招标机构"采购部"颁布物资采购规定，作为招标条例进行实施和贯彻；我国台湾地区在《公营事业申请输入货物办法》中规定，公营单位需从国外购进的货物，除一些特殊情况外，都应以国际招标方式采购；世界贸易组织（原关贸总协定）于 1973 年 9 月通过了"政府采购将采用国际竞争性招标，不应对该组织成员国供货人进行歧视"的协议，并于 1980 年 1 月 1 日开始实施；世界银行、亚洲开发银行等国际金融组织同样重视招标的作用，限定以国际竞争性招标（ICB）作为主要采购方式，否则不予贷款。

这期间的发展，除了地域的扩展外，主要还表现在招投标的各项工作日趋完善和严格。如资格审查的范围越来越宽，从过去只审查承包商自己的企业，发展到对分包商、供货商的技术装备和工艺过程都作为承包商的附带条件而进行全面审查，并且审查的方式也越来越严格。而且评标与定标时，招标单位不仅仅只看书面文件资料，还亲自派人察看承包商过去所完成的工程项目的施工质量，调查承包商所报资料的真实程度等，作为评选时的参考。与此同时，工程标底也越来越细和日趋准确了，并且在工程标底中加上了一定的利润（10%左右），使得中标的承包商有利可图。

二、我国招投标的发展历程

我国有较完整史料记载的招投标活动发生在清朝末期。但是，新中国正式进入国际招投标市场却是在 1979 年以后。

从 20 世纪 80 年代初开始，我国逐步实行了招投标制度，先后在利用国外贷款、机电设备进口、建设工程发包、科研课题分配、出口商品配额分配等领域推行。从我国招投标活动的发展进程与特点来看，大致可分为四个发展阶段。

（一）清末至 1949 年新中国成立前：萌芽时期

早在 19 世纪初期，一些资本主义国家先后形成了较为完善的招投标制度，主要用于土建方面。旧中国由于外国资本的入侵，商品经济有所发展，工程招投标也曾成为当时土建方面的主要方式。据史料记载，1902 年，张之洞创办湖北制革厂时，采用了招商比价（招投标）方式承包工程，5 家营造商参加投标比价，结果张同升以 1 270.1 两白银的开价中标，并签订了以质量保证、施工工期、付款办法为主要内容的承包合同。1918 年，汉阳铁厂的两项扩建工程曾在汉口《新闻报》刊登通告，公开招标。到 1929 年，当时的武汉市采办委员会曾公布招标规则，规定公有建筑或一次采购物料大于 3 000 元以上者，均须通过招标决定承办厂商。但是，我国特殊的封建、半封建社会形态遏制了这项事业的发展，致使招投标在我国近代并未像西方社会那样得到发展。

（二）从新中国成立到十一届三中全会召开：停滞时期

新中国成立以后，逐渐形成了高度集中的计划经济体制。在这一体制下，政府部门、国有企业及其相关的公共部门，基础建设和采购任务都由行政主管部门用指令性计划下达，企业经营活动由主管部门安排，招投标一度被中止了。

（三）1979—1999 年：恢复与全面展开时期

随着党的十一届三中全会胜利召开，国家的中心工作开始转移到经济建设上来，并实行了改革开放、科教兴国的战略，招投标制度从建筑业中的建设工程开始进行招投标试点，并逐渐推广到了其他领域。

1979 年，我国几家大的土建安装企业最先参与国际市场竞争，以国际招投标方式，在亚洲、非洲和我国港澳地区开展国际工程承包业务，取得了国际工程投标的经验与信誉。

世界银行在 1980 年提供给我国的第一笔贷款，即大型发展项目时，以国际竞争性招标方式在我国开展了其项目采购与建设活动。在以后的几年里，我国先后利用国际招标完成了许多大型项目的建设与引进。例如，我国南海莺歌海盆地石油资源的开采，华北平原盐碱地改造项目，八城市淡水养鱼项目，以及闻名全国的云南鲁布格水电站工程等。

1980 年 10 月 7 日，国务院在《关于开展和保护社会主义竞争的暂行规定》中首次提出，为了改革现行经济管理体制，进一步开展社会主义竞争，对一些适宜于承包的生产建设项目和经营项目，可以试行招投标的方法。

1981 年间，吉林省吉林市和广东省经济特区深圳市率先试行工程招投标，取得了良好效果，这个尝试在全国起到了示范作用，并揭开了我国招投标的新篇章。

1983 年 6 月 7 日，城乡建设环境保护部①颁布了《建筑安装工程招标投标试行办法》。该办法规定，"凡经国家和省、市、自治区批准的建筑安装工程均可按本办法的规定，通过招标择优选定施工单位"。这是建设工程招投标的第一个部门规章，为我国推行招投标制度奠定了法律基础。

1984 年 9 月 18 日，国务院又颁布了《关于改革建筑业和基本建设管理体制若干问题的暂行规定》，提出"大力推行工程招标承包制"，要改变单纯用行政手段分配建设任务的老办法，实行招投标；1984 年 11 月，国家计委②和城乡建设环境保护部联合制定了《建设工程招标投标暂行规范》，从此全面拉开了我国招投标制度的序幕。

为了适应国际招标的需要，1984 年 12 月，我国第一家专营国际招标的机构——中国技术进出口总公司的国际招标公司成立。

---

① 1988 年，城乡建设环境保护部撤销，改为建设部；环境保护部门分出成立国家环境保护总局。根据 2008 年 3 月 11 日公布的《国务院机构改革方案》，"不再保留国家环境保护总局，组建环境保护部"；"不再保留建设部，组建住房和城乡建设部"。后文不再一一说明。

② 国家计委全称为国家计划委员会，1998 年更名为国家发展计划委员会；2003 年将原国务院体改办和国家经贸委部分职能并入，改组为国家发展和改革委员会；根据 2008 年 3 月 11 日公布的《国务院机构改革方案》设立国家发展和改革委员会。后文不再一一说明。

随着国际招标业务在我国的进一步发展，中国机械进出口总公司、中国化工建设总公司、中国仪器进出口总公司相继成立了国际招标公司。1985年，国务院决定成立中国机电设备招标中心，并在主要城市建立招标机构，对进口机电设备全面推行招标采购。

1986年6月，我国能够独立参加国际投标的公司数量上升到70多家。通过在国际招投标市场的锻炼，我国企业对外投标的竞争能力得到加强，由原来只对一些小金额合同的投标，发展到对1亿美元以上的大项目的投标。

1992年12月30日，原建设部发布了《工程建设施工招标投标管理办法》。

上述政策的出台和实践经验的积累，极大地推动了建设工程招投标工作在全国范围的开展。据有关部门统计，1984年招投标面积占当年施工面积的4.8%；1985年上升到13%；1986年为15%；1987年为18%；1988年为21.7%；1989年为24%；1990年为29.5%；1996年达到54%，个别省份如陕西、河北、江苏等则已达到90%以上。1999年，全国实行招标的工程已占应招标工程的98%。[①]

在工程建设施工招投标取得了显著成绩并积累了一定经验之后，国家也开始通过采用招投标制度来推动其他领域的市场化，以形成竞争机制。通常在下面的领域内实行招投标制度。

1. 基本建设项目的设计、建设、安装、监理和设备、材料供应

1997年，国家计委在系统总结实践经验的基础上，顺应社会主义市场经济体制发展要求，制定并发布了《国家基本建设大中型项目实行招标投标的暂行规定》，指出建设项目主体工程的设计、建设、安装、监理和主要设备、材料供应，工程总承包单位，除特殊情况或要求外，都要实行招投标。例如，三峡工程、小浪底工程都采用了公开招标方式。

2. 科技项目承担者筛选

长期以来，我国科技工作主要是靠行政手段进行管理。从科研课题的确定到开发，直到试验、生产都由国家指令计划安排，这种做法在政策上具有一定的盲目性，而且在实施过程中存在着项目重复、部门分割、投入分散、人情照顾等弊端，使有限的科技投入难以发挥最优的功效。为了克服这些弊端，1996年4月国家科委[②]首次对国家重大科技产业工程项目——"高清晰度电视功能样机研究开发工程项目"实行公开招标。1997年5月，国家科委组织了重大科技产业项目——"工厂化高效农业示范工程"，有16项工程关键技术和重大研发课题面向全国公开招标。这两次招标活动在国内科技界产生了积极反响，为进一步推动我国科技项目实行招标奠定了基础。

3. 政府采购

政府采购也称公共采购。随着人们对政府采购制度和招投标制度认识的不断增强，一

① 张莹. 招标投标理论与实务. 北京：中国物资出版社，2003，63
② 国家科委，全称为国家科学技术委员会，1998年更名为科学技术部。后文不再一一说明。

些地方政府开始以招投标为主要方式进行政府采购的试点工作。上海市率先于 1996 年开展了政府采购试点工作，随后，河北、深圳、重庆等地相继开展试点。逐渐地，政府采购招标在全国各地开始实施。截至 1998 年年底，全国有 29 个省、自治区、直辖市和计划单列市不同程度地开展了政府采购试点工作。

深圳市政府于 1997 年 11 月以公开招标方式采购 27 辆公务用车，有 7 家汽车供应商参加投标竞争，中标成交价比市价低 7.1%，财政因此节省资金 70 万元；该市 1998 年 2 月对城市绿化工程进行招标，有 34 家专业公司参加竞标，结果两家公司以低于预算 52% 的价格中标，财政因此节省绿化开支 155 万元。1998 年深圳市人大通过我国第一个有关政府采购的地方性法规——《深圳经济特区政府采购条例》。

北京市在市政管理上也做了一些尝试。崇文门外大街扩建后，新增四条滚梯式地下通道，如仍采用原来的管理模式不仅无法做到昼夜服务，每年还需要财政拨款 50 万元。为了克服这一问题，崇文区引用市场招标机制，选择了一家公司，不但使服务质量得到了保证，而且节省了一半经费，仅需要 25 万元。

江苏 13 个省辖市、64 个县（市）全部实行了政府采购制度。据初步统计，1999 年 1 年全省政府采购预算为 9.8 亿元，实际支付 8.6 亿元，节约资金 1.2 亿元，节约率为 12%。

从试点地区情况来看，招标采购节约率普遍为 10%～15%，少数项目达到 30%～50%，目前全国政府采购金额估计在 2 000 亿元左右，若按 10% 的平均节资率计算，每年可节省采购资金 200 亿元。

4. 土地使用权出让

1987 年 11 月 25 日，在我国改革开放的前沿阵地——深圳第一次以招标方式出让了面积为 46 355 平方米的土地使用权，用于商品房建设。有 9 家企业参与竞标，其中最高标价为 1 891.28 万元，最低为 1 500 万元。而深圳市政府初步内定标底为 1 539 万元，最后经过评标，以标价为 1 705.88 万元，即每平方米地价 368 元中标。这次土地使用权的出让活动不仅为政府增加了收入，更重要的是运用了市场规则，能充分利用好土地。这次良好的开端，启动了其他地、市以招标方式出让土地使用权的实践，如广东省已有 25 个市、县试行以招标、拍卖方式出让国有土地[①]。

改革开放、市场经济的发展以及政府对招标工作的重视，使我国招标业日益深入地发展着。目前，我国的招标活动已涉足铁路、交通、电力、石油、化工、煤炭、机械、电子、航空航天、城建、农业、环保、技术转让、教育、卫生等国民经济各部门、各领域；既有物质的，也有非物质的；既有商品，也有劳务，范围非常广泛。从招标制度在我国的建立和发展过程来看，大部分招标活动对我国市场经济的公平竞争和高效运行起到了显著的促进作用。随着我国市场经济体制的逐渐完善与市场体系的迅速发展，在我国大力开展招投

---

① 张莹. 招标投标理论与实务. 北京：中国物资出版社，2003，83

标的客观经济环境已逐步形成。

5．利用国际金融组织和外国政府贷款项目的建设

我国利用的国际金融组织和外国政府贷款主要有世界银行贷款、亚洲开发银行贷款等。按照贷款方的要求，利用这些贷款的项目一般均需采用国际或国内竞争性招标。我国对这些贷款的窗口管理部门根据贷款方的有关规定和要求，制定有一些相关管理规定，如《世界银行贷款项目国内竞争性招标采购指南》、《世界银行贷款项目机电设备采购审查办法》、《关于世界银行贷款项目招标采购项目采用标准文本的通知》、《关于颁布世界银行和亚洲开发银行贷款项目国际招标代理机构委托指南的通知》等。这些规定使得利用上述贷款的项目，其招投标的过程比较透明、公正和规范，保证了竞争性。

（四）2000年以来：法制化新时期

1999年8月30日，我国《招标投标法》在第九届全国人民代表大会第十一次会议上顺利通过，自2000年1月1日起正式实行。这部法律的通过和实施标志着招投标在我国终于走上了法制化道路，招投标活动进入了一个新的发展时期。

《招标投标法》是我国招投标的法律依据，它总结了20多年来我国招投标活动的经验和做法，将实践证明成功的一些做法以法律形式肯定下来。同时，针对实践中存在的问题，规定了一套严格的操作程序，充分体现了保护国家利益和社会公共利益，规范招投标活动的立法宗旨，有利于防止不正当交易和腐败行为。

长期以来，我国实行的招投标都是依照政府文件而定，而自此以后要依照《招标投标法》来进行。例如，《招标投标法》第三条明确规定，"在中华人民共和国境内进行下列工程建设项目包括项目的勘察、设计、施工、监理以及与工程建设有关的重要设备、材料等的采购，必须进行招标：（一）大型基础设施、公用事业等关系社会公共利益、公共安全的项目；（二）全部或部分使用国有资金投资或国家融资的项目；（三）使用国际组织或者外国政府贷款、援助资金项目。"

《招标投标法》的实行有利于创造一个公开、公平、公正的竞争环境，改变国有与集体企业以及各级政府等的采购方式；有利于在更大范围内推行招投标制度，规范招投标行为，发挥招投标的优化配置资源作用，甚至对我国市场经济的发展，以及与国际经济接轨起到了积极推进作用。

但是，当前招投标活动依然存在一些问题，如不少单位不愿意招标或者想方设法规避招标；一些项目有招标之名而无招标之实等。在国际招标的程序和做法方面，仍未建立起专门的实施细则，造成我国目前的国际招投标工作不够规范，业主对有的国际金融组织贷款项目招标操作规程不熟悉，因而影响了工作效率和效果。此外，在我国，国际招投标的咨询业务的发展也不够充分，限制了企业对外投标竞争水平的提高。

第四节 招投标制度与我国物业管理的发展

一、招投标制度与物业管理的市场化

实施招投标制度是大力推进物业管理市场化的重要手段。各地通过招投标能够促进物业管理市场竞争机制的形成。从实践中看，在我国首先开展了物业管理招投标活动的省市，物业管理市场发育就较好。例如，2000 年 3 月，天津市首次开展物业管理招投标活动，经过公开、公平的激烈竞争，金厦物业管理公司一举中标，成为了嘉海花园一期的管家。这标志着天津市物业管理工作向着公平竞争的市场化发展方向迈出了历史性的一步，天津市建委、房产管理局等有关领导出席了竞标会，并对物业管理行业引入公平竞争机制给予了高度评价。[①]这次招标活动不仅在天津市物业管理领域产生了较大的反响，而且直接推动了天津市物业管理的市场化进程。

随着我国市场经济的发展，物业管理走向市场化应成为一种必然推进的事情。物业管理应由原来的管理服务终身制变为由市场选择的聘用制，根据市场行情，确定一定的管理聘用标准。而物业管理公司提供的管理服务——劳务性的无形商品要通过市场实现交换，它的价值和价格就必须被物业管理市场所接受。通过物业管理招标，评定其价值和价格在现行物业管理市场能否被接受，是保证等价交换顺利进行的前提，也是价值规律的客观要求。

通过招投标制度，物业服务企业之间比管理、比质量、比服务、比效益，最终将淘汰管理服务差的落后企业，积极推动物业管理的市场化进程。假如某物业服务企业在物业管理公开招标中夺得了某项物业的管理权，就标志着该物业服务企业在物业管理市场化中迈出了成功一步。事实上，对于一个管理有序、服务质量高的物业服务企业来说，是不应该害怕招投标的，相反它会积极参与，通过招投标不断扩大企业影响，占领市场。可以说，招投标是物业管理走向市场经济的"催化剂"，它作为一种规范化的竞争手段，在促进社会物业管理资源的合理流动与优化组合方面起着十分重要的作用。

二、招投标制度与物业管理行业整体水平的提高

招投标制度的实施可以推动物业管理行业整体水平的提高。当前，我国的物业管理行业发展迅速，据不完全统计，至 2002 年底，全国城市物业管理覆盖率为 38%，经济发达省市已达 50%以上；2005 年年底，全国实行物业管理的房屋面积超过 100 亿平方米，物业管理覆盖率已接近 50%。北京等较发达城市的覆盖率达 70%，深圳、上海已达 90%以上。[②]但

[①] 张连生，杨立方，盛承懋. 物业管理案例分析. 南京：东南大学出版社，2000，45
[②] 谢家瑾. 抓住机遇迎接挑战共同推进物业管理行业的持续健康发展. 2006-08

目前我国物业管理行业的整体水平不高，效益差，物业服务企业利润率低，不利于物业服务企业的健康快速发展，也不能满足业主各个方面的需求。无论业主、物业服务企业，还是政府，都想尽快使物业管理行业的整体水平提高。推向市场，通过竞争有序的市场可以促使物业服务企业管理服务水平得到提高，而实行招投标方法有利于建立和培育公开、公平、公正的市场竞争秩序，促进市场体系的发育和完善。

事实上，许多城市物业服务企业数量多，但各企业管理的物业规模小，成本费用高，多数企业还处在亏损状态下经营，这对于物业管理整体水平的提高极为不利。而实行物业管理的招投标，从源头开始竞争，一是可以通过竞争选择，优胜劣汰，把市场机会留给管理服务水平高、有实力的物业服务企业，促进物业管理向专业化、集约化、规模化方向发展，降低管理服务成本，从而使物业服务企业获得正常的利润，使一些优秀的经营管理者留在物业管理行业中；二是可以激励资质较低，规模较小的物业服务企业改变经营管理方式，努力提高自身的管理服务水平；三是可以发展出一些"后起之秀"，保证物业管理市场的竞争性，激励物业企业提高管理服务水平。

招投标就是竞争，有竞争就有比较，物业服务企业要想在竞争中立于不败之地，就必须扬长避短，苦练"内功"。对企业本身来讲，要强化服务意识，加强企业内部建设，树立"业主不是全对的，但总是第一"的理念。特别在物业管理市场化以后，物业服务企业之间的竞争将日趋激烈，面对物业市场的不断扩展，企业要不断地创新，重视内部管理，重视成本控制，重视企业自身素质的提高，从而提高其自身的综合竞争力，才有可能在招投标中立于不败之地。一些企业已经意识到了竞争对企业的压力，已开始注重本企业形象设计，树立自己品牌，积极开展 ISO9002 贯彻等。广大的开发商们的品牌意识也加强了，他们在选择物业服务企业时，把一些服务质量高、信誉好的物业服务企业放在首选范围。因此，物业服务企业只有练好内功，树好品牌，才能在市场中占有一席之地，否则将可能被淘汰。

同时，物业服务企业为了在激烈的市场竞争中求生存与发展，就必然会增强竞争意识，把接受更多委托业务、扩大业务范围看成是市场竞争的第一要义，从而使这种外界的竞争压力转变成努力提高物业服务企业管理服务水准的动力。这样，就可以从根本上促进服务态度的改变以及服务质量、管理技术水平和经济效益的提高，从而有利于整个物业管理行业的发展。

三、招投标制度与物业服务企业的公平竞争

物业管理招投标是通过公正、公平、公开的市场竞争机制确定物业管理权的活动。参与招投标的各方必须通过公平竞争的市场手段来赢取某项物业的管理权。也就是说，招投标制度的推行，能够有效地促进物业服务企业的公平竞争，抑制浪费和腐败现象。这是因

为在招投标活动中，每一个物业服务企业的标书都是公开的，每一个物业服务企业对目标物业的管理方案是公开的，每一个物业服务企业对管理经费的测算也是公开的，最终还需要经过评委认真地分析、比较，选择出最优的方案与中标企业，这就进一步改变了我国长期形成的福利住房制度下的管理不计成本、吃大锅饭的局面，从而避免了经济上的浪费，杜绝了腐败现象的发生。

在市场经济环境中，物业管理本质上是一种服务商品，物业管理活动也是一种市场经济活动。物业管理权的取得也应遵循市场规律，符合市场经济的基本原则。我国物业管理权的取得通过招投标将改变计划经济时期管理权的行政命令终身制，而变为市场选择的聘用制，接受市场公平竞争的考验，从而可促使物业服务企业之间展开公平竞争。

同时，在把物业管理作为一种服务商品推向市场时，会形成物业服务企业与开发商或业主间在物业管理市场上的双向选择，形成竞争局面。在竞争中，一些经营管理好、服务水平高、竞争能力强的企业将会赢得信誉和更多的委托管理业务；反之，那些经营管理差、服务水平低的企业，将在竞争中被淘汰，阻断了靠人情和关系网发展的实力弱小的物业服务企业的发展道路，更多地实现了公平，对有发展潜力的或实力较强的物业服务企业也形成了一种激励。

四、物业管理招投标与房地产管理体制的改革

我国行政性福利型的房地产管理体制向房地产管理市场化的改革推进是顺应市场经济体制改革的总体需求的，主要着眼于市场效率。在这种体制下，开发商或业主委员会应都有权自主选择物业服务公司。面对市场上的众多物业服务企业，供业主合理进行选择的重要手段就是实行物业管理招标。通过物业管理招标，开发商或业主委员会就可以挑选到符合自己管理服务要求和标准的物业服务企业。在 2007 年出台的《物业管理条例》第三条也明确规定，"国家提倡业主通过公开、公平、公正的市场竞争机制选择物业服务企业。"而这种公开、公平、公正的市场竞争机制正是物业管理的招投标化。也就是说，物业管理领域实行招投标不仅是对房地产管理体制改革的一种适应和必然出现的现象，而且还可能会促进房地产管理体制改革的进一步深入。

五、物业管理招投标与合同双方利益的维护

物业管理招投标是维护业主和物业服务企业共同利益的前提。[①]例如，广东丽江花园，过去仅几十栋写字楼和住宅一年的清洁费就要 67 万元，而 1998 年通过招标，一年清洁费减至 53 万元，节约了 14 万元。费用减少了，清洁水平反而提高了，不但为业主节省了费

---

① 汪海菁. 我看物业管理招投标. 现代物业. 2004（3）：3

用，管理公司也降低了成本，一举两得。事实上，招投标促使物业服务企业规范地获得物业管理权，不仅打破了长期以来物业管理市场"谁开发、谁管理"的旧局面，而且还明确了业主和物业使用人与物业服务企业双方的权利和义务，促使物业服务企业提供的服务更加规范。具体地讲，业主作为招标方，通过公平竞争选择了适合的"性价比"和较好的物业服务企业，业主就可能享受到更优质的服务，物业项目也可能得到更充分的管理，从而实现保值增值，业主的合法权益得以维护；另一方面，招投标为物业服务企业提供了发展的公平舞台，可促使物业服务企业不断拓展自身的业务，扩大规模，提升资质水平。

另外，由于物业管理招标单位在招标文件中，对所要管理的房屋、设施、设备、场地、环境等内容做了详细而具体的规定，并对服务质量、服务水平、服务收费也提出了相应要求，物业服务企业根据招标文件中的条件、要求以及自身企业的实力、水平来制定标书，应该说，企业所送的最终竞标书是企业经过反复研究、深思熟虑的产物，如果能中标，那么在服务质量要求、服务收费标准等方面已与招标方取得了事实上的一致。中标后签订的合同，就能够明确双方的权利和义务，以及履约保证和违约赔偿的办法，因而有利于物业管理的开展，避免了一些矛盾的产生。即使在管理中间出现了问题，也可依据合同规定和标书中的承诺处理，这样可减少经济纠纷。

总之，物业管理招投标实际上是一种市场的双向选择，物业服务企业提供给市场进行交换的标的是管理性服务，这种服务的优与劣、服务水平的高与低，是决定开发商或业主委员会是否愿意购买其服务，或愿意以多少价格购买的关键。而培育和发展有活力的物业管理竞争市场，是离不开物业管理招投标的。因此，物业管理招投标在国内的开展与普及，对推动我国物业管理行业的良性竞争，培育和发展物业管理市场有着极其重要的意义。同时，物业管理招标也是推动物业服务企业朝竞争性方向发展的重要的不可缺少的手段，还是进一步维护业主和物业服务企业双方利益的前提。

本 章 小 结

物业的含义；物业管理的概念；业主、业主大会、业主委员会的内涵；物业服务企业的含义及其特征；前期物业管理与物业管理的早期介入；物业管理相关法规；招投标的概念；招标人、投标人、招标代理机构各自的含义、享有的权利以及应履行的义务；招标、投标、开标、评标的含义及过程；海外招投标的起源与发展；我国招投标的发展历程；招投标制度对物业管理市场化、物业管理行业整体水平提高、物业服务企业公平竞争、房地产管理体制改革以及对合同双方利益的维护的意义。

思考与讨论

1．什么是物业？什么是物业管理？
2．怎样理解业主、业主大会与业主委员会？
3．什么是招投标？
4．简述海外招投标的发展概况。
5．简述我国招投标的发展历程。
6．讨论招投标制度对我国物业管理发展的意义。

第二章 物业管理招投标概述

本章学习要点

1. 物业管理招投标的含义与特点
2. 物业管理招投标的原则、类型与方式
3. 经营性与非经营性物业管理招标的内容
4. 我国物业管理招标的主要组织模式
5. 我国物业管理招投标制度的发展历程

本章基本概念

物业管理招标　物业管理投标　公开招标　邀请招标　无标底二步招投标

导入案例

龙江高教公寓招标

为解决南京高校教师住房困难的全国重点工程——江苏省南京龙江小区 10 幢高校公寓于 2000 年 4 月底交付使用，占地约 30 万平方米，由南北两个区域组成。2000 年 3 月 20 日，小区 10 幢高教公寓的 16 所高校的 3 000 户高级知识分子家庭为花明白钱，通过招标的方式寻找"管家"。江苏爱涛置业、星汉物业、南大物业、东海物业、养园物业等 12 家物业公司第一次打起了"价格战"。

附：龙江高教公寓招标概况[①]

物业标的：已建 29.3 万平方米，南北两片，即将入住率 95%以上。

物业类型：经济适用型普通高层住宅，设施齐全，但车位、管理用房等不足，落实了维修基金；物业管理区域为 2 个。

招标范围：南京地区省、市物业管理企业投标，公证部门全过程公证。

[①] 张连生，杨立方，盛承懋. 物业管理案例分析. 南京：东南大学出版社，2000，43

投标方：南京地区省、市属 12 家企业。

评委组成：业主委员会、省主管部门、市物业管理协会、院校、企业等资深专家 7 人。

评标方式：借鉴工程招标方式，无底价竞标，专家评标，业主委员会最终定标，其中信誉调查由业主委员会随机抽样评分。

评分类别及权重：信誉（10%），标书（30%），价格（50%），答辩（10%）。

公共服务费确定：政府指导价与市场调节价相结合，中标价为 0.36 元/（月·平方米），业主委员会的标底价为 0.34 元/（月·平方米）。

招标执行依据：《中华人民共和国招标投标法》，并借鉴其他经验。

[评析] 物业管理属服务性行业，其招投标不同于工程、设备招投标。

物业管理招投标是物业管理市场发展到一定阶段的产物，也是国家倡导的物业管理行业的发展方向。物业管理招投标作为围绕着物业管理权的一种交易形式，与其他类型的招投标活动相比，有它独特的一面。无论物业管理的招标人，还是投标人或者其他相关组织，只有深入了解物业管理招投标知识，规范开展物业管理招投标活动，才能真正发挥物业管理招投标在建立和完善物业管理市场体系，以及物业管理行业的健康规范发展等方面的重要作用。

第一节　物业管理招投标的含义与特点

一、物业管理招投标的含义

（一）物业管理招标

物业管理招标，是指物业管理招标人为即将建造完成或已经建造完成的物业寻找物业服务企业，制定符合其管理服务要求和标准的招标文件并向社会公开，将物业管理区域内房屋及共用部位共用设施设备的维修养护、安全护卫、绿化、环境卫生及生活服务等事务，一次性发包，由多家物业服务企业竞投，从中选择确定适宜的物业服务企业并与之订立物业服务合同的过程。

其中，物业管理招标人是指依法提出招标项目进行招标的物业所有权人或其法定代表人——开发商或业主委员会（业主大会），特殊情况下，还可能是物业所在街道办事处、政府房产管理部门等，如我国经济适用房、廉租住房的前期物业管理招投标。一般地，同一物业投入使用前后招标人会发生变化，如在开发建设期间和正式成立业主大会之前，一般由开发建设单位作为招标人；在成立业主大会之后，一般由业主大会委托业主委员会办理招标事宜。物业管理招标由招标人依法组织实施。

在具体招标时，招标人可以自行组织招标活动，也可以委托招标代理机构办理招标事宜。

（二）物业管理投标

物业管理投标是指符合招标文件中要求的投标人根据公布的招标文件中确定的各项管理服务要求与标准，依据国家有关法律、法规与本企业管理条件和水平，编制投标文件，积极参与投标活动的整个过程。

其中，投标人是指响应物业管理招标、参加物业管理投标竞争的具有相应物业管理资质和独立法人资格的物业服务企业。

物业管理实行招投标，体现了业主或开发商择优选定管理者的理念与目的。在整个招投标过程中，业主（开发商）和物业服务企业遵循市场经济规则进行双向选择，通过招投标和签订承包管理合同，明确了双方的权利、责任和义务，从技术、经济和法律上规范承发包双方的行为，协调和保障双方的利益。在此过程中，投标方的投标文件占据了特殊重要的地位，直接关系到招投标的成败，投标人应认真对待、规范编制，以通过竞争最终取得对某物业的管理权。

二、物业管理招投标的特点

（一）招投标的一般特点[①]

1. 程序规范

按照目前各国（地区）做法及国际惯例，招投标的程序和条件由招标机构事先设定并公开颁布，对招投标双方均具有法定约束力，一般不能随便改变。当事人必须按照既定程序和条件开展招标工作，择优选择中标人。并且通常是由固定的招标机构组织招投标活动。

2. 透明度高

招标的目的是在尽可能大的范围内寻找合乎要求的中标者，一般情况下，邀请供应商或承包商的参与是无限的。在信息发布、中标标准披露以及评标方法和过程等方面，都置于公开的社会监督之下，素有"阳光"事业之称，可以有效地防止不正当的交易行为。

3. 公正客观

招投标全过程是按照事先规定的程序和条件，本着公平、公正、诚实信用竞争的原则进行的。在招标公告或招标邀请书发出之后，任何有能力或有资格的投标者均可参加投标，招标方对所有投标方均须一视同仁，不得有任何歧视或偏好行为。同样，评标委员会在组织评标时也必须公平客观地对待每一个投标者，公正客观地选择中标者。

---

① 张莹. 招标投标理论与实务. 北京：中国物资出版社，2003，2

4．禁止讨价还价

一般的商品交易，交易双方往往在进行多次谈判之后才能成交。招投标则不同，特别是对于采取公开招标方式进行的招投标活动，投标人只能应邀进行一次性报价，禁止双方面对面的讨价还价。同时，招标方也只能以合理的价格定标。

（二）物业管理招投标的独特性

由于物业及物业管理本身的独特性，导致物业管理的招投标与其他形式的招投标相比，有其独特性。

1．超前性

由于物业管理具有早期介入的特点，决定了对新建物业管理的招标须超前，也即在新建物业动工兴建前就进行物业管理的招标与投标工作。

由于物业的质量、价格是由物业的工程质量和区域位置等决定的，而物业价值巨大和不可移动性的特点，又决定了物业一旦建造完成则很难改变，若要改变会给国家、开发商造成很大的浪费和损失，因此物业的开发设计和施工是至关重要的。由于开发设计单位可能没有详细了解当地的地质、气候、水文等多种自然环境条件，没有注意开发地区的综合配套，也没有物业服务企业更了解日后管理和住户的需要，如某些物业没有安排必要的管理用房、园林绿地、交通空间等；又如某些高档次的商业或公寓楼在建造时没有考虑足够的车位，有些开发商片面追求短期经济效益，或者在考虑不同设计规划时缺乏长远眼光，有些施工单位粗制滥造，不能保证材料质量和技术质量等，这一切都会给日后的物业管理带来麻烦。因此，为了确保物业质量，遵循统一规划、合理布局、综合开发、配套建设和因地制宜的方针，为了业主和住户利益，物业管理必须超前介入，在物业管理规划设计时就应介入。在设计过程中物业服务企业能从专业管理角度、从业主利益出发，利用以往的管理经验判定设计方案是否合理。例如，以居民住宅为主的住宅小区，就应注意生活网点要合理布局，生活服务半径尽可能缩小，对生活设施的现代化进程要统一考虑进去。在施工过程中，物业服务企业也应监督施工质量，对不完善项目采取补救措施及时整顿。这是便于日后物业服务企业完成招标中确定的目标所不可缺少的。因此，物业管理的早期介入是必需的，这也就决定了物业管理招标具有超前性的特点。例如，1999 年 11 月，深圳长城和北京天鸿集团的两家物业管理公司在北京回龙观文化居住区项目的招标活动中竞标成功后，就立即介入前期管理中，为小区管理提出很多好的建议[①]。例如，原来道路设计随意性很强，两家物业管理公司及时提出在小区中实行单向行驶，以实现小区中心部位人车分流，保证老人和孩子的安全；又如，在树种选择上，小区原来采用槐树，物业管理公司提出，这种树上经常会有"吊死鬼"，会严重影响周边停放车辆的清洁。在他们的建议下，小区将

---

① 丁芸，谭善勇．物业管理案例精选与解析．北京：中国建筑工业出版社，2003，173

树种改为泡桐，这样，既有良好的遮阳性，又相对清洁。

为促进前期物业管理的招标工作，原建设部专门出台了于 2003 年 9 月 1 日起实行的《前期物业管理招标投标管理暂行办法》，规范了前期管理阶段的招标行为。

2．阶段性

物业一旦建造完成，与其他商品相比较而言，具有使用上的长期性。这种长期性主要源于以下两个方面：其一是由于物业的基础——土地的使用权较长；其二是由于地面上建筑物本身具有供长期使用的特性。这种使用寿命的长期性就意味着对物业的管理是一项长期工作。物业管理的这种长期性特点直接决定了物业管理招标的阶段性特征。具体而言，物业管理招标的阶段性特点主要体现在：首先，招标文件中的各种管理要求、制定的管理服务价格具有阶段性，过了一段时间，由于各种变化可能需要调整；其次，物业服务企业一旦中标，并不是可以高枕无忧地长期占据这一市场份额，直到所管物业的寿命期结束。因为一方面，随着时间的推移，可能会有更优秀的物业服务企业参与竞争；另一方面，也可能由于自身的管理服务技术水平低下，企业内部建设和管理松懈而遭淘汰。因此可以说，物业管理招标具有阶段性和时间性的特点。过了委托服务期限，可由业主委员会根据其管理服务业绩，通过决议决定是否续聘原物业服务企业。若续聘则要重新签订服务合同；若不续聘，则由业主委员会重新向社会公开招标。当然也可能未到委托服务期限，但由于原中标的物业服务企业不能很好地履行合同中的承诺而提前遭到解聘，这时业主委员会可再次招标选择其他物业服务企业来提供服务。

3．地区性

我国幅员辽阔、人口众多、地区性差异较明显，各地区的地理环境、人文环境、经济条件，甚至政策法律环境都不尽相同，不同地区的人们在对物业管理的认知水平、实际需求、消费标准等方面会存在较大差异。正是由于地区性差异的存在，要求招投标双方在进行物业管理招投标时应充分考虑地区性，招标人在招标过程中需要根据物业的自身条件和本地区的实际情况客观地制定招标限制条件和招标文件，选择合适的投标企业；投标人在参与投标活动、编制投标书、确定服务方案与价位时也应该充分考虑项目所在地区的客观环境条件和当地居民消费行为特点及需求。

第二节　物业管理招投标的原则、内容与方式

一、物业管理招投标的原则

根据《招标投标法》第五条规定，"招标投标活动应当遵循公开、公平、公正和诚实信用的原则。"物业管理招投标也必须贯彻公平、公正、公开、诚实信用的原则。因为，物业

管理招标的目的是在一场竞争性招标中，找到尽可能最理想的物业服务企业。开发商或业主要想吸引尽可能多的物业服务企业来投标，并从竞争性投标中得益，就要对所有参加投标者公平、公正、公开。如果招标方、投标方都遵循此原则操作，那无疑对选用合适伙伴、规范行业市场、促进行业良性竞争，以及达到行业优胜劣汰的目的有积极的意义；但如果违背了上述原则，而采用种种违规违法的做法，将对招投标活动的健康发展形成负面影响。

（一）公开原则

所谓公开原则，是指在招投标活动中严格按照程序公开进行。也就是说，如果物业管理招投标定为公开招标，就必须按公开原则，召开新闻发布会，在报刊、电台、电视上公开登出招标公告，把所需要达到的服务要求与条件等信息平等公开地告诉一切可能前来投标的物业服务企业。

（二）公平原则

所谓公平原则，是指在招标文件中向所有物业服务企业提出的投标条件必须是一致的，也就是说，所有参加投标者都必须在相同的基础上投标。要做到公平，首先，在招标过程中，物业管理招标人就应采用统一的招标方式招标，不能有的需要经过预审，有的又不需要；或者有的投标人是直接邀请，而有的投标人又是采取公开招标方式选择。其次，招标文件对所有投标人的要求都要一致，在同一时间、同一地点发售招标文件，安排现场考察与标前会议。同时，物业管理招标人不得以不合理条件限制或者排斥潜在投标人，不得对潜在投标人实行歧视待遇，不得对潜在投标人提出与招标物业服务项目实际要求不符的过高的资质等要求。例如，根据某住宅小区（高层楼宇）规模、管理水平的档次，公开招标条件之一就是需要资质在二级以上的物业服务企业，才有参与竞争的资格。因此就不能随意拒绝任何具有二级以上资质的物业服务企业来报名参与投标；同样也不能允许任何二级以下资质的企业来报名参与投标，以体现公平性。

（三）公正原则

所谓公正原则，是指在物业管理招投标的整个过程中要体现公正性，投标评定的准则是衡量所有投标书的尺度，不能产生厚此薄彼或前后不一的情况。在评定各物业服务企业选送的标书时，要客观公正，如可采用专家打分、加权记分等科学办法，提防拍脑袋搞决断的行为出现；对物业服务企业现场进行物业服务答辩时，其尺度要一致，以具有公正性。特别在评标、决标过程中，一定要采用科学方法，按照平等的原则，进行实事求是的分析、打分、排队。对中标者的最后决定，也应在招标文件的选定准则中加以客观的详细说明，使不中标者明白自己的差距和不足，以示公正。

为了体现公正性，要求招标人不得向他人透露已获取招标文件的潜在投标人的名称、数量以及可能影响公平竞争的有关招投标的其他情况。招标人设有标底的，标底也应当保密。

（四）诚实信用原则

所谓诚实信用原则，就是要求招标投标各方都要诚实守信，不得有欺骗、背信的行为。招标人在评标、议标、验标时要认真分析投标书和物业管理方案，审查和慎重考虑投标方的承诺和建议是否符合本物业区域的情况和可行程度。投标人要从自己的管理能力和经营项目出发，综合考虑各种情况，通过仔细的分析和费用预算后再来决定是否选择某投标项目，要实事求是提交物业管理方案及相关资料，杜绝弄虚作假。①

总之，在物业管理招投标活动中，只有贯彻公开、公平、公正、诚实信用的原则，才能搞好物业管理招标工作，才能真正遵循公平竞争、优胜劣汰的市场经济规律，这也是物业管理招标的根本宗旨。

二、物业管理招标的内容

物业管理的具体内容十分繁琐，因此，物业管理招投标通常都采用"一揽子"方式，也就是将所有与某物业有关的服务项目"捆绑"起来，形成"项目包"，再将其作为标的进行招标。另外，从纵向来看，由于物业管理具有超前介入的特点，物业管理的内容应包括从开发设计期间到物业竣工验收前的管理顾问服务以及用户入住后的管理运作服务两个部分。一般来说，几乎所有的物业服务内容都可以进行招标，但并非所有的物业服务内容都适合招标。这是因为，"一揽子"的物业管理招标方式，使得"项目包"中的内容均可以以一定的标准进行统一衡量，形成一个总标价，以便于招标人进行评价。而有些物业服务内容，既不能以价格将其统一，又难以用打分法评价其得分高低。对于这些服务内容，一般就不被纳入招标的内容。这些物业服务内容主要是一些衍生的优化性服务，如小区内的精神文明建设、办公楼的形象塑造等，由于这些内容所花费的工作量以及所产生的效果均难以计量，通常不列入物业管理招标的内容。

简单地说，物业管理招标的内容主要包括两部分，即前期顾问服务和实质管理服务。根据物业性质的不同，这两部分的内容也不同，具体可分为非经营性物业管理招标内容和经营性物业管理招标内容两个方面。

（一）非经营性物业管理招标的内容

非经营性物业是指住宅小区等主要以居住为目的的物业。非经营性物业管理的目标在于为居民创造一个安全、舒适、优美的居住环境，因此，非经营性物业管理招标的目的在于以经济合理的价格为住户提供良好的居住环境。

非经营性物业管理招标的内容如前所述分为前期顾问服务和实质管理服务两个部分，

---

① 姜早龙，张涑贤. 物业管理概论. 武汉：武汉理工大学出版社，2008，72

各部分的具体服务内容如下。

1. 前期顾问服务的内容

（1）开发建设期间提供的管理顾问服务

由于物业具有不可移动性，一旦建成则很难改变，因此物业的设计和施工是至关重要的。如果在设计阶段没有考虑到以后物业管理的问题，那么这些疏忽往往会成为日后物业管理上的难题。因此，在设计建设阶段引入物业服务企业的管理顾问服务是十分必要的。具体的服务内容有：

① 对投标物业的设计图提供专业意见。

② 对投标物业的设施配备及建筑材料的选用提供专业意见。

③ 对投标物业的建筑施工提供专业意见并进行监督。

④ 对投标物业的管理提出特别建议。

（2）物业竣工验收前的管理顾问服务

① 制定员工培训计划。对于不同类型的物业小区，如果要物业管理员工做到服务细心、熟练、周到，物业服务企业必须要对员工进行专门的培训。

② 列出财务预算方案。编列财务预算方案的目的在于体现保本微利、量入为出的物业管理原则，另外也为物业管理所需的第一笔启动资金的筹集提供依据。

（3）住户入住及装修期间的管理顾问服务

① 住户入住办理移交手续的管理服务。

② 住户装修工程及材料运送的管理服务。

③ 迁入与安全管理服务。

前期顾问服务主要是应开发商的要求为其提供的，所需费用也通常向开发商（大业主）而非小区居民（小业主）收取。

2. 实质管理服务的内容

住户入住后的实质管理服务直接与住户日常生活密切相关，具体内容包括以下方面：

（1）物业管理的人员安排。即根据物业管理的工作量安排物业管理人员，以达到既经济，又高效地进行物业管理与服务工作的目的。

（2）保安服务。就是为防盗窃、防破坏、防丢失财物、防发生意外事故等对所管物业开展的一系列环境管理活动。

（3）清洁服务。就是对辖区内所有公共场地进行清洁、收集与清运垃圾等。

（4）房屋及设施的维修保养服务。为了使房屋及其设施能正常有效地发挥使用功能，同时能最大限度地延长物业的经济寿命，物业服务企业就需对所辖物业进行日常性的和预防性的维修保养。

（5）财务管理服务。是指对维修基金和日常管理费用等进行管理和使用。

（6）绿化园艺管理服务。是指对所辖物业及其区域进行绿化，营造适宜的绿地并负责日常养护、修剪等管理服务。

（7）其他管理服务。如车辆管理及上门特约服务等。

由于实质管理服务与小业主的利益关系最密切，其物业管理费也主要向小业主收取，因此这部分服务内容招标时，应选择服务周到、服务质量高且价格合理的物业服务企业。

（二）经营性物业管理招标的内容

经营性物业是指以经营性房屋为主体的物业，如酒店、写字楼、零售商业中心、工业厂房、货仓等。

经营性物业最重要的特点就是具有商业特性，开发商的目的主要在于从经营性物业中所获得利润的最大化。因此，这类物业管理的一个主要目标便是利润目标，即物业服务企业通过有效的经营管理服务，充分合理、最大限度地发挥物业功能，提高物业出租率、出售率及营业收入，促使物业保值增值，提高租金收入，从而满足委托方的盈利目标要求。

经营性物业的这一特性使物业管理超越了原有的交换式劳动范畴，成为一种创造性的附加劳动。因为在经营性物业出租后，由于物业管理的追加，而使物业的使用期限和使用功能大大提高，也会招引更多的租户和顾客，从而提高物业的营业收入，创造更多的价值。这时，物业管理就成为了凝结在物业价值中的物化劳动，是一种可资本化的劳动，能够创造新的价值。

同样地，经营性物业管理招标的内容也可分为前期顾问服务和实质管理服务两部分。经营性物业管理的前期顾问服务内容与之前介绍的非经营性物业管理的前期顾问服务大致相同。不过，物业服务企业在经营性物业竣工验收前新增的一项重要服务内容便是代开发商制定物业的租金方案和租赁策略，以及进行广告招租宣传，最大限度地提高该物业出租率，增加租金收入。这也正是经营性物业商业性的体现。而在实质管理服务中，经营性和非经营性物业服务的内容也大致相同，如同样有保安、清洁、绿化和房屋设备维护等基本项目。但有所不同的是，经营性物业管理的服务是一种创造性的附加劳动，其管理目的不是维持物业的基本使用功能，而是不断保持物业使用功能上的先进性，因此经营性物业服务企业除了要经常对物业进行高标准的维护之外，还要经常更新物业的设施和使用功能，以保持物业设施的先进性。另外，经营性物业的实质管理服务还应增加租赁管理服务的内容等。

综上所述，无论是非经营性物业，还是经营性物业，其招标的内容都主要为前期顾问服务和实质管理服务。由于这两种服务的性质不同，因此在招标中的规定也不同。前期顾问服务方案的好坏对整个物业的价值至关重要，而顾问服务的工作量又难以进行定量计算，因此在评标时，应该主要侧重于对顾问服务方案的评价。与之相对的实质管理服务，由于服务内容已逐渐标准化，易于定量计算工作量，因此在评标时对于这部分的内容，应考虑报价因素。

三、物业管理招标的类型与方式

（一）物业管理招标类型

物业管理招标按照物业管理的内容不同可分为以下三种。

1．单纯物业管理招标

单纯物业管理招标是只对住宅小区或高层楼宇物业管理服务进行招标。也就是说仅仅围绕着物业管理权进行招标，而不涉及其他内容。

2．物业管理与经营总招标

一些商住楼，或一些购物中心（商场）所要进行的物业管理招标，其内容不仅仅是对整个物业管理服务进行招标，而且还要对这些经营场所经营状况进行招标。也就是说两者都要，它们之间是相辅相成的，这种招标比第一种更复杂。

3．专项工作招标

业主委员会或物业服务企业，鉴于自身的能力有限，或者为节约成本开支，决定把物业管理中的某一项管理（如清扫）拿出来进行招标。

（二）物业管理招标方式

物业管理的招标方式主要有两种，分别为公开招标和邀请招标。

1．公开招标

公开招标，又称无限竞争性公开招标（unlimited competitive open bidding），是指物业管理招标人通过报纸、广播、电视、新闻发布会，发表招标广告，邀请所有愿意参加投标的物业服务企业参加投标的招标方式。公开招标最大的特点是招标人以招标公告的方式邀请不特定的法人或者其他组织投标，招标活动处于公共监督之下进行。

公开招标是国际上最常见的招标方式，其优点是最大程度地体现了招标的公开、公平、公正、诚实信用原则，因此，我国大型基础设施和公共物业的物业管理一般都采用公开招标方式。需要指出的是，由于物业管理具有长期性、地区性等特点，因此，除国家级重点项目（如三峡工程）以外，对于地方性的重点项目（如地方的大型基础设施和物业）一般都采用地方公开招标方式招标。地方公开招标，就是指通过在地方媒体刊登招标广告或在招标广告中注明只选择本地投标人进行投标。由于物业管理自身的特点，对于一些不可能也不适宜吸引全国各地物业服务企业的项目，通过地方公开招标，既节省了招标人的招标成本，又不影响公开招标的公平性和有效性，不失为一种较为经济有效的招标方法。

采用公开招标方式招标时，招标方首先应依法发布招标公告。凡愿意参加投标的单位，均可以按通告中指明的地址领取或购买较详细的介绍资料和资格预审表，并将资格预审表填好后寄送给招标单位，参加资格预审，预审合格者均可向招标单位购买招标文件，参加投标。

公开招标方式的优点是招标单位有较大的选择范围，能更好地开展竞争，打破垄断。公开招标，还可以使投标人充分获得市场竞争的利益，同时又实现了公平竞争，大大减少了偷工减料的舞弊现象，是最系统、最完整和规范性最好的招标方式，因而成为其他招标方式主要的参照对象。但采用这种方式招标，投标单位较多，难免有一些投机商故意压低报价以挤掉其他态度认真、资信较好而报价较高的投标人。而且，审查投标者资格和标书的工作量也很大，刊登招标公告等各种费用支出也较多，招标过程需要花费的时间也较长。

2．邀请招标

邀请招标，又称有限竞争性选择招标（limited competitive selected bidding），是指不公开刊登广告而由物业管理招标人根据平时的了解，向有承担能力的若干物业服务企业直接发出招标通知，邀请他们参加投标。

邀请招标的特点是：（1）邀请参与投标竞争时不使用公开的公告形式；（2）接受邀请的单位才是合格投标人；（3）投标人的数量有限。

其具体过程简介如下：

（1）招标单位在自己熟悉的承包商（供货商）中选择一定数量的企业。有时，也可采取发布通告的方式在报名的企业中选定。然后审查选定企业的资质，作出初步选择。

（2）招标单位向初步选中的投标商征询是否愿意参加投标。在规定的最后答复日期之后，选择一定数量同意参加投标的施工企业，制定招标邀请名单。注意，要适当确定企业的数量，不宜太多，一般邀请 5～10 家为宜，但不能少于 3 家。因为投标者太少则难以形成竞争。例如，《北京市物业管理招标投标办法》规定，应当向 5 家以上物业服务企业发出投标邀请书；《上海市居住物业管理招投标暂行规定》规定，被确定的投标单位不得少于 3 个；我国《招标投标法》第十七条也明确规定，"招标人采用邀请招标方式的，应当向三个以上具备承担招标项目的能力、资信良好的特定的法人或者其他组织发出投标邀请书。"

（3）向名单上的企业发出正式邀请和招标文件。

（4）投标商递交投标文件，选定中标单位。

邀请招标方式主要适用于标的规模较小（即工作量不大，总管理服务费报价不高）的物业服务项目。由于公开招标方式工作量大、招标时间长、费用高，邀请招标有的地方正好可弥补公开招标方式的不足，成为公开招标不可缺少的补充方式，并由于其具有节省招标时间和成本的优点，深受一些私营业主和开发商的欢迎。

目前，在物业管理招标中，邀请招标方式也颇受欢迎，特别为一些实力雄厚、信誉较高的老牌开发商所经常采用。究其原因，首先，由于物业管理具有地域性的特点，开发商主要在当地选择投标单位，而当地的投标人数量本身就不大；其次，由于老牌开发商的市场经验较丰富，能及时掌握各类物业服务企业的经营情况和服务质量情况，使其有能力挑选出一批资信上乘的物业服务企业参加投标，既能节省成本，又可以达到预期效果。

邀请招标具有节省时间和招标费用的优点，但这种招标方式也有其弊病，那就是可选择范围缩小了，这容易诱使投标人之间产生不合理竞争，容易造成招标人和投标人的作弊现象，也有可能遗漏一些合格的、有竞争力的物业服务企业；另外，在评标中可能会歧视某些投标人等。尽管如此，在实践中，邀请招标仍作为一种重要的招标方式被广泛使用。

此外，根据《物业管理条例》第二十四条及《前期物业管理招投标管理暂行办法》第三条规定，"投标人少于 3 个或者住宅规模较小的，经物业所在地的区、县人民政府房地产行政主管部门批准，可以采用协议方式选聘具有相应资质的物业服务企业。"

在实践中，招标人在进行招标时，可以根据招标项目的特点妥当地选择不同的方式进行招标。

第三节　我国物业管理招投标制度的形成

一、我国物业管理招投标的发展历程

（一）试验阶段

1981 年深圳第一家物业管理公司诞生以来，经过多年的发展，物业管理行业逐渐形成并得以壮大。可以说在我国，物业管理本身就是我国发展市场经济的产物，是我国改革开放、住房制度改革的产物。因此各地政府在推行物业管理工作时，一开始就注意培育物业管理市场，建立竞争机制。招投标则有利于公开竞争和市场培育。

事实上，当深圳市住宅局看到招投标制度在我国建筑业领域成功地全面推广带来的益处以后，就首次大胆地把招投标制度运用到物业管理上来。1993 年底，他们对即将建成的莲花北村的物业管理进行了招标。当时报名的仅有两家物业管理企业，其中万厦居业公司编制的投标文件详细、科学，经评委评议后中标。物业管理实行招投标后，能对物业管理水平有多大提高，能否像建筑工程行业中的招投标那样取得显著成绩也是被业主、广大物业管理企业和政府所密切关注的。由于中标单位——万厦居业公司的管理制度、岗位责任制和人员配备等均较完善，同时住户入住时，中标单位举行了别开生面的入住仪式，包括像保安队操练表演等，使住户耳目一新，产生了轰动效应。经过万厦居业公司员工的辛勤工作，一年多后，这个占地面积为 39 万平方米，建筑面积 62 万平方米，总户数 6 000 户，人口为 2 万多的大型住宅区，以总分 99.2 分的高分登上了"全国城市物业管理优秀住宅示范小区"的榜首。①

---

① 黄安永. 物业管理招标投标. 南京：东南大学出版社，2000，19

有了良好的开端以后，深圳市住宅局对物业管理招投标做了总结，并又着手对旧住宅小区进行了试验。1996 年在旧住宅小区鹿丹村实行社会公开招标，再一次把竞争机制引入到物业管理运作中来。消息一公布，引起了社会各界的关注，有实力的物业管理企业都来报名、打听消息，最后选择了 10 家企业进行竞标，通过激烈竞争之后，深圳市万科物业公司以 94.45 分的最高分中标。

经过几次试验，确定物业管理权时运用招投标制度的这种方法，逐渐地被更多的物业管理企业所认可，也得到了广大业主（住户）大力支持，同时，各地政府部门及建设部领导也给予了肯定。

（二）倡导推广阶段

招投标制度实际上是市场经济中的一种竞争机制运用。竞争既是对物业管理企业的压力，也是物业管理企业发展的动力，竞争机制最大限度地调动了物业管理企业的积极性，为了使本企业中标，许多物业管理企业不仅在人员选拔、制度制定、管理组织构架等方面要进行认真的策划，同时在中标以后的管理服务中，必须按照标书内的承诺，想尽办法让住户满意，从而使物业管理质量得到提高。国家建设部审时度势，于 1999 年 5 月 23 日至 5 月 24 日在深圳市召开了全国物业管理工作会议，明确指出，各地要尽快引入竞争机制，推行物业管理招投标。具体要求如下：

（1）在 2000 年以前，必须彻底改变谁开发谁管理的垄断经营局面，开发企业下设的物业管理机构应与开发商企业脱钩，面向社会，独立经营，自负盈亏。

（2）凡是 10 万平方米以上新建商品住宅小区的物业管理，开发企业应当在主管部门的指导与监督下，在商品房预售前向社会招标，没有经过招标确立物业管理企业的预售项目房地产行政主管部门不得发放《商品房预售许可证》。

（3）鼓励物业管理企业通过兼并、收购、联合、改造、改组等方式进行企业重组，以大带小、合小为大、合弱为强，形成规模优势，从而降低企业管理成本，提高企业适应市场的能力。

在国家有关部委的鼓励与号召下，全国各地都加大了通过引进招投标培育物业管理市场的力度。全国物业管理工作会议之后，杭州、沈阳、北京、南京等城市都先后开展了物业管理招投标工作。

1999 年 11 月 8 日，北京天鸿集团公司开发建设的北京回龙观文化居住区工程（一期），是当时全国最大的经济适用房项目，面向全国在北京举行了招投标活动。先后有来自深圳、重庆、西安和北京等地共计 30 多家物业管理企业报名，经过专家评审，最后选择了具有甲级资质的北京天鸿集团房产经营有限公司、北京市望京实业总公司、深圳长城物业管理公司、深圳福田物业发展有限公司等 5 家技术力量较强、物业管理水平较高、社会效益较好的物业管理企业参加本次最终竞标。答辩会上，5 家物业管理企业向评委介绍了各自公司的情况、物业管理业绩和对回龙观居住区物业管理的设想，并回答了评委的提问，最终北京天鸿集团房地产经营管理公司和深圳长城物业管理有限公司以微弱的优势中标。面向全国招标物业管理企业，这在全国是第一次，打破了过去"重建设轻管理"、"谁开发谁管理"的旧模式，而将开发建设与物业管理分开，为全国物业管理招投标工作积累了经验，也有力推进了全国物业管理市场化的进程。

2000 年 3 月份，南京龙江高教公寓物业服务项目进行公开招标，邀请江苏爱涛置业、星汉物业、南大物业、东海物业、养园物业等 12 家物业管理企业投标。该住宅群为 10 幢高层，共 29.4 万平方米的住宅，2 500 户住户。在这一次招标活动中，招标单位一改过去全国其他城市的物业管理招投标的试验方法，而是模仿建筑施工项目的招标方法，在国家规定好的物业服务收费标准下，要求各投标企业不仅要策划服务管理方案，还要计算出物业服务收费的标准，也即增加了费用测算和报价。评标的标准也是两方面，即既要评定服务质量的好坏，更要看其测算的物业服务收费价格是否合理，甚至把报价的权重提高到 50%（另外，标书占 30%，答辩和企业信誉分别占 10%），这对物业管理企业来讲，增加了难度，既要保证管理服务质量高、各项措施到位，又要节省经费进行成本核算，一般企业是难以完成此项工作的，它体现了企业的实力。最后，一家报价为每月 0.35 元/平方米的企业中标。这一报价作为物业管理服务费的收取标准，比南京市政府规定的每个月 0.5 元/平方米的标准还要低 0.15 元，业主非常满意。这一尝试对江苏甚至全国的物业管理行业起到了积极作用，也为今后完善物业管理招投标制度及方法提供了依据。

在这期间，另一个值得注意的个案是，建设部机关率先在国家机关后勤改革中，把建设部 38 万平方米办公大楼的管理权拿出来通过招标方式选择"管家"。[①]这次建设部排除各种阻力，采取邀请招标方式，进行了物业管理的招投标，最后确定了万科物业管理公司来管理，建设部每年支付物业管理费 300 多万元，平均每月每平方米价格仅为 0.658 元，与经济适用房物业管理费相当。2000 年元旦以后，万科物业公司全面进入建设部大院，短短几天，建设部大楼环境变了，管理变了，体制变了，人的精神面貌也变了，可以说这些变化与万科物业企业密不可分。

无疑，这些事例推动了我国以招投标方式确定物业管理权，为各类物业选择合适的物业管理企业开展物业管理和服务的发展进程。

（三）以法制形式促进全面推广阶段

2000 年 1 月 1 日起正式实行《中华人民共和国招标投标法》，标志着招投标在我国从无到有，经过 10 年多的努力发展，终于走上了法制化道路。但该《招标投标法》更侧重于设备采购和工程建设项目的招标活动，而对物业管理的招投标活动指导性较差，适用程度有

---

① 黄安永. 物业管理招标投标. 南京：东南大学出版社，2000，20

限，推动作用也较小。

2003 年 6 月 20 日，国务院第九次常务会议通过了《物业管理条例》，并于同年 9 月 1 日起施行。[①]《物业管理条例》第二十四条规定，"国家提倡建设单位按照房地产开发与物业管理相分离的原则，通过招投标的方式选聘具有相应资质的物业管理企业。住宅物业的建设单位，应当通过招投标的方式选聘具有相应资质的物业管理企业；投标人少于 3 个或者住宅规模较小的，经物业所在地的区、县人民政府房地产行政主管部门批准，可以采用协议方式选聘具有相应资质的物业管理企业。"

与此同时，为了规范物业管理招投标活动，保护招投标当事人的合法权益，促进物业管理市场的公平竞争，建设部还制定了与《物业管理条例》相配套的《前期物业管理招标投标管理暂行办法》，并于 2003 年 9 月 1 日起实行。《前期物业管理招标投标管理暂行办法》规定，在业主大会选聘物业管理企业之前，由建设单位通过招投标的办法选聘物业管理企业实施前期物业管理。如第十九条规定：通过招投标方式选择物业管理企业的，招标人应当按照以下规定时限完成物业管理招投标工作：新建现售商品房项目应当在现售前 30 日完成；预售商品房项目应当在取得《商品房预售许可证》之前完成；非出售的新建物业项目应当在交付使用前 90 日完成。

自此以后，全国许多省市结合本地实际制定了相应的招投标办法，大大推进了物业管理招投标活动的开展。例如，《物业管理条例》颁布不久，天津市房地产管理局就出台了《天津市物业管理招投标管理办法》，并于 2003 年 9 月 1 日正式实施。该办法明确规定，同一物业管理区域内住宅及非住宅的建设单位，应当通过招投标的方式选聘一个具有相应资质的物业管理服务企业；开发建设单位指定物业管理企业提供物业管理服务的局面将不复存在，物业管理企业获得服务项目时必须竞争"上岗"。北京市颁布了于 2003 年 12 月 1 日起开始执行的《北京市物业管理招标投标办法》，该办法规定，新建住宅物业必须通过招投标方式选聘物业管理企业，招标人在招标前以及确定中标人后，必须到市国土房管局备案，其中，由业主委员会招标的，到所在区县国土房管局备案。并明确规定，物业管理评标工作必须由依法组成的评标委员会负责，评标委员会由招标人代表（占 1/3）和评标专家（占 2/3）构成，评标专家从市国土房管局组建的专家库中随机抽取。山东省也正式出台了《山东省物业管理招标投标管理暂行办法》，并于 2003 年 12 月 1 日起开始执行等。

不仅如此，各地还开展了物业管理招投标活动。例如，2003 年 8 月 30 日，北京嘉浩物业管理有限公司举行了"美林香槟小镇物业管理专项服务开标仪式"，有 10 家企业应标，最终北京京保通泰安全防范技术发展有限公司和北京香建海物业管理有限公司脱颖而出，分别为北京美林香槟小镇提供专业保安和保洁服务，开创了北京物业管理市场专项服务招投标的先河；2003 年 9 月份，四川广元市举行了首次物业管理招标大会，由广元市建设局

[①] 根据 2007 年 8 月 26 日《国务院关于修改〈物业管理条例〉的决定》修订。但招投标部分没有变动。

房管处负责人主持，为该市最大的商城——"温州商城"找合适的"管家"，该市金达、天河、阳光、兴安 4 家物业公司参加了此次招标，经过长达 3 个多小时的唱标、现场提问、评委打分审定，最后，阳光物业公司中标[①]；2003 年 12 月 18 日，广州市举行了由市国土房管局主持的广州首次物业管理招标会等；2009 年 12 月，太原市房地局发布物业招标举措，提出太原市新建小区前期物业服务都要通过招投标方式择优选聘"管家"，而且，物业服务招投标活动还要一律实行备案制，纳入房地产部门的监管中。目前，北京、深圳、上海、青岛等均已实行了物业管理招标。可以说，伴随物业管理行业在我国的迅猛发展，社会各阶层对物业管理认识的逐步提高，物业管理法律体系的逐渐完善，物业管理通过招投标方式选择物业管理企业的行为将逐渐增多并趋于规范。

二、目前我国物业管理招投标的组织模式

（一）只对目标服务项目进行的招投标

通过几年来全国物业管理招投标的实践看，许多地方物业管理招标的基本思路是根据当地政府确定的收费标准，各物业服务企业依据目标物业，结合本企业管理水平，策划管理方案，细化各项组织实施步骤，提出质量保证措施，以及以人为本地开展各类社区文化、社区服务活动等内容。按照这种方法，物业管理投标书实质是一份细化服务的策划书。各位评委评比标书实际上也是对服务方案进行评定，从各企业送交的物业管理标书里，找出服务措施的不足以及对目标物业分析的失误，把评分拉开差距，再根据该企业以往开展物业管理的声誉调查，以及企业经理、管理处主任联合答辩的水平，综合评出最高分作为中标单位。

这种方法的优点是可以强化物业管理服务意识，使各物业服务企业如何对目标物业服务管理考虑得周到、细微，动脑筋制定措施，保证质量；不足之处是缺少风险意识。由于服务还未开始进行，标书对目标物业管理的计划、设想与承诺还只停留在纸上，转变为现实还有待于进一步考察、落实。

（二）以确立收费标准为重点的招投标

这种模式始于 2000 年 3 月份。如前所述南京龙江高教公寓物业管理招标项目的招标方法，既有对目标物业管理服务策划，进行方案比较，又需进行测算报价，进行报价评比。

一般情况下，物业管理招标评标主要是服务策划（收费标准事先定下来），从某种意义上讲，主要靠文笔强的人，重点要把标书写好，写出特色是重中之重。如今又增加了物业的公共服务费用的报价竞争，从而拉开了档次。通常，报价是硬指标，报价太高（或太低），偏离标底，得分就低。这样一来，使竞争更加激烈了。物业服务企业生存必须依赖于经营

---

① 翟峰. 物业管理招投标探微. 现代物业. 2004（3）：8～9

收入的支撑，需要一定面积的物业保证经费来源，然而投标中又要进行报价竞争，这对物业服务企业来讲，除了加强成本核算，控制各种支出外，更需要提高企业的专业化管理水平，通过规模促进效益，通过管理提高效益。

同时，也应当注意走向另一个极端。一味地强调报价或过分地增加报价权重，招投标活动容易出现偏差。因为过分强调报价权重比例容易使各物业服务企业把投标的重点转移到价格上而忽视了物业管理服务的策划，必须防止物业服务企业以价格偏低、牺牲物业管理质量的做法来取得中标，这是不可取的，应尽量防止。低价格对目前中国经济收入并不十分宽裕的业主（住用人）来讲是非常受欢迎的，但必须实事求是，不能以价格影响质量，否则就把物业管理引到一个怪圈中去，对物业管理行业发展是不利的，最终受害的还是业主。

（三）无标底二步招投标

根据我国目前的物业管理实践，参照国际上服务行业的二步招标方法，更能保证服务质量的优秀与价格合理，也能更好地体现公开、公平、公正和诚实信用的原则。南京国际展览中心采用无标底二步招标法面向全国招聘物业服务企业，在我国物业管理招投标活动中做了一次新的尝试。

所谓无标底就是开始并不明确服务收费标准以及服务质量标底，而只是一个原则标准，即按照当地政府对物业服务收费的标准，在符合住宅小区（楼宇）服务定位的前提下，由物业服务企业来制定服务质量优良、服务收费合理、产权人满意的服务标底和价位标底。所谓二步法，就是为达到上述目标，把物业管理分为两次开标、两次筛选、两次竞争。第一次评标是进行服务质量比较，由评委经过评分、筛选，确定 3～4 家优胜者进入第二轮角逐，第二次评管理服务收费价格，选出服务质量保证、价格合理的两家企业为优胜者，最后分别进行商务谈判，确定一家为中标者。

无标底二步招投标模式具有以下优点：

第一，这种方法保证了管理服务质量。在二步招标法的开标中，第一步是开管理服务质量标，这对从事物业管理的各个企业来讲，起到了一个好的导向作用，物业管理招投标活动就是要先评论服务质量，所有参加竞标企业必须认真制定出目标物业的管理服务方案与措施，否则就成为废标，而不能进入第二轮竞争。对于产权人来讲，由于物业服务企业强化了服务意识，制定了各项服务管理措施，保证了服务质量，广大业主（住用人）会感到满意。

第二，这种方法既强调了价格，又防止了过低压价的不平等竞争。作为业主来讲，自然希望服务质量一流、收费价格低廉为最好，而企业经营者则希望服务质量越高价格越高，两者矛盾的统一则通过招投标方式，由参加竞标的各物业服务企业对目标物业在完成达到物业管理定位所需的成本核算后，提出一个合理的价位进行报价，最后由业主认可确定一家企业。物业管理第一次开标，是只对服务质量进行评标，优胜者再开价格标，这样便防止了某些物业服务企业为了取得目标物业，迎合业主心愿，而过分把价格压得很低的现象。一些管理水平差、策划不到位，只把价格压得很低的物业服务企业在第一次评标中就被淘汰了，无权参加第二次服务费标准的开标，防止了以压低价格来取得物业管理权的不正当竞争行为。

本 章 小 结

物业管理招投标作为围绕着物业管理权的一种交易形式，不仅具有程序规范、透明度高、公正客观、禁止讨价还价等招投标的一般特点，而且具有超前性、阶段性和地区性的独特特点。在进行物业管理招标投标活动过程中，应当遵循公开、公平、公正和诚实信用的原则。就物业管理招标的内容而言，主要包括前期顾问服务和实质管理服务两部分。根据物业性质的不同，这两部分的内容也不同，具体可分为非经营性物业管理招标内容和经营性物业管理招标内容两个方面；按照物业管理招标内容的不同，则可以把物业管理招标类型划分为单纯物业管理招标、物业管理与经营总招标与专项工作招标三种类型，而实现招标方式主要有两种，分别为公开招标和邀请招标。我国物业管理招投标的发展历史并不长，主要经历了试验阶段、倡导推广阶段和以法制形式促进全面推广等三大阶段。

思考与讨论

1. 物业管理招投标的特点是什么？
2. 物业管理招投标应遵循哪些原则？
3. 简述经营性与非经营性物业管理各自招标的内容。
4. 物业管理招标的方式有哪些？各存在什么优点与弊病？
5. 简述我国物业管理招投标制度的发展历程。
6. 目前我国物业管理招投标的组织模式包括哪些？各组织模式是如何实施的？

第三章　物业管理招标的实施

本章学习要点

1. 物业管理招标人、招标项目应具备的条件
2. 物业管理招标机构设立途径及其特点
3. 物业管理招标的各项准备工作
4. 物业管理招标的基本操作程序

本章基本概念

物业管理招标机构　招标公告　投标邀请书　标底　中标　授标　标前会议

导入案例

"迟到"一分钟，投标文件是否有效？

某单位委托采购代理机构以招标方式采购物业管理项目。符合资格前来投标的服务商共有 7 家。其中有一家服务商在提交投标文件的截止时间之后一分钟，才将投标文件密封送达投标地点，并要求采购代理机构"通融"一下，收下投标文件。

[评析] 按情理说，迟到一分钟这么短的时间，算不了什么。然而，采购代理机构能"通融"一下就能"妙手回春"，让"迟到"供应商的投标文件"复活"，变无效为有效吗？恰恰相反，这么做是显然不行的。

我国《招标投标法》第二十八条规定，"投标人应当在招标文件要求提交投标文件的截止时间前，将投标文件密封送达投标地点。……在招标文件要求提交投标文件的截止时间后送达的投标文件，招标人应当拒收。"

招标是按法律规定程序进行的一种经济活动。物业管理招标作为招标的一种类型，其全过程也必然要严格依照法律的有关规定，遵循一定的程序进行，否则就可能会引起某些纠纷。为了保证物业管理招标的公开、公正、公平和诚实信用，必须规范好招标的程序，任何人不得违反此程序，这样才能真正具有法律的效力。

第一节 物业管理招标的条件

一、招标人应具备的条件

自行组织实施招标活动的招标人，应当具备下列条件：

（1）有与招标项目相适应的工程技术、经济、管理人员。

（2）有编制招标文件的能力。

（3）有组织开标、评标、定标的能力。

对于通过授权委托招标代理机构进行招标的委托机构，其资格由国务院或者省、自治区、直辖市人民政府建设行政主管部门认定。从事招标代理业务的招标代理机构，根据我国《招标投标法》第十三条的规定，应具备下列条件：

（1）有从事招标代理业务的营业场所和相应资金。

（2）有能够编制招标文件和组织评标的相应专业力量。

（3）有能够参加评标的技术、经济等方面的专家人才。

二、招标项目应具备的条件

为了使物业管理招标工作有序地开展，必须对招标项目进行必要的审查，符合一定条件才可以参加招标。具体要求如下：

（1）所招标的项目符合城市规划要求。

（2）所招标的项目符合政府颁布的规模要求。例如，江苏省规定 10 万平方米以上的小区，2 万平方米以上的非住宅大厦及具有一定规模的别墅、高档公寓，面向社会进行招标；《天津市物业管理招标投标管理办法》明确规定，同一物业管理区域内普通住宅规模在 5 万建筑平方米以下，经物业所在地的区、县房地产管理局批准，可以采用协议方式选聘具有相应资质的物业管理服务企业；《物业管理条例》第二十四条规定，"投标人少于 3 个或者住宅规模较小的，经物业所在地的区、县人民政府房地产行政主管部门批准，可以采用协议方式选聘具有相应资质的物业服务企业。"

（3）所招标的项目能够为物业服务企业开展工作提供一定数量的办公用房和商业用房。

（4）所招标的项目，按照政府规定各类维修基金已经落实。

（5）符合招标所需的其他条件已经具备。

三、委托招标时业主应当办理的手续

业主应依据我国《招标投标法》，向认为合适的招标代理机构办理委托招标手续。业主办理委托招标手续时需提供：（1）招标项目的批准文件；（2）委托招标书；（3）资金落实证明；（4）其他相关证明。

接受委托后，招标方和委托方共同确认招标组织类型与方式。

第二节　物业管理招标的准备工作

一、成立招标机构和招标领导小组

（一）成立招标机构

根据招投标国际惯例，任何一项招标都要有一个专门的招标机构，并由该机构全权负责整个招标活动。也就是说，招标机构的职责要贯穿整个招标过程。物业管理招标也不例外。通常招标机构的主要职责是：拟定招标文件；组织投标、开标、评标和定标；组织签订合同。

物业管理招标机构的设立有两种途径：一是招标人自行组织成立招标机构，二是招标人委托招标代理机构招标。我国《招标投标法》第十二条规定，"招标人有权自行选择招标代理机构，委托其办理招标事宜。任何单位和个人不得以任何方式为招标人指定招标代理机构。招标人具有编制招标文件和组织评标能力的，可以自行办理招标事宜。任何单位和个人不得强制其委托招标代理机构办理招标事宜。依法必须进行招标的项目，招标人自行办理招标事宜的，应当向有关行政监督部门备案。"

自行设立招标机构的，通常是在招标人所在单位下属设立一个招标委员会或招标工作组，全权负责招标事宜。这种招标机构一般随招标项目的产生而产生，也随招标活动的结束而解散，因而属于非常设性机构。而招标代理机构，是依法设立的从事招标代理业务并提供相关服务的社会中介组织，属常设性的经营实体。

根据物业服务项目招标主体的不同，自行设立招标机构又可以分为开发商自行招标和小业主自行招标两种情况。

1. 开发商自行招标

开发商自行招标是指开发商通过在其所在单位的董事会下设专门招标委员会或小组进行招标。具体做法是：开发商董事会挑选代表组成招标委员会，这些代表通常包括分管项目工程建设部门的董事、相关职能部门的代表以及小业主的代表等。招标委员会是招标工作的最高权力机构，下设秘书处和专业技术部。其中，专业技术部的职能是聘请有关专家和本单位的技术人员参与招标文件的编制工作，并组织评标委员会或小组进行标书的评审工作，最后向招标委员会提交评价报告和中标推荐人名单（仅供参考）。招标委员会可以采纳专业技术部所提供的方案，也可完全拒绝而自行作出裁标决定。招标委员会在裁标时通常采用投票的方式决定，一般 2/3 的票权赞成即可授标，并由招标委员会派代表与中标人签订合同。

　　非常设性招标委员会的特点之一便是其开放式的组织机构，即招标委员会的主要工作人员都非正式编制，大多数是通过向外聘请或通过内部调用，具有很强的灵活性和流动性。通常物业管理招标委员会向外聘请的专家主要有工程技术、房地产、市场营销、法律以及财务等方面的专门人员。

　　一般地，开发商自行招标的机构设置如图 3-1 所示[①]。

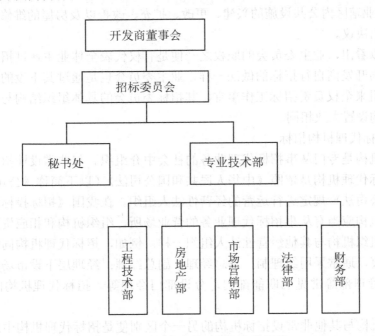

图 3-1　开发商自行招标的机构设置

2. 小业主自行招标[②]

　　当物业进入真正的使用期，招标人多由小业主来组织。由于通常情况下小业主数量都很大，且没有严格的组织，因此，在我国当前往往是由业主委员会代表小业主组织招标。

　　按照《业主大会规程》的规定，业主委员会是由业主（代表）大会选举产生的，代表全体业主行使权力的常设机构，是物业实行自治管理的充分体现。业主委员会委员由热心公益事业、责任心强、有一定的组织能力和必要的工作时间的人士担任。

　　业主委员会行使以下职权：

---

① 方芳，吕萍. 物业管理实务. 上海：上海财经大学出版社，2003，79
② 这里的小业主是指相对于大业主（即开发商）而言的物业所有者。

（1）召集和主持业主（代表）大会，向业主（代表）大会报告工作。

（2）采取公开招标或其他方式，聘请物业服务企业对辖区内物业进行管理并与其签订委托管理合同，解聘不称职的物业服务企业。

（3）审议物业服务企业制定的对本辖区内物业的年度管理计划，以及财务预决算和执行情况。

（4）审议、决定物业维修基金和公用设施专用基金的使用。

（5）审议、决定物业管理服务费用的标准和使用。

（6）对物业辖区内公共设施的兴建、更改、扩充、改善以及房屋的维修等与业主利益有关的事宜作出决议。

从以上可以看出，业主委员会的职权之一便是有权代表全体业主通过招标方式聘请物业服务企业。与开发商自行招标的做法一样，业主委员会也是通过其下设的一个招标委员会或招标工作组来全权负责招标工作事宜，其招标委员会的具体组织结构与开发商董事会下属的招标机构设置大致相同。

3．委托招标代理机构招标

招标代理机构是专门从事招标代理业务的社会中介组织。与非常设性招标机构最大的区别在于，招标代理机构是依照《中华人民共和国公司法》（以下简称《公司法》）设立，并完全按照《公司法》规定进行运营的经营性法人组织。在我国《招标投标法》中明确规定，招标代理机构应当有从事招标代理业务的营业场所、组织机构和相应资金。因此，招标代理机构的组织机构与其他经营性法人组织一样。例如，招标代理机构同样要求所有权与经营权相分离，通常采用经理制，设总经理、副总经理；经理层下设市场部、技术部、财务部、行政管理部等常见的职能部门，分设部门经理等。招标代理机构的组织结构如图 3-2 所示[①]。

招标代理机构与其他非常设招标机构的另一个区别便是招标代理机构中的技术部门的主要工作人员都采用合同制进行定编，而不是像非常设的招标机构那样采用临时外聘制度或通过内部调用。招标代理机构与编制招标文件和评标所需的各种技术、经济专家建立长期的合同关系，从而形成专业能力强大的专家库。专家库的规模和质量往往成为评定招标代理机构等级的重要依据。

然而，需要指出的是，尽管招标代理机构全权代理委托人的招标工作，但是招标代理机构并非是招标活动的最高权力机构。招标代理机构在评标后，向委托招标人提交评标报告和中标候选人名单，由招标人（开发商董事会或业主委员会）自行进行最终裁标，招标代理机构无权强制要求委托招标人接受中标推荐。完成代理招标工作后，招标代理机构向委托招标人收取一定的服务费或佣金。

---

① 方芳，吕萍．物业管理实务．上海：上海财经大学出版社，2003，81

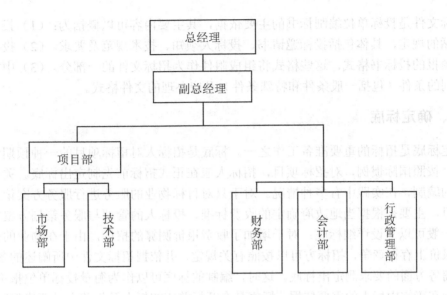

图 3-2 招标代理机构的组织结构

（二）成立招标领导小组

招标领导小组一般是在政府物业管理行政主管部门指导下，由委托方成立，小组成员可聘请有关部门人员和物业管理专家组成。

二、提出招标申请并进行招标登记

成立招标机构和招标领导小组之后，就需提出申请并确定好物业管理招标项目，报请有关部门给予批准。如果是建设单位向招投标办事机构提出招标申请，那么申请的主要内容包括：（1）招标工程具备的条件；（2）建设单位应具备的资质；（3）拟采用的招标方式；（4）对投标企业的资质要求或拟选择的投标企业。经招投标办事机构审查批准后，进行招标登记，领取有关招投标用表。

三、编制招标文件

编制招标文件是招标准备阶段最重要的工作。何时编制招标文件则是由物业开发建设的程序决定的。例如，要开发新的房地产项目，首先必须根据国民经济长远规划、土地利用总体规划和城市规划来确定建设密度、容积率等几种主要用地比例和该项目的空间布局，编制小区开发规划和项目建议书，报送有关部门批准。然后进行可行性研究，确定开发项目，提出用地申请，得到批准后即可进行物业管理招标工作，编制招标文件，以便在进入项目设计阶段物业管理就能早期介入，利于从日后管理维护角度判定设计方案是否合理。

招标文件是投标单位编制标书的主要依据，其主要内容可以概括为：（1）投标所需了解并遵循的规定，具体包括投标邀请书、投标人须知、技术规范及要求。（2）投标人必须按规定填报的投标书格式，这些格式将组成附件作为招标文件的一部分。（3）中标人应签订的合同的条件（包括一般条件和特殊条件）及应办理的文件格式。

四、确定标底

确定标底是招标的重要准备工作之一。标底是招标人对招标项目的一种预期价格或预算价格。按照国际惯例，对招标项目，招标人应在正式招标前先制定出标底。关于物业管理标底的编制，在实践中有多种情况。对于只对目标物业的服务进行服务方案策划招标的招标项目，主要是根据当地政府确定的收费标准、投标人的管理与服务策划方案等选择中标人，一般可以不设详细标底；对于增加了收费报价测算的招标，由于在物业的公共服务费用的报价上存在竞争，招标方可以按照有关规定，并依据招标文件中所阐述的各种技术、质量和商务方面的要求测定出标底。这时，编制的标底可以作为衡量投标单位报价的准绳，也是评标和确定中标人的重要依据。标底是在开标前需招标人及相关人员严格保密的文件，不得泄露。

（一）标底的编制原则

一般情况下，标底的编制要遵循以下几个原则：

（1）根据国家（或地方）政府制定的规范文件、法规条例、招标物业的服务定位情况、该物业的基本条件与区域环境以及招标文件的要求等编制标底。

（2）标底的计价内容、计价依据应与招标文件的规定完全一致。

（3）标底价格作为招标人的期望计划价，应力求与市场的实际变化吻合，要有利于竞争和保证服务质量。

（4）标底价格一般应由成本、利润和税金等组成。

（5）一个项目只能编制一个标底。

（二）标底的组成内容

（1）标底的综合编制说明。

（2）物业现场状况、影响因素、物业维修工程量清单与价格、管理服务要求或预算方案。

（3）标底附件：物业的地质、水文、地面情况的有关资料；编制标底所依据的有关文件或方案等。

五、确定招标的指导原则及方式

根据招标的项目确定明确的招标指导原则，并选择确定该项目是运用公开招标，还是邀请招标方式进行招标的。

第三节 物业管理招标的操作

一、发布招标公告或邀请书

根据招标的形式不同，有的发布招标公告，有的采用投标邀请书进行邀请。

（一）发布招标公告

采用公开招标形式，招标人首先应当发布招标公告。招标公告是招投标工作开展的一种说明，是面向社会一切愿意参加竞标的物业服务企业的一种公开性告示。发布招标公告也是公开招标最显著的特征。在这一个环节，招标人应注意选择合适的媒介把招标公告发布出去。因为选择何种媒介直接决定了招标信息的传播范围和传播速度，进而会影响到招标的竞争程度和招标效果。其中，通过报刊发布招标公告是一种传统方式，在实践中运用较为广泛。现代信息技术的发展，使得招标人选择因特网发布招标公告也逐渐被采用。随着科学技术的发展，可能还会出现一些新的发布媒介。

按照我国《招标投标法》的规定，对那些依法必须进行招标的项目，招标人发布招标公告时应当通过国家指定的报刊、信息网络或者其他媒介发布，如《经济日报》、《中国日报》、《人民日报》等。但法律上没作强制性要求的招标项目原则上也应当在有影响的公开出版物或信息网络上发布招标公告，以便能有较大的覆盖面。

招标公告的主要目的是发布招标项目的有关信息，使那些感兴趣的潜在投标人能知悉与项目有关的主要情况，以便定夺是否参与该项目的投标。可以说，招标公告的内容对潜在投标人的影响是重大的。一般招标公告应当载明下列事项：（1）招标人的名称和地址；（2）招标项目的性质、数量；（3）招标项目的地点和时间要求；（4）获取招标文件的办法、地点和时间；（5）对招标文件收取的费用；（6）需要公告的其他事项。

有关物业管理的招标公告，业内人士认为主要内容包括：

（1）标的。主要介绍物业管理招标的项目。

（2）招标的对象。规定什么样的企业可以参加投标。

（3）组织机构成员名单。根据项目大小，组织成立的招标领导小组或工作小组。

（4）有关招标的说明。对该项目进行招标时，可能还涉及需要说明的一些问题，例如：① 符合投标条件的物业服务企业参加投标应提交的文件种类；② 由招标领导小组对报名企业进行资格审查；③ 购买标书的条件；④ 现场答疑会召开的时间、地点；⑤ 开标的时间，评标的方式；⑥ 其他有关问题的说明。

【示例一】

莱茵苑前期物业管理招标公告①

由我公司开发建设、被列入国家级康居示范工程实施计划的"莱茵苑"即将破土动工，为给小区业主营造自然和谐有序的人居环境，提升物业价值空间，特将前期物业管理向社会进行公开招标，现将有关事项公告如下：

一、标的："莱茵苑"小区一体化前期物业管理

"莱茵苑"小区位于扬州老城区：北至史可法东路、南至护城河紧贴盐阜东路、西至马太路、东至古运河风光带高桥路。总占地面积为161亩，总确权面积为15.45万平方米，共45幢。其中7幢小高层（10层、11层）3.96万平方米、35幢6层楼9.84万平方米、3幢2~3层沿护城河商铺1.65万平方米；另有1幢2层幼儿园1045平方米、1幢2层物业用房会所1688平方米、5幢半地下汽车库4064平方米、地下人防3处：其中一处7545平方米为汽车库，2处3731平方米为公共自行车库。整个项目首期步行街3幢，多层商住楼6幢，预计年底交付，建筑面积约2.7万平方米，其他多层、小高层建筑预计2005年年底交付。续建工程不再另行招标，直接由本次中标单位接管。

二、招标单位：扬州莱茵达置业有限公司

三、招标对象：全国范围内具有独立法人资格，已取得国家二级以上（含二级）资质等级的物业管理企业

四、招标说明

1. 有意参加投标的单位，须进行网上报名登记，方可领取招标文件，网上报名登记方法：（1）进入扬州房地产信息网（网址：http://www.yzfdc.net），单击导航条"物业管理"进入物业管理页面，在"招标公示"子栏目中单击"我要报名填写《前期物业管理报名表》"，进入报名页面，或单击查看具体招标项目公告内容，进入相同报名页面。（2）选择投标项目（注意项目不能选错）。（3）依次如实填写企业名称、法人代表、资质等级、注册地、注册资金（如人民币100万元）、联系人、联系电话、备注（备注栏可填写250个汉字）。（4）检查填写内容是否正确，确认无误后单击"提交"按钮，完成网上报名。

2. 凡有意者请于2004年4月2日~14日上午9:00~11:00，下午2:00~4:00到"莱茵苑"物业管理招标办公室（联系方法0514-7330×××）有偿领取招标文件，每套招标文件200元。

3. 决定参加投标的投标单位领取招标文件后请于2004年4月15日下午5:00之前以书面形式报名后，报名方有效。提交书面报告时，同时提供投标申请书、物管企业营业执

---

① 扬州莱茵达置业有限公司. 莱茵苑前期物业管理招标公告, http://www.ecpmi.org.cn/zbgg/04040202htm/2004-04-08

照、物业管理经营资质、物业管理企业情况简介（包括企业技术装备、财务状况等）、管理业绩荣誉证书或证明文件复印件、拟派出的项目负责人与主要管理人员的简历、业绩等证明材料，同时缴纳投标保证金 1 万元。

4. 投标单位报名后，由招标领导办公室进行投标资格预审。在资格预审合格的投标申请人过多时，由招标办公室从中选择不少于 3 家以上资格预审合格的单位参加投标。由招标办公室于 2004 年 4 月 16 日上午 10:00 前书面通知各报名单位。

5. 招标单位不得以不合理条件限制或者排斥潜在投标人。招投标过程中如出现违法、违规、违纪，当事人可向扬州市房产局物业管理处举报（举报电话：0514-7800×××）。

五、联系方法

联系地址：扬州莱茵达置业有限公司开发管理部

联 系 人：×××

联系电话：0514-7330×××

扬州莱茵达置业有限公司

二〇〇四年三月二十三日

【示例二】

深圳电视中心物业管理招标公告①

2004 年 3 月 23 日

一、招标项目名称：深圳电视中心

二、项目编号：××××××××

三、项目概况：

电视中心位于深南大道以北，新洲路以东，占地面积 20 130 平方米，总建筑面积 73 283 平方米，主体高度 124 米，主楼 28 层，裙房 7 层，地下 2 层。

电视中心为电视和广播节目演播、制作、传输并兼有对外开放开展电视文化活动的大型综合性建筑。内设剧场、演播厅、录音室以及相应的技术设备用房，是深圳市福田中心区的标志性建筑之一。

四、招标范围：用地红线范围内物业管理及相关服务

五、项目地点：深南中路与新洲路交叉处东北侧

六、预计接管日期：2004 年 5 月 31 日

七、服务质量要求：达到《全国物业管理示范大厦》评分标准 90 分以上

---

① 深圳市物业管理委员会招投标办公室. 深圳电视中心物业管理招标公告, http://www. szhouse.net.cn/info/zb_wy_dszx.asp/ 2004-04-12

八、投标申请人资质条件

投标申请人必须同时具备以下三个条件：

1. 在深圳市注册的具有国家一级物业管理资质的企业。

2. 在管项目中有：深圳市区级以上政府机关办公楼，或国内其他地市级以上政府机关办公楼，或单体建筑面积 70 000 平方米以上的智能化公共建筑（至少包含 BA、SA、FA），本款所述及的管理指综合物业管理。

3. 通过 ISO9002 质量管理体系认证。

九、报名时需提供的资料

1. 工商局签发的《工商营业执照》（经年审合格）副本复印件及正本复印件。

2. 《组织机构代码证书》（经年审合格）复印件。

3. 税务登记证复印件。

4. 法人代表证明书原件及法人身份证复印件、法人代表授权委托书原件及授权代理人身份证原件和复印件。

5. 物业管理企业资质等级证书复印件。

6. ISO9002 质量管理体系认证书复印件。

7. 符合第八条第 2 款条件的在管项目的物业管理合同复印件。

8. 在管主要项目、获奖情况简要资料，拟委派主要负责人简历。

说明：投标申请人提供以上资料均为一式一份，并按照上述顺序装订，所有的复印件需加盖公司公章，同时携带原件交招标人审核（审核后退回原件）。上述资料有任何一项缺漏，报名都将被拒绝。投标申请人必须对所提供资料的真实性负责，若有弄虚作假行为，一经查实，将取消投标资格，并报请市主管部门依法查处。

十、资格预审

若有效报名单位超出 8 家时，招标人有权决定接受所有的有效报名单位作为投标人，或通过资格预审，根据报名单位的信誉、实力、业绩等，只选出前 8 名作为投标人。招标人只给投标人发投标邀请书。

十一、时间、地点安排（见表 3-1）

表 3-1　招标时间、地点安排

序　号	内　容	时　间	地　点
1	发布招标公告	2004 年 3 月 23 日	深圳住宅（物业管理）信息网 www.szhouse.gov.cn
2	接受报名	2004 年 3 月 29 日～4 月 1 日 9:30～11:30，14:30～17:30	深圳市住宅局业务受理中心
3	报名截止时间	2004 年 4 月 1 日 17:30	
4	资格预审		视报名情况确定

续表

序　号	内　　容	时　　间	地　　点
5	发招标文件及踏勘现场	2004 年 4 月 5 日 9:30	深圳市住宅局业务受理中心
6	答疑会	2004 年 4 月 12 日 9:30	深圳市住宅局业务受理中心
7	截标及开标会	2004 年 4 月 26 日 10:00	

招标单位：深圳市物业管理委员会招投标办公室

招标单位法定代表人：××××××

招标单位地址：红荔西路莲花大厦东座 402 室

联系人：×××

联系电话：××××××

【示例三】

市规划委办公楼 2009 年物业管理项目招标公告①

一、项目名称：市规划委办公楼 2009 年物业管理项目

二、招标编号：QYZB-ZFCG-0805

三、招标方式：公开招标

四、招标人：北京市规划委员会

五、招标代理机构：青宇（北京）国际招标有限公司

六、资金来源：财政拨款；财政预算金额：227.2 万元

（1）市财政直接支付 190.2 万元，其中包括机关办公楼（东院）物业费财政预算 140 万元和二七剧场路办公楼（西院）物业费财政预算 50.2 万元。

（2）北京市财政授权北京市规划委员会用于公用经费 37.66 万元（详见招标文件）。

七、招标范围：（具体详见招标文件）

八、服务周期：1 年

九、投标人资格要求

（1）在中华人民共和国依照《中华人民共和国公司法》注册，具有独立法人资格。

（2）具有政府主管部门颁发的二级及二级以上物业管理企业资质证书。

（3）在管项目中独立项目建筑面积 4 万平方米以上（含 4 万平方米）写字楼或政府办公楼项目。

（4）已通过 ISO9001（质量）体系认证。

（5）在近 3 年物业管理活动中无不良记录、无负面社会影响。

---

① 市规划委办公楼 2009 年物业管理项目招标公告. 北京物业管理招标网，2008-12-29

十、投标报名时间及招标书发售时间：2008 年 12 月 18 日至 2009 年 1 月 7 日，每日 9:00～17:00（节假日除外）

十一、报名时需提供以下资料（复印件需加盖单位公章）

（1）法定代表人授权委托书正本。

（2）企业《营业执照》副本复印件。

（3）企业《物业管理企业资质证书》副本复印件。

（4）类似在管项目的全委《物业服务合同》复印件。

（5）ISO9001（质量管理）体系认证证书副本复印件。

十二、招标文件售价：人民币贰佰元整（￥200.00 元）

十三、投标文件递交时间为 2009 年 1 月 4 日 9:00 至 2009 年 1 月 8 日 9:30

十四、投标文件递交截止时间暨开标时间：2009 年 1 月 8 日 9:30

十五、投标文件递交地点暨开标地点：北京市海淀区远大路 1 号金源时代商务中心 A 座 7A 室

十六、现场踏勘时间及要求

踏勘时间 2008 年 12 月 23 日 10:00；踏勘要求：各投标人在 2008 年 12 月 22 日 17:00 前将参加踏勘人员（不超过 2 人，含 2 人）的姓名、单位、身份证号以书面形式报至招标代理机构。现场踏勘需携带本人身份证进入踏勘现场。

十七、评标方法和标准

采用综合评分法；商务部分 25 分，物业管理服务方案及相关承诺 45 分，投标报价 30 分。

十八、对供应商资格预审的说明

本次招标，招标方对供应商的资格预审采取与投标人投标文件评审同时进行的方式进行，只有通过资格预审的供应商才能进入对投标文件的评审。

十九、报名地点及招标书发售地点：××××××××

联系人：×××

联系电话：×××××××

（二）发出投标邀请书

采用邀请招标或协议方式的，招标人一般应当向三家以上有兴趣投标的并通过资格预审的法人或者其他组织发出投标邀请书。采用协议方式的，招标人一般应当向两家以上有兴趣投标并通过资格预审的法人或者其他组织发出邀请书。

投标邀请书与招标公告一样，均是招标人向潜在投标人发出的邀请其参加投标的意思表示。招标人采用邀请方式招标应当力避拉陪衬、搞假招标。为了保障受邀人的质量和招标的公开、公平，我国《招标投标法》第十七条规定，"招标人采用邀请招标方式的，招标人应当向三个以上具备承担招标项目的能力、资信良好的特定的法人或者其他组织发出投

标邀请书。"具体数量则根据招标项目的特点和潜在投标人的情况确定，但至少不能少于三个。而且，应当选择具有承担招标项目能力的、资信情况良好的潜在投标人。

投标邀请书的基本内容有：招标公司的名称、招标物业的名称与地点、招标范围简要说明、发售招标文件的时间与地点、参加招标的要求事项等。

【示例四】

投标邀请书

_____:

我单位_____物业的招标申请业经市（区、县）招标办批准，请你单位参加本物业的招标。

招标会将于_____年____月____日__时____分在_____举行，届时请你单位派代表（限_____人）准时参加。

领取招标文件和其他有关说明时，请交押金_____元（现金、支票）。

招标单位：　　　　　　　　　　　　　（盖章）

经办人：　　　　　　电话：

　　　　　　　　　　　　　　　　年　　月　　日

二、审查与确定投标单位资格

资格审查是招标人的一项权利，也是招标实施过程中的一个重要步骤。实践中，多数招标活动经常采用资格审查的办法筛选潜在投标人，其目的是审查并确定投标申请人是否具有承担招标项目的能力，以保证投标人中标后能切实履行合同内容。资格审查对保障招标人的利益和招投标活动的顺利进行有着重要意义。

招标人对投标人的资格审查可分为资格预审和资格后审两种形式。资格预审是指投标人投标前，由招标人发布资格预审公告或邀请，要求潜在投标人提供有关资质证明，经预审合格者，才能被允许参加正式投标；资格后审是在投标人提交投标文件后，再对投标人或中标人是否具有合同履行能力进行审查。在实践中，招标人采用资格预审方式的较多。因资格预审可以减少正式招标的工作量，提高效率，降低成本，节约时间。而且，还能帮助招标人了解投标人对招标项目的兴趣，也使一些不具有资格要求的投标人早点退出角逐，避免财力、物力与人力的浪费。因此，资格预审对招标人和投标人均大有益处。

招标人或招投标中介机构对有兴趣投标的法人或者其他组织进行资格预审前，应当通过报刊或者其他媒介发布资格预审通告。资格预审通告应当载明下列事项：（1）招标人的名称和地址；（2）招标项目的性质、数量；（3）招标项目的地点和时间要求；（4）获取资格预审文件的办法、地点和时间；（5）对资格预审文件收取的费用；（6）提交资格预审申请书的地点和截止日期；（7）资格预审的日程安排；（8）需要通告的其他事项。有兴趣投标的法人或者其他组织则应当向招标人或者招投标中介机构提交证明其具有圆满履行合同的能力的证明文件或者资料。招标人或者招投标中介机构应当对提交资格预审申请书的法人或者其他组织作出预审决定。

【示例五】

×××物业管理招标中心
关于×××物业管理项目经营资质预审通告

编号：_____

（物业管理招标机构名称）受（项目招标人名称）的委托，邀请合格物业管理承包商（以下称"承包商"）参加（项目名称及简要说明）的招标资格预审。

该项目（项目的规模，工作内容，工作要求，工作量）的简要说明。

凡符合《中华人民共和国招标投标法》规定的一切合格的承包商均可以参加该项目的资格预审。

凡在物业管理方面有丰富经验并对该项目有兴趣的承包商，请按下列地址与（招标机构名称）招标部联系并申请资格预审，资格预审文件将从_____年_____月_____日开始，每天上午_____点至_____点出售（星期日和节假日除外），该文件每册售价人民币_____元或_____美元，收款概不退还。

接受资格预审申请的截止日期为_____年_____月_____日，上午/下午_____点，超过该期限者恕不接受。

招标机构名称：

地址：

电话和电传：

按照我国《招标投标法》的规定，招标人对投标人资格审查的权利包括两个方面的内容。一是有权要求投标人提供与其资质能力相关的资料和情况，二是有权对投标人是否具有相应资质能力进行评审，也即招标人有权要求投标人提供国家授予的有关的资质证书、生产经营状况、承担项目的业绩等。在对投标人进行审查时，可以审查其是否是依法成立的法人或其他组织，是否有独立签约能力，经营情况是否正常，是否具有相应的资金、人力、设备等。

如果物业服务企业投标申请被批准后，按要求填写投标资格预审表，按时送达指定地点，接受招标单位资格审查，经招投标办事机构批准后，方可参加投标。资格审查的主要内容有：（1）物业服务企业的基本情况。包括公司名称、地址、电话、电传、注册国家或地区，公司资质等级、公司性质（全民、合资、独资、合营等），公司组织机构情况等。（2）物业服务企业拥有的资金数量。包括公司的注册资本、营业额、对近几年财务情况的预测等。（3）物业管理经验与过去的表现。（4）物业服务企业的管理人员及技术力量。包括管理人员及技术人员名单和简历，以了解其专业素养和从业业绩等。（5）主要负责人经历及企业背景等情况。

三、发售招标文件、召开标前会议

招标人对投标人进行资格预审和确认后，就要对前来投标的物业服务企业出售招标文件，并接受咨询。在进行规模较大、比较复杂的物业项目招标时，通常由招标单位的招标机构在投标人购买招标文件后，按规定的日程组织投标企业到施工现场进行察看，介绍工程情况、交底，并回答有关投标单位对招标文件、设计图纸等提出的问题，并以补充招标文件的形式书面通知所有投标企业。

招标机构通常在投标方购买招标文件后还需统一安排一次投标人会议，即标前会议。标前会议通常安排在现场，或者先到现场察看，再集中开标前会议。召开标前会议的目的在于解答投标人提出的各类问题。《投标方须知》中一般要注明标前会议的日期，如果日期有变更，招标人应立即通知已购买招标文件的投标方。此外，招标机构也可要求投标方在规定日期内将各类问题用书面形式寄给招标人，以便招标人汇集研究，提出统一的解答，在这种情况下就无须召开标前会议。

四、接受投标书

获得资格的物业服务企业就应按照招标文件的规定编写投标文件等相关文书。一般地，物业管理投标文件应当载明下列事项：（1）投标函；（2）投标人资格、资信证明文件；（3）投标项目方案及说明；（4）投标价格；（5）投标保证金或者其他形式的担保；（6）招标文件要求具备的其他内容。

参加投标的物业服务企业应在规定的报送投标书截止日期前，将投标书密封送达招投标领导小组（办公室）。

招标人或者招投标代理机构应当对收到的投标文件签收备案，对在提交投标文件截止日期后收到的投标文件，应不予开启并退还。投标人有权要求招标人或者招投标代理机构提供签收证明。投标人可以撤回、补充或者修改已提交的投标文件，但是应当在提交投标文件截止日之前，书面通知招标人或者招投标中介机构。

五、开标

开发商或业主委员会收到物业服务企业密封的投标书后，经过审查，认为各项手续均符合规定时，即可收入。并在预定时间，由投标人检查投标文件的密封情况，确认无误后，有关工作人员当众拆封、验证投标资格，并公平宣读投标人名称、投标价格以及其他主要内容，并声明不论管理服务费高低均有中标希望。在此期间，投标人可以对唱标作必要的解释或答辩，但所作的解释不得超过投标文件记载的范围或改变投标文件的实质性内容，即开标应当按照招标文件规定的时间、地点和程序以公开方式进行。根据《前期物业管理招标投标管理暂行办法》第二十六条规定，"开标应当在招标文件确定的提交投标文件截止时间的同一时间公开进行；开标地点应当为招标文件中预先确定的地点。"

开标由招标人或者招投标代理机构主持，邀请法律公证机关公证员、评标委员会成员、投标人代表和有关招标管理部门工作人员代表参加。开标应当作记录，并存档备查。

例如，在《北京市物业管理招标投标办法》中就规定，开标应当在招标文件确定的提交投标文件截止时间的同一时间公开进行；开标地点应当为招标文件中指定的地点。开标时，由所有投标人或者其推选的代表检查投标文件的密封情况，也可以由招标人委托的公证机构检查并公证；经确认无误后，由工作人员当众拆封，宣读投标人名称、投标报价和投标文件的其他主要内容。开标过程应当记录，并存档备查。

六、评标

评标应当按照招标文件的规定进行。开标过程结束后应立即进入评标程序。由评标委员会采用会议形式审查和评议各投标单位的标书，确定中标候选人。评标委员会由招标人代表和有关物业管理专家组成。例如，《北京市物业管理招标投标办法》规定，物业管理评标工作必须由依法组成的评标委员会负责，评标委员会由招标人代表（占 1/3）和评标专家（占 2/3）构成，评标专家从市国土房管局组建的专家库中随机抽取。评标委员会的专家人员，应当由招标人在开标前 3 日内从市国土房管局组建的专家库中以随机抽取的方式确定。

在评标研究过程中，应选择若干家管理服务收费较合理、管理服务完善、周到并有创意的物业服务企业，对其资金、设备、人员、技术力量、管理服务水平、内部管理操作机制等企业背景进行调查、咨询，必要时还可向投标的物业服务企业负责人当面提问一些有关企业情况、中标后打算采取的措施等一系列问题，对一些有创意的新的管理服务方法，要求提供过去的经验或实施的依据等。评标委员会要认真评议，多方调查，慎重考虑，公平打分（见表 3-2）。

表 3-2 某小区物业管理评标评分表

评标内容	规定分值	项目名称	评标内容	分值	实际得分	备 注
企业经营情况	30	公司情况	良好的社会形象	2		
			综合实力	2		
			资质等级	4		根据资质等级情况评分（一级 4 分，二级 2 分，三级 1 分）
			获奖情况	2		国家级奖 2 分，省级奖 1 分
		管理目标及理念	实施和控制措施	3		
		公司管理构架和组织	运行机制合理、有效	3		
		公司管理体系建立情况	ISO9001 认证	3		通过一项认证得 3 分，未通过不得分
			ISO14001 认证	3		
			GB/T28001 认证	3		
		公司管理经验	同类规模面积楼盘管理经验	2		管理的同类型楼盘越多分数越高
			同类规模面积楼盘管理数量	3		
标书部分	60	管理目标与服务承诺		15		
		管理处人员配备、管理运作控制方案	经理及其他部门负责人情况、持证上岗、内部责任制	5		
		物业管理收费及收支预算	合理、可信	10		
		前期介入的内容和措施	隐蔽工程、验收等	10		
		前期管理的内容和措施	装潢管理、车辆管理、安保管理等专项管理以及其他物业管理方面	20		
答辩	10	评委提问	针对评委提问回答明确、合理，承诺诚实可信	10		
合计	100				100	

七、中标和授标

授标与中标，是同一事物的两个不同方面。招标单位通知投标单位中了标，对招标单位来讲是授标，而对投标单位来说是中标。

在开标后，招标人经过组织评标，由评标委员会按照招标文件的规定对投标文件进行评审和比较，根据招标文件的要求和标准进行打分排名，由公证员宣读公证书，并向招标人推荐 1～3 个中标候选人。

招标人从评标委员会推荐的中标候选人中评选出条件最优者，最终确认中标单位。从中择优选定的投标单位，叫做中标单位，在国际招标中又称之为成功的投标单位。中标人的选定意味着招标人对该投标人的条件完全同意，双方当事人的意思表示完全一致。中标单位应当符合下列条件之一：（1）满足招标文件各项要求，并考虑各种优惠及税收等因素，在合理条件下所报投标价格最低的，但是投标价格低于成本的除外。（2）最大程度满足招标文件中规定的综合评价标准的。

我国《招标投标法》第四十一条明确规定，"中标人的投标应当符合下列条件之一：（一）能够最大限度地满足招标文件中规定的各项综合评价标准；（二）能够满足招标文件的实质性要求，并且经评审的投标价格最低，但是投标价格低于成本的除外。"

中标人确定后，招标人应当向中标人发出中标通知书，并同时将中标结果通知所有未中标的投标人。中标通知书对招标人和中标人均具有法律效力。中标通知书发出后，招标人改变中标结果的，或者中标人放弃中标项目的，均须依法承担法律责任。

八、订立合同

确定中标单位后，招标单位书面通知中标者，约定好时间、地点，由中标单位与委托方正式签订物业管理委托合同。我国《招标投标法》第四十六条规定，"招标人和中标人应当自中标通知书发出之日起三十日内，按照招标文件和中标人的投标文件订立书面合同。招标人和中标人不得再行订立背离合同实质性内容的其他协议。招标文件要求中标人提交履约保证金的，中标人应当提交。"合同签订之日起，中标单位开始实施对该物业的管理。

招标的实施是整个招标过程的实质性阶段。公开招标的主要工作程序如上所述，其他方式招标与其相类似。

九、其他相关内容

（一）招标的生效与有效期

招标生效从投标人收到或购买到招标文件时开始。招标生效后到投标截止日期，是招标的有效期。这个期限也是投标准备期。在招标有效期内，招标人不得随意撤回、修改或变更招标文件。招标有效期的长短，一般视招标项目的大小和复杂程度由招标人确定，一般少则几天，多则几十天不等。总的要求是，要保证投标人有足够的时间准备投标文件。如欧盟采购规则中规定，招标人应在招标公告中规定投标截止日期，从招标公告发布之日起至提交投标截止日期止，不得少于 52 天。如果在此期间有大量的招标文件需要提供，或者承包商有必要勘察工程现场或审查招标文件，招标人应当延长投标截止日期。例如，《北京市物业管理招标投标办法》和《山东省物业管理招标投标管理暂行办法》均规定，招标人应当确定投标人编制投标文件所需要的合理时间。公开招标的物业服务项目，自招标文件发出之日起至投标人提交投标文件截止之日止，最短不得少于 20 日。

（二）招标失效与投标失效

在招标生效后，遇有下列情形之一的，招标失效，招标人不再受其约束：

（1）招标文件发出后，在招标有效期内无任何人响应。

（2）招标已圆满结束，招标人选定合适的中标人并与其签订合同。

（3）招标人终止，如死亡、解散、被撤销或宣告破产等。

投标是投标人按照招标人提出的要求，在规定期间内向招标人发出的以订立合同为目的的意思表示。在投标文件送达招标人时生效，同时对招标人发生效力，使其取得承诺的资格。但招标人无须承担与某一投标人订约的义务，除在招标公告或投标邀请书中有明确相反表示外，招标人可以废除全部投标，不与投标人中的任何一人订约。发生这种情况的主要原因有：

（1）最低评标价大大超过标底或合同估价，招标人无力接受投标。

（2）所有投标人在实质上均未响应招标文件的要求。

（3）投标人过少，没有达到预期的竞争性。

投标生效后，遇有下列情形之一，投标失效，投标人不再受其约束：

（1）投标人不符合招标文件的要求。

（2）投标有效期届满。

（3）投标人终止，如死亡、解散、被撤销或宣告破产等。

本 章 小 结

无论是招标人和招标代理机构，还是招标项目均应具备特定的条件。当业主委托招标代理机构招标时，还应当办理相应的手续。

物业管理的招标过程主要有招标准备和招标实施两大阶段。招标机构和招标领导小组的成立、招标文件的编制、标底的确定是准备阶段的主要工作；招标公告或投标邀请书的发出、投标单位资格的审查、招标文件的发售、标前会议的召开、投标书的接受、开标与评标、授标并签订合同组成了招标实施阶段的主要工作程序。每一阶段的工作均有其相应的注意事项与要求。

思考与讨论

1. 在物业管理招标前需要做哪些准备工作？
2. 简要谈谈招标人、招标项目需具备的条件。
3. 简述物业管理招标的基本操作程序。
4. 如何理解物业管理招标的生效与失效问题？
5. 物业管理招标机构有哪几种形式？各有何特点？

第四章　物业管理招标文件的编制

本章学习要点

1. 物业管理招标文件的含义及意义
2. 物业管理招标文件的编制原则与程序
3. 物业管理招标文件的三大部分与六大要素
4. 物业管理招标文件的文本格式

本章基本概念

物业管理招标文件

导入案例

某小区物业服务的招标工作因"招标文件"不规范引争议

某小区的物业服务工作一直由 A 物业服务公司提供，当业主委员会成立以后，发现 A 物业公司在维修基金的使用过程中有不透明现象，就决定重新招聘一家物业公司。经委员们研究后，把招标工作委托给收费低廉的、刚成立的一家招标代理机构进行。开始一切挺顺利，但当当地具有符合资质条件的几家物业公司购买了招标文件并组织人员编写投标书时，才发现招标文件中部分要求与内容含混不清，不甚规范，无法指导投标书的编写。

[评析] 招标文件是整个招标过程中最重要的文书。对招标文件的编制则是招标准备工作中最为重要的一环。可以说，招标文件编制的好坏，直接关系到招标人和投标人双方的利益。招标文件的内容既要做到详尽周到，以维护招标人的利益，又要依照一定的原则进行编制，以做到合理合法，体现招标的公平与公正。

第一节　物业管理招标文件的编制原则与程序

一、招标文件的含义和分类

（一）招标文件的含义

招标文件又称标书，是招标机构向投标人提供的为进行招标工作所必需的文件。其作用在于：明确投标人递交投标书的程序，说明所需招标的标的情况，告知投标评定准则以及订立合同的条件等。招标文件是整个招投标过程中的重要文书之一，其重要性主要体现在以下方面：第一，招标文件是提供给投标人的投标依据。在招标文件中应明白无误地向投标人提供招标项目一切必要的情况，以便承包商编写投标文件与投标。投标商则必须对标书的内容进行实质性的响应，否则将被判定为无效标（按废弃标处理）。第二，招标文件是评标的重要依据。进行评标的标准是按照招标文件中已经规定了的标准来执行，因此招标文件中涉及评标的内容应严谨、规范。第三，招标文件是业主和中标的投标者签订承包合同的基础。95%左右的招标文件的内容将成为合同的内容，尽管在招标过程中业主和投标人可能会对招标文件的内容和要求提出补充和修改的意见，但招标文件作为业主方对招标项目的基本要求的一个体现，不会有大的变动。在准备期，业主或其代理人编制合适的招标文件非常重要。

（二）招标文件的分类

1．按招标的范围划分

（1）国际招标文件。国际招标文件要求两种版本，按国际惯例以英文版本为准。考虑到我国企业的外文水平，标书中常常需特别说明，当中英文版本产生差异时以中文为准。

（2）国内的招标文件。国内招标文件是面向国内进行某项物业的招标而编写的，一般用本国语言编制。

2．按标的物划分

按招标的标的物划分，可分为三大类，即货物招标文件、工程招标文件和服务招标文件。进一步地，根据具体标的物的不同还可以细分，如工程类可进一步分为施工工程、装饰工程、水利工程、道路工程和化学工程等。每一种具体工程的招标文件的内容差异是非常大的。

3．按招标范围划分

（1）招标公告（或招标通告），用于招标内容比较重大且面向国内外招标的招标书。

（2）招标启事（或招标广告），用于面向国内、关于一般事项招标的招标书。

（3）标函，招标采用信函形式，直接邀请有承担能力的单位参加投标竞争，因此又叫投标邀请书，适用于范围较小的招标。

此外，按照招标主体的性质，招标文件又可分为集团招标文件和个人招标文件两类。

二、编制招标文件的原则

招标文件作为招标过程中的重要文书，编制时必须遵循以下原则：

（一）合法性原则

一份理想的招标文件，应该是一份严谨的、具有法律效力的文件。在编制时，首先应当遵守国内外有关招投标的法律法规。如果招标文件不符合已有法律法规的要求，则可能导致招标作废，甚至业主方还需要赔偿造成的损失。

具体来讲，招标文件中的各项条款的内容，对招标者与投标者双方的权利、义务的规定以及订立的程序应符合国家的法律、法令和社会公共利益。此外，招标文件中还应明确规定履约保证金，这样可以避免欺诈性和试探性投标，或中标者由于某种原因不能履行合同或不按合同规定履约，致使物业管理水平下降，造成业主经济损失。但这种保证金的比例应定得适当。

（二）明确性原则

首先，在编制物业管理招标文件时，各项管理所应符合的技术规范和指标，应根据目标物业的实际情况进行编写。编写过程中，对各项基本管理服务的要求须规定明确、交代清楚。并应力求用语严谨、明确，不产生歧义。

其次，招标文件中的合同文件必须明确规定物业管理企业所需进行的工作范围、工作项目，以及招标者和投标者各自的权利和义务。

只有物业管理招标文件中的各项规定明确，才能便于更广范围的投标企业踊跃参加，若有遗漏或误差，则会限制投标者踊跃参加，甚至影响整个招标工作的顺利进展。

（三）指导性原则

编制物业管理招标文件时，还应注意为投标者提供一切必要的情况介绍，尤其是全国性公开招标。一些外地单位到本地来竞争物业管理，这本是一件利国利民的事。但由于他们不一定熟悉当地环境，有可能在编写投标书时遇到困难，就需要招标文件能详细介绍并起指导作用，增加他们参加投标的信心。通常在物业管理招标文件中介绍的情况主要有两个方面，一是为投标所需了解和遵循的规定；二是为其投标所需提供的文件，以便他们做好准备。

（四）公平性原则

物业管理招标的实质就是在公平的基础上进行的激烈竞争，在竞争中，招标者和投标者双方都将择优选用，从而获得最大的利益。

物业管理招标文件中的任何一项规定，对所有投标者都应平等对待，提出相同的投标条件。合同条件也应使招标者和投标者双方公平、合理分担该项目标物业投标的风险，以此作为订约的宗旨。

总之，招标文件应力求符合相关规定，合理、规范、准确。

三、编制招标文件的程序

为了使招标文件完整、全面，通常按照以下程序进行编制。

（一）熟悉项目及所在区域环境

物业管理要开展招标，首先要了解并熟悉欲进行招标的项目。要想达到了解并熟悉，必须对项目的各类图纸、说明进行察看、阅读，并且还要对项目周边的环境进行调研。

（二）确定物业管理的质量标准与管理水平等要求

对开展招投标项目的物业管理要有一个正确的定位，即该项目开展物业管理工作以后，其质量要达到什么水平，符合什么要求。例如，招标项目是别墅区时，其物业管理服务质量应达到什么要求；若招标项目是高档写字楼时，其物业管理服务质量应达到什么要求；若项目是普通居住的住宅小区时，其物业管理质量又应达到什么要求等。这些都需要在招标文件中予以明确的陈述。

（三）确定投标、开标、定标的日期及其他事项

根据项目的要求，确定招标、投标、开标、定标日期。通常招标公告或投标邀请书发出以后，要留出一定的时间让物业管理投标企业编制并送达标书。《招标投标法》第二十四条规定，“依法必须进行招标的项目，自招标文件开始发出之日起至投标人提交投标文件截止之日止，最短不得少于二十日。”《招标投标法》第三十四条、《前期物业管理招标投标管理暂行办法》第二十六条都规定，“开标应当在招标文件确定的提交投标文件截止时间的同一时间公开进行；开标地点应当为招标文件中预先确定的地点。”

（四）填写招标文件的申报表

为了保证招投标工作顺利地进行，并能取得预期的结果，防止出现意外，物业管理行政主管部门应对项目进行审核，并由业主委员会或开发商成立的招标领导小组填写招标申报表。

（五）编写招标须知

为了使招标工作正常进行，确保参加投标的各物业管理企业按照统一要求参加，招标单位必须编写好招标须知①。

---

① 黄安永. 物业管理招标投标. 南京：东南大学出版社，2000，30～31

第二节 物业管理招标文件的内容

一、三大部分

物业管理招标文件的内容格式根据招标项目的特点和需要而繁简各异，但任何招标文件都应当依据现行法规和惯例编写其基本内容。我国《招标投标法》第十九条规定，"招标人应当根据招标项目的特点和需要编制招标文件。招标文件应当包括招标项目的技术要求、对投标人资格审查的标准、投标报价要求和评标标准等所有实质性要求和条件以及拟签订合同的主要条款。"

物业管理招标文件的内容大致可以概括为三大部分：

第一部分，投标人须知。即投标人参加投标所需了解并遵循的规定，具体包括投标邀请书、投标的条件、技术规范及要求。

第二部分，投标人必须按规定填报的投标书格式，这些格式将组成附件作为招标文件的一部分。

第三部分，物业管理合同的签订条件（包括一般条件和特殊条件）及应办理的文件格式。

二、六大要素

物业管理招标文件的三大部分内容具体可归纳为组成招标文件的六大要素：（1）投标邀请书；（2）技术规范及要求；（3）投标人须知；（4）合同一般条款；（5）合同特殊条款；（6）附件（附表、附图、附文等）。

（一）投标邀请书

邀请书的主要内容包括业主名称、招标项目的简要说明、项目开工和竣工交付使用时间、物业管理用房的配置情况、房屋专项维修资金建立情况、招标书的发售、保证金的缴纳、投标地点、投标截止时间、招投标说明会、开标时间、地点等。邀请书可以归入招标文件中，也可以单独寄发。如采用邀请招标方式招标，邀请书往往作为投标通知书而单独寄发给潜在投标人，因而不属于招标文件的一部分；但如果采取公开招标方式招标，招标人往往是先发布招标公告和资格预审通告，然后向预审合格的潜在投标人发出正式投标邀请，这时发出的投标邀请书就应作为招标文件的一部分。

（二）技术规范及要求

技术规范是详细说明招标项目的技术要求（如物业服务项目的服务标准、具体工作量等）的文件，是招标文件的重要内容之一。这一部分主要是说明业主或开发商对物业服务项目的具体要求，包括服务所应达到的标准等。例如，对于某酒店项目，招标人要求该物业的清洁卫生标准应达到五星级，这些要求就应在"技术规范及要求"部分写明。对于若干子项目的不同服务标准和要求，可以编列一张"技术规范一览表"，将其加以综合。

另外，在技术规范部分，应出具对物业情况进行详细说明的物业说明书，以及物业的设计施工图纸。物业说明书和图纸应在附件部分中做详细说明。

（三）投标人须知

投标人须知是业主或招标机构对投标人如何投标的指导性文件，其目的是为整个招投标的过程制定规则，是招标文件的重要组成部分，其内容包括以下几方面。

1. 总则说明

总则说明主要对招标文件的适用范围、常用名称的释义、合格的投标人和投标费用进行说明。

2. 招标文件说明

招标文件说明主要是对招标文件的构成、招标文件的澄清、招标文件的修改进行说明。

3. 投标书的编写

投标人须知中应详细列出对投标书编写的具体要求。这些要求包括：（1）投标所用的语言文字及计量单位；（2）投标文件的组成；（3）投标文件格式；（4）投标报价；（5）投标货币；（6）投标有效期；（7）投标保证金；（8）投标文件的份数及签署。如果由于采取邀请招标或议标方式招标，而没有进行投标资格预审，则在招标文件的投标人须知中还应要求投标人按预定格式和要求递交投标人资格的证明文件。招标文件对投标书编写要求的说明通常有两种，一是文字说明，应归入投标人须知部分；另一种是在招标文件中列出投标文件的一定格式，要求投标人只需按格式要求填入内容。这些格式通常包括投标书格式、授权书格式、开标一览表、投标价格表、项目简要说明一览表及投标人资格证明书格式等，这些格式统一归入"附件"部分。

4. 投标文件的递交

投标方须知中，应对投标书的递送程序加以详细说明。其主要内容包括投标书的份数、传送方法和必要的证明文件；投标文件的密封和标记；递交投标文件的截止时间；投标文件的修改和撤销的说明。

5. 开标和评标

开标和评标是招标文件体现公平、公正、合理的招标原则的关键，在招标文件中的投标方须知中应说明开标时间和定标时间及评定投标的标准。评定投标的标准应尽可能量化，使每一个投标的物业管理企业能明白将采用何种方法量化。如果采用的是诸如"优点计分制"，就应当在招标文件中详细说明其做法。

6. 授予合同

授予合同的内容通常包括：

（1）定标准则。说明定标的准则，包括"业主不约束自己接受最低标价"的申明等。

（2）资格最终审查。即说明招标人会对最低报价的投标人进行履行合同能力的审查。

（3）接受和拒绝任何或所有投标的权力。

（4）中标通知。

（5）授予合同时变更数量的权力。即申明招标人在授予合同时有权对招标项目的规模予以增减。

（6）合同协议书的签署。说明合同签订的时间、地点以及合同协议书的格式（详见附件）。

（7）履约保证金。

（四）合同一般条款

合同条款的目的在于将中标后所要签订的合同内容规范化和公开化，这也是招标公正、公平原则的具体体现。合同的条款分为一般条款和特殊条款。合同的一般条款是物业管理招标的行业性的约定俗成，对于不同的物业服务项目均具有一般性，不是合同的主要内容，通常包括以下条款和内容。

（1）定义。即对合同中的关键名称进行释义。

（2）适用范围。即写明本合同的适用范围。

（3）技术规格和标准。该条款的内容一般与招标文件的第二部分"技术规范及要求"的内容相一致。

（4）合同期限。一般可参照委托管理与服务的期限。

（5）价格。即物业管理费的计取，一般应与中标人的投标报价表相一致。

（6）索赔。索赔条款主要说明在投标人（合同的乙方）发生违约行为时，招标人（合同的甲方）有权按照索赔条款规定提出索赔。其具体内容包括索赔的方案和索赔的程序。

（7）不可抗力。不可抗力条款是指在发生预料不到的、人力无法抗拒的事件的情况下，合同一方难以或者不可能履行合同时，对由此引致的法律后果所作的规定。不可抗力条款一般包括三个部分：不可抗力的内容；遭受不可抗力事件的一方向另一方提出的报告和证明文件；遭受不可抗力事件一方的责任范围。

（8）履约保证金。该条款主要是规定中标人在签订合同后，为保证合同履行而需提交的履约保证金的比例，以及提供履约保证金的形式。

（9）争议的解决。该条款主要的内容是预先规定合同双方在合同履行过程中发生争议时的解决途径和方法。如在该条款中规定以仲裁作为解决争议的途径等。

（10）合同终止。该条款的主要内容是说明合同的期限和合同终止的条件（如物业管理企业违约情节严重，业主破产，物业被征用等）。

（11）合同修改。该条款应申明对于合同的未尽事项，需进行修改、补充和完善的，甲乙双方必须就所修改的内容签订书面的合同修改书，作为合同的补充协议。

（12）适用法律。即写明合同适用的法律。

（13）主导语言与计量单位。

（14）合同文件及资料的使用。条款中应写明合同文件及资料的使用范围及事宜，如对保密的规定等。

（15）合同份数。

（16）合同生效时间。

（五）合同特殊条款

合同的特殊条款是一种个性化条款，是为了适应具体项目的特殊情况和特殊要求作出的特殊规定，例如，对执行合同过程中更改合同要求而发生偏离合同的情况作出某些特殊规定。此外，合同特殊条款还可以是对合同一般条款未包括的某些特殊情况的补充，如关于延迟开工而赔偿的具体规定，以及有关税务的具体规定等。

在合同执行过程中，如果一般条款和特殊条款不一致而产生矛盾时，应以特殊条款为准。

（六）附件

附件是对招标文件主体部分文字说明的补充，包括附表、附文和附图。

1．附表

（1）投标书格式。

（2）授权书格式。

（3）开标一览表。

（4）项目简要说明一览表。

（5）投标人资格的证明文件格式。

（6）投标保函格式。

（7）协议书格式。

（8）履约保证金格式（通常为银行保函）。

2．附文

附文部分主要是物业说明书。开发商或业主委员会在招标文件中，应具体而详尽地说明本次招标所要求管理的物业的具体情况。通常是首先列出物业地址，包括物业的地理位置、占地面积、住户数和物业的各个组成部分，如建筑物的建筑结构和建筑材料的选用、设备与设施的选用与安装、物业环境及配套设施等情况。物业描述必须精确，不能使用含糊不清的文字，以便投标的物业管理企业核算管理费标价和确定管理服务的方式、方法和标准。

3．附图

附图中主要包括物业的设计和施工图纸。若是新建物业，则在招标文件中提供规划设计和设计意向方案，以便投标的物业管理企业在投标书中可提出自己对设计方案的合理性看法及改进调整设想；若是已建成的物业，则要在招标文件中提供详细的设计图纸，以便投标的物业管理企业对所接管的物业有全面详细的了解，从而在投标文件中正确合理地计算出管理费标价。

第三节　物业管理招标文件的编制范例

一、文本格式

招　标　文　件

招标编号：＿＿＿＿＿＿　招标项目名称：＿＿＿＿＿

年　　月 ××招标中心统一印制

招标文件目录

第一部分　招标公告或投标邀请

第二部分　技术规范及要求

第三部分　投标人须知

一、总则说明

1．适用范围

2．定义

3．合格的投标方

4．投标费用

二、招标文件说明

5．招标文件的构成

6．招标文件的澄清

7．招标文件的修改

三、投标文件的编写

8．语言及计量单位

9．投标文件的组成

10．投标文件格式

11．投标报价

12．投标货币

13．投标人资格的证明文件

14．投标有效期

15．投标保证金

16．投标文件的份数和签署

四、投标文件的递交

17．投标文件的密封和标记

18．递交投标文件的截止时间

19．迟交的投标文件

20．投标文件的修改和撤销

五、开标和评标

21．开标

22．评标委员会

23．投标文件响应性的确定

24．投标文件的澄清

25．对投标文件的评估和比较

26．评标原则及方法

27．保密

六、授予合同

28．定标准则

29．资格最终审查

30．接受和拒绝任何或所有投标的权力

31．中标通知

32．授予合同时变更数量的权力

33．合同协议书的签署

34．履约保证金

35．中标服务费

第四部分　合同一般条款

1．定义

2．适用范围

3．技术规格和标准

4．委托服务期限

5．价格

6. 索赔

7. 不可抗力

8. 履约保证金

9. 争议的解决

10. 合同终止

11. 合同修改

12. 适用法律

13. 主导语言与计量单位

14. 合同份数

15. 合同生效

第五部分　合同特殊条款

第六部分　附件

二、招标文件示范

　　为了使读者对物业管理招标文件有一个更清晰、全面的认识，现将杭州市通策集团提供的对"通策广场"物业管理项目的招标文件附下，也可供大家在编制物业管理招标文件时参考。

【示例一】

通策广场物业管理招标文件①

第一章　总　　则

　　通策广场位于杭州市滨江区钱塘江南岸，西临滨江区会展中心，南临滨江要道——中兴路，之江二号路、三号路之间，属杭州高新区之江科技园区。

　　通策广场共有 10 幢小高层，高层呈行列式布局，具有科技、生态、健康、文化的特点。简单，是一种并非人人都能达到的品质：通策广场简约、通透、硬质酷感的空间造型显示了美国建筑设计师大气阔朗的现代手笔。浅色大块面的外墙，委婉流畅的顶部轮廓，落地窗，大开间，呈现着通策广场明晰的设计理念：做减法的建筑。

　　人们给建筑强加许多内容，在经历了欧陆、古典、新古典诸多风格后，通策广场从我们周围重复繁缛的建筑中跳出来，让我们回到房子的本来面目，享受生活的原汁原味。

　　自由、时尚、SOHO 存在方式：作为一个高新区内的时尚家园，当然需要拥有与你同

---

① 资料来源于浙江杭州市通策集团公司。

样的前瞻性的眼光，社区的智能化水平，将全面满足时尚的在家办公族的生活、工作需要，特别是C幢全面武装成全新的SOHO（Small Office Home Office）居住模式。由浙江通策房地产投资集团股份有限公司所属浙江联发房地产实业有限公司开发。为提升通策广场的物业管理水平，为业主创造良好的生活环境，特决定采用向社会公开招标的方式选聘物业管理公司进行管理。

一、通策广场的规划建设基本情况

1. 总占地面积：45 332 平方米

2. 总建筑面积：133 001 平方米

其中：地上部分：110 091 平方米

含：科研办公楼　　17 008 平方米

会展中心　　　　12 294 平方米

展销用房　　　　11 086 平方米

居家办公楼　　　9 657 平方米

专家公寓　　　　60 046 平方米

地下部分：22 910 平方米

容积率　　　　　2.42

建筑占地面积　　12 782 平方米

建筑密度　　　　28.0%

绿地率　　　　　42.24%

建筑高度　　　　75.6 米

地下车位　　　　479 个

地上临时车位　　40 个

3. 共用设施及公共场所情况

（1）屋顶水箱4只，78立方米；

（2）生活水池1个，180立方米；

（3）消防水池2个，176立方米；

（4）配电房3间，474平方米；

（5）客梯36部，人货梯2部，自动扶梯6部；

（6）屋顶生活水箱3个，60立方米；屋顶消防水箱1个，18立方米；生活水箱2个，40立方米；人防生活水箱6个，420立方米；

（7）消防控制中心2间，50平方米；

（8）综合布线控制室电信机房3间，61平方米；

（9）水泵房3间，263平方米；

（10）集水井 36 个；

（11）地下车库管理采用非接触 IC 卡；

（12）小区设置摄像监控系统、可视对讲系统、电子巡逻系统；

（13）接入宽带网，PDS 结构化综合布线；

（14）设物业管理软件平台（管理业主信息，员工档案，财务，会议等）；

（15）公共设施采用双路供电；

（16）建筑周边道路，绿化，广场按批复图纸施工。

4. 户内配套设施

（1）卫星电视接收系统和有线电视系统；

（2）预留手动报警系统（待定）；

（3）室内预留被动报警系统（待定）；

（4）综合布线系统；

（5）可视对讲系统；

（6）预留管道煤气接口；

（7）一户一表（水、电、双路供电）。

二、通策广场物业管理及配套设施设备保修期限

建设工程的保修期根据国务院第 279 号令《建筑工程质量管理条例》的规定执行。

电梯：12 个月

配电设备：12 个月（公配无关）

供水设备：12 个月

监控设备：12 个月

消防设备：12 个月

报警系统：12 个月

智能化管理系统：12 个月

绿化：12 个月

道路养护：12 个月

保修期时间计算：自设备安装完毕经甲方工程部、监理单位、施工单位根据国家相关规定，对所安装单位进行外观、调试和运行等方面的检查检测，在取得三方认同签章之日起即为保修期的起始日期。

三、物业服务内容

1. 小区的管理、经营及房屋和公共配套设施的养护。

2. 小区内公共场所的照明、摄像监控系统与中心及消防设备的管理和维修养护。

3. 服务设施、文化娱乐、体育活动场所的管理及维修养护。

4. 小区内的清洁卫生。

5. 小区内公共绿化的维护和管理。

6. 对小区内的各种车辆（包括机动和非机动车辆）的统一管理。

7. 协助公安部门对小区进行治安防范工作，对违章违法行为进行制止并及时报告。

8. 对小区内住户装修活动进行监督和管理（按杭州市装修管理法规内容进行管理）。

9. 小区内商业服务网点的管理。

10. 社区文化活动。

11. 小区档案资料的管理。

12. 法律政策及合同规定的其他事项。

四、物业管理资金来源和物业管理用房

1. 物业维修基金

物业维修基金缴纳标准按《杭州市住宅物业管理办法》执行，到滨江区房管局缴纳。

2. 物业管理用房

由开发建设单位在楼盘交付时，按照《杭州市住宅物业管理办法》规定，将物业用房移交给中标单位。

3. 自中标单位进驻小区之日起，至物业竣工验收交付，开发建设单位支付 2 000 元/月的物业管理顾问费。

4. 物业管理服务收费标准

（1）住宅：0.80 元/（月·平方米）

（2）写字楼：2.00 元/（月·平方米）

（3）酒店式公寓：1.50 元/（月·平方米）

（4）商场、商铺：2.00 元/（月·平方米）

（5）地下车位管理费：40 元/（月·个）

小区业主委员会成立后，业主委员会与物业管理公司重新协商物业管理综合服务费收费标准，受物业产权人、使用人委托而提供的特约服务，需要收费的，由物业管理公司与委托人协商确定。通策广场空置房由物业管理公司管理，由开发建设单位按物业管理费 70% 的标准缴纳。

5. 其他有偿服务项目

健身等娱乐中心：由物管公司根据具体情况调整和收费；

有线电视：由物管公司代收；

卫星电视：由物管公司代收。

五、投标企业资质条件

具有行政主管部门颁发三级（含三级）以上的物业管理专项资质的物业管理公司。

六、奖惩措施

1. 通策广场的物业管理服务标准按《杭州市物业管理行业规范服务达标考核标准》（95

分以上）及物业管理服务合同执行，中标单位投标书中有关指标和内容超出上述标准和规定的，以投标为准。

2. 房地产开发建设单位每年对通策广场进行考评（业主委员会成立后由业主委员会进行考评），如未达到考评标准或发生重大管理失误等现象，则可终止委托合同，由中标单位承担违约和赔偿责任。"考评标准"按该条第 1 款规定的通策广场物业管理服务标准执行。

七、有关说明

1. 中标单位应根据国家、省、市的有关法律、法规和规章及开发建设单位签订的物业管理服务合同对通策广场实施统一的物业管理，综合服务，自主经营，自负盈亏。

2. 制作标书时，统一以 2004 年 10 月 10 日为物业管理公司进驻时间。

3. 开发商委托管理的期限至通策广场业主委员会成立并与物业公司签订物业管理服务合同 3 日内。业主委员会将依照《杭州市住宅物业管理办法》选举产生。业主委员会成立后，视中标单位工作服务业绩状况决定续聘或改聘。

4. 违反招投标规定及在投标过程中违法违纪，或以任何形式采取不正当竞争手段的，一经查实，由杭州市物业管理招投标领导小组按规定予以处罚，取消本次投标资格，已经中标的终止委托管理合同，一切后果由责任人自负。

第二章 投 标 须 知

一、投标依据

1. 国家及省市有关物业管理的政策法规。

2. 全国城市物业管理优秀示范住宅小区评选标准。

3. 政府有关部门批准的通策广场规划设计方案。

4. 《杭州市物业管理条例》。

二、投标要求

投标单位应认真审阅招标文件中所有的内容、合同条件、规定格式、规划建设基本情况和图纸，以及投标依据。认真研究，实实在在地做好投标书。

三、投标文件的解释

1. 为便于投标单位获取认为有必要的信息和提出问题并得到解决，投标单位将被邀请对小区现场和周边环境进行勘察，以获取编制投标文件和签署合同所需的资料。勘察现场安排在 2003 年 7 月 18 日进行（有调整时以实际通知为准）。

2. 投标单位在收到招标文件后，若有意见需要澄清，应于收到招标文件后 3 日内以书面形式向招标单位提出，招标单位通过投标预备会方式予以解答，预备会结束后，由招标单位整理会议记录和解答内容。作为补充招标文件报区房管局同意后，以书面形式将问题及解答同时发送到所有获得招标文件的单位。

3. 不论招标单位以书面形式向投标单位发送的任何资料文件，还是投标单位以书面形式提出的问题，均应以书面形式予以确认，任何口头提出及答复一律无效。

第三章 投标文件的编制

一、投标文件的语言

投标文件及投标单位和招标单位之间与投标有关的来往通知，函件和文件均应使用中文。

二、投标文件的组成

1. 招标文件。

2. 综合说明书（企业概况、信誉、管理经验、成果和企业发展方向等）。

3. 通策广场的物业管理部管理人员（管理部主任、各部负责人、保安员、清洁员、维修员、财务人员等）名单、简介及职称、职务、专业资格证书复印件。

4. 管理文案及内容

（1）符合国家及省、市有关物业管理政策法规的小区管理整体设想及策划。

（2）采取的管理方式、工作计划和物资装备。

（3）根据通策广场实际情况，组织有效的管理机构，制定行之有效的管理规章制度以及管理人员的配备、培训、管理。

（4）根据通策广场实际情况，制定各项专业物业管理制度（房屋管理、设备管理、共用设施管理、园林绿化管理、环境卫生管理、治安管理、住宅区档案的管理）。

（5）制定争创"全国物业管理示范住宅小区"规划和具体实施方案，制定完成承诺指标的措施。各项指标包括房屋及配套设施完好率、小区内治安、消防事故发生率、保洁率、绿化完好率、住户投诉率及对物业管理公司满意率等。

（6）社区文化建设，弘扬社会主义精神文明建设和道德风尚，提出社区文化活动计划及制度建设、场地安排。

（7）以通策广场为依托，列明便民服务项目，进行经费收支测算，制定增收节支措施，注重经济效益和社会效益，体现以业养业的发展后劲。

（8）发挥高科技在管理中的作用，智能化系统的日常运行及维护方案。

（9）小区的日常物业管理的承诺和措施，主要包括入住、装修、无违章搭建及治安防范、绿地养护等。

（10）房屋及共用设备维修养护计划。

5. 计划成本预算书

收入支出项应至少包括以下内容。

收入：

（1）物业管理费收入；

（2）营业用房租金收入；

（3）其他收入（包括顾问费、有偿服务收入等）。

支出：

（1）管理、服务人员工资及附加；

（2）清洁卫生费；

（3）办公费、固定资产折旧费；

（4）年度递延资产折旧费；

（5）共用设备、设施维修及保养费；

（6）绿化管理费；

（7）保安管理费；

（8）法定税费；

（9）酬金（管理费）；

（10）其他费用支出（不可预见费用）。

6. 投标要求提供的其他资料。

三、文件的份数和书写

1. 各投标单位应提供 8 份投标文件，投标文件不得超过 25 000 字。

2. 投标文件应用不能擦去的墨水打印或书写，并由投标单位法定代表人亲自署名并加盖法人单位公章和法定代表人的印章。

3. 全套投标文件应无涂改和行间插字，除非这些删改是根据招标单位的批示进行的，或者是招标单位造成必须修改的错误。修改处由招投标单位签字证明并加盖印章。

第四章 投标文件的递交与处理

一、投标文件的密封

1. 投标单位应将投标文件装订成册，装入统一监制的文件袋。文件袋的接缝处用薄纸粘封，并在封条与文件袋的接缝处加盖法定代表人印章及法人单位公章。

2. 投标文件封面应写明招标单位及投标单位名称、地址和邮编，加盖法人单位公章及法定代表人印章，并予以密封。

3. 投标文件没有按规定密封的将拒绝接受并原封退回投标单位。

二、投标截止期

1. 投标单位应于 2003 年 7 月 30 日上午 10:00 前将投标文件密封送达区房管局 808 室。

2. 地址：滨江区中兴路土管大楼（武警医院对面）。

三、投标保证金

1. 投标单位在领取招标文件时，须向招标单位缴纳 20 000 元的投标保证金。

2. 对于未能按要求缴纳保证金的，招标单位将视为不符合投标要求而予以拒绝。

3. 投标单位未中标的，由招标单位在中标通知书发出 10 日内，招标单位退还其投标

保证金（无息）。^①

4. 中标单位按要求签署合同协议后 10 日内招标单位将退还其投标保证金（无息）。

5. 投标单位有下列情况者，将被没收投标保证金：

（1）投标单位在投标过程中无正当理由撤回投标文件或自动弃权的；

（2）中标单位不能在规定期限内签署合同协议的。

四、投标文件处理

中标单位的投标文件将成为物业管理服务合同的有效组成部分。未中标单位的投标文件不予退回，并且不予支付标书制作所需的相关费用。

第五章　评标、决标

一、评标组织

由杭州市物业管理招标小组在评委库中随机抽取有关专家和招标单位代表组成评标小组，负责评标。

二、评标原则

本着公平竞争，优胜劣汰的原则，由评委对投标单位的标书、企业综合情况和答辩情况进行论证，并实行记分制，取获得最高分的物业管理公司作为中标单位。

三、评标程序

1. 在开标前一天下午 4:00 从电脑专家库中随机抽取 7 人，前 4 人为评委，前 4 人有缺席的，后面人补齐。

2. 2003 年 8 月 1 日在公证处和区房管局的监督下开标，由评委进行审核、论证，下午 1:00 之前确定入围单位，经市招标办审核后公布。

3. 于开标当日下午 2:00 在区房管局指定的地点举行答辩会。投标单位法人代表或委托代理人随带身份证、法人代表证明或委托证明参加会议（每个投标单位限 3 人参加答辩），投标单位未参加答辩的视作弃权。

4. 答辩会在公证处的监督下，抽签确定先后顺序。评委根据标书就通策广场物业管理事项进行提问。

5. 根据标书（40%）、企业综合考评（30%）、答辩情况（30%）进行综合评分。得分最高者中标。

四、评标内容的保密

1. 在宣布中标以前，有关招标的资料不得向投标单位或过程无关的其他人泄密。

2. 在投标文件的审查、澄清、评价和比较以及授予合同的过程中，投标单位对招标单

---

① 第 3、第 4 条是该集团自己编制的文件原文。但按照《浙江省招标投标条例》的规定，此处的第 3 和第 4 条可以合并一起这样表述：招标人按照招标文件规定收取投标保证金的，在与中标人签订合同 5 日内，应当向中标人和未中标人退还投标保证金。

位和评标小组其他成员施加影响的任何行为，都将导致取消投标资格。

第六章 合同签订

1. 招标单位根据杭州市招办核准的通知书通知中标单位，中标单位应在接到中标通知书 30 天内与建设单位签订物业管理服务合同，若中标单位借故拖延或拒签合同，招标单位报经杭州市招标办同意后有权取消其中标资格，没收投标保证金，并另选中标单位。若招标单位未经市物业管理招标办许可无故拖延的，由市物业管理招标办按有关规定进行处罚。

2. 中标通知书将成为合同的组成部分。

3. 物业管理服务合同以杭州市房地产管理局、杭州市工商行政管理局联合印发的《杭州市物业管理服务合同》文本为准。投标文件中的指标要求及中标单位的标书和答辩过程中的承诺将成为合同的组成部分，与合同具有同等的法律效力。

本 章 小 结

招标文件又称标书，是招标机构向投标人提供的为进行招标工作所必需的文件，在招标过程中的意义重大。根据不同的分类标准可以把它分为不同的类型。

编制物业管理招标文件时，应该遵循合法性原则、明确性原则、指导性原则和公平性原则，并基本按照熟悉项目及所在区域环境，确定物业管理的质量标准与管理水平等要求，确定投标、开标、定标的日期及其他事项，填写招标文件的申报表，编写招标须知等程序进行。通常物业管理招标文件要包括投标人须知、投标人必须按规定填报的投标书格式、物业管理合同的签订条件（包括一般条件和特殊条件）及应办理的文件格式三大部分，这三大部分内容具体可归纳为组成招标文件的六大要素，即（1）投标邀请书；（2）技术规范及要求；（3）投标人须知；（4）合同一般条款；（5）合同特殊条款；（6）附件（附表、附图、附文等）。

思考与讨论

1. 怎样正确理解物业管理招标文件的编制原则？
2. 谈谈编制物业管理招标文件的程序。
3. 简述物业管理招标文件的主要内容。
4. 就你所在城市的一个物业服务项目练习编制一份招标文件。

第五章　物业管理投标的实施

本章学习要点

1. 物业管理投标人的概念
2. 物业管理投标人的合法权利和法定义务
3. 物业管理投标人应当具备的条件
4. 物业管理投标前的准备工作
5. 物业管理投标的实施程序

本章基本概念

物业管理投标人　资格预审　投标保函

导入案例

某停车场租赁及物业服务项目投标人资格争议

2009 年 11 月，某省地税局为了满足办公车位停放问题，通过省政府采购中心招标租赁就近的停车场。招标范围为 70 个车位的提供及相关物业服务，期限为 10 年。在 11 月 23 日上午 10 点的投标截止期，共有 3 家企业递交标书参加角逐。这 3 家分别为某市五洲大酒店某分公司、某市宝成房地产开发有限公司、某省昌盛房地产开发公司下属的新晨物业管理公司。评标阶段的资格审查引起各评标专家的热议。

争论一：分公司能否具有投标主体资格？能否成为合同的主体？总公司授权书是否补正其资格？

争论二：随着《物权法》的颁布，新开发小区的车库是属于全体业主所有还是开发商所有？这决定着本案例昌盛房地产开发商是否是车库的所有权人，是否有权签订合同。

争论三：如果车库产权归昌盛房地产开发企业所有，其下属的具有独立法人资格的新晨物业管理公司能否成为投标人？

另外在审阅标书过程中，评标专家发现有的投标人投标前期准备工作不够造成投标仓促，技术标部分粗陋，报价文件缺少详细报价构成。请分析 3 家企业的投标资格，并为企业投标前期工作提出建议。

[评析] 2007 年 10 月 1 日起施行的《中华人民共和国物权法》第七十四条明确规定，"建筑区划内，规划用于停放汽车的车位、车库应当首先满足业主的需要。建筑区划内，规划用于停放汽车的车位、车库的归属，由当事人通过出售、附赠或者出租等方式约定。占用业主共有的道路或者其他场地用于停放汽车的车位，属于业主共有。"在本案例中，昌盛房地产开发商是否是车库的所有权人要看售房合同，不排除开发商利用"协商"机制在格式合同中变相决定车位归自己所有的情况。即使昌盛房地产开发商拥有新开发小区出库的物权，新晨物业管理公司作为独立法人也是此车库的无处分权人，不具有合同主体资格。分公司不具有独立的法人资格，合同法原则上是允许其独立签订合同的，但必须在总公司授权的经营许可范围内，总公司才会承担连带责任。当然招标文件中对投标人资格的要求也是重要的判断标准。

物业服务企业实现其发展战略的首要环节是市场业务开发，即依据本公司的特长和实力，通过市场竞争，承揽到与公司的能力相适应的项目。招投标作为最令承发包双方心悦诚服的成交手段，已成为我国各行各业企业获取项目的主要方式，所以对于物业服务企业来讲，必须了解并熟悉投标人条件以及有关投标活动的业务和方法。

第一节 物业管理投标人及其必备条件

一、物业管理投标人

招标公告或者投标邀请书发出后，所有对招标公告或投标邀请书感兴趣的并有可能参加投标的人称为潜在投标人。那些响应招标并购买招标文件，参加投标的潜在投标人称为投标人。另外，两个以上的物业服务企业可以组成一个联合体，以一个投标人的身份共同投标。联合体各方应当签订共同投标协议，明确约定各方拟承担的工作和责任，并将共同投标协议连同投标文件一并提交招标人。联合体中标的，联合体各方应当共同与招标人签订合同，就中标项目向招标人承担连带责任。联合体各方必须确定牵头人，授权其代表所有联合体成员负责投标和合同实施阶段的主办、协调工作，并应当向招标人提交由所有联合体成员法定代表人签署的授权书。另外，以联合体总牵头人的名义提交投标保证金的，对联合体各成员具有约束力。招标人不得强制投标人组成联合体共同投标，不得限制投标人之间的竞争。

（一）物业管理投标人的合法权利

作为投标人的物业服务企业享有下列的合法权利[①]：

（1）凡持有营业执照和相应资质证书的物业服务企业或联合体，均可按招标文件的要求参加投标。

（2）投标人根据自己的经营状况和掌握的市场信息，有权确定自己的投标报价。

（3）按照招标文件的要求和条件自主编制投标文件。

（4）对招标文件中含义不明确的内容可以向招标人询问并获得不超出招标文件范围的明确答复。

（5）投标人根据自己的经营状况有权决定参与或拒绝投标竞争。

（6）投标人在招标文件要求提交投标文件的截止时间前，可以补充、修改或者撤回已提交的投标文件，并书面通知招标人。补充、修改的内容为投标文件的组成部分。

（7）投标被确定为废标后查询原因，并对不合理对待向有关行政监督部门投诉。

（二）物业管理投标人的法定义务

作为投标人的物业服务企业除享有一定的权利外，还必须遵守有关法律法规的规定。具体讲，包括投标人不得相互串通投标报价；不得排挤其他投标人的公平竞争，损害招标人或者其他投标人的合法权益；投标人不得与招标人串通投标，损害国家利益、社会公共利益或者他人的合法权益；禁止投标人以向招标人或者评标委员会成员行贿的手段谋取中标；也不得以他人名义投标或者以其他方式弄虚作假，骗取中标。

下列行为均属投标人串通投标报价：

（1）投标者之间相互约定，一致抬高或者压低投标报价。

（2）投标者之间相互约定，在招标项目中轮流以高价位或者低价位中标。

（3）投标者之间先进行内部竞价，内定中标人，然后再参加投标。

（4）投标者之间其他串通投标行为。

下列行为属于招标人与投标人串通投标：

（1）招标者在公开开标前，开启标书，并将投标情况告知其他投标者，或者协助投标者撤换标书，更改报价。

（2）招标者向投标者泄露标底。

（3）投标者与招标者商定，在招投标时压低或者抬高标价，中标后再给投标者或者招标者额外补偿。

（4）招标者预先内定中标者，在确定中标者时以此决定取舍。

（5）招标者和投标者之间其他串通招投标行为。

[①] 依据我国《招标投标法》和相应的地方法规、部门规章做出的归纳，下文义务的出处相同。

【示例一】

遭遇"围标"怎么办?

　　某房地产公司对某小区物业管理进行招标。招标公告发布之后，某物业公司与该房地产公司进行私下交易，最后房地产公司决定将此工程给这家物业公司。为了减小竞争，由房地产公司出面邀请了几家私交比较好的单位前来投标，并事先将中标意向透露给这几家参与投标的单位，暗示这几家施工单位投标书制作得马虎一些。后来在投标的时候，被邀请的几家单位和某物业公司一起投标，但是由于邀请的几家单位的投标人未经认真制作，报价都比较高，最后评委推荐某物业公司为中标候选人。

　　这个案例是俗称的"围标"，是法律明文禁止的。其操作之所以能够成功，归根结底是竞争参与人均是来围标的，如果说这个案例中看到招标公告后来参与竞争的不限于围标的这几家单位，那么结果也就不是这些围标人员所能操控的。所以招投标可信度评价标准对这一问题作了如下理解：招标公告公开方式是否足以在一个较大范围内产生竞争；其公开的信息是否充分体现了项目的竞争的价值以引起充分竞争。在一个充分竞争的市场环境里，有价值的招标项目进入交易市场后，参与竞争人实质上是处于不可确定的状态，而这种不可确定的状态恰恰是围标的天敌。

二、物业管理投标人应当具备的条件

　　凡参加招标的投标人必须要符合一定的条件，才可以参与招投标。具体条件如下：（1）依法设立、具有独立法人资格的物业服务企业。（2）应当具有相应的物业服务企业资质[①]。能够满足招标文件的需要。

　　以联合体方式投标的，联合体各方均应当具备承担招标项目的相应能力；均应当具备国家或者招标文件规定的相应资格条件。

　　物业服务企业参与国际投标，应根据招标物业所在国规定，履行必要的手续。

第二节　物业管理投标前的准备工作

一、获取物业管理招标信息

　　目前物业管理市场竞争日趋激烈，谁先迅速、准确地获得第一手信息，谁就有可能成

[①] 根据原建设部颁布的《物业管理企业资质管理办法》和《建设部关于修改〈物业管理企业资质管理办法〉的决定》的规定，物业服务企业资质等级分为一级、二级、三级，必须取得《物业服务企业资质证书》。物业公司管理资质的高低级别，和其提供的服务并无必然联系。其评判的标准主要在于其注册资本、管理面积及物业管理人员专业资格等。

为竞争的优胜者。虽然物业服务企业可以对公开招标的信息随时到国家指定的公共媒介以及中国住宅与房地产信息网、中国物业管理协会网查阅，但是对于一些大型或复杂的物业项目，待看到招标公告后再做投标准备可能将非常仓促，尤其是对于邀请招标信息的获得，就更加有必要提前介入，对项目进行跟踪，并根据自身的技术优势和经验为招标人提出合理化建议，获得招标人的信任。

一般而言，物业服务企业获得招标信息和有关资料的主要渠道有：（1）通过报纸杂志、电视、网络等媒介刊载的招标广告或公告来发现投标目标，这是获得公开招标信息的主要方式。（2）搞好公共关系，经常派业务人员深入各个房地产开发企业及建设单位和部门，广泛联系，收集信息。（3）通过政府有关部门，如发改委、房地产行政管理部门、行业协会等单位获得信息。（4）取得老客户的信任，从而承接后续物业或接受邀请而获得信息。（5）通过咨询公司等代理机构获得信息。（6）通过业务往来的单位和人员以及社会知名人士的介绍得到信息。

物业服务企业得到信息后，应及时表明自己的意愿，报名参加，并向招标人提交资格审查资料。

二、分析收集的信息，进行投标可行性研究

在得到有关招标信息后，必须进行整理、分析和筛选，力争提高所选投标项目的中标概率并降低中标后实现利润的风险。随着物业管理买方市场的形成，如何对取得的信息进行分析，直接关系到投标企业的生存和发展。

投标人对信息的分析除了要考虑招标人履约的状况以及资金来源的可靠性、招标人或委托的代理人是否有明显的授标倾向、招标人是否对某些物业公司有特殊的优惠或特殊的限制外，要重点分析以下几方面的内容。

（一）招标物业的条件

主要是考虑：（1）物业性质、规模、类型是否适合投标人。不同性质的物业所要求的管理和服务内容不同，所需要的技术力量有异，这些差异的存在必然需要物业服务企业提供不同的服务项目，物业服务企业就有了相对优劣势之别。根据本公司的管理经验、拥有的技术和人力资源优势状况，分析、确定投标该项目是否适合。（2）是否存在明显的技术难度或有特殊服务要求，预计应采取何种措施。物业服务企业应认真对待特殊服务要求或技术难度，考虑可行的措施和方案，如制定满足特殊服务要求的方案、寻找分包伙伴等。（3）物业质量及其配套建设情况、租售状况和人文景观等情况的了解和分析。（4）允许调价的因素、收费及税金信息。

（二）投标竞争形势

主要是考虑：（1）根据投标项目的性质，预测投标竞争形势。在分析竞争形势时，不能忽略新进入者（刚获得某资质的物业服务企业）的潜力和可能的威胁。（2）预计参与投标的竞争对手的优势。竞争对手的优势包括特殊服务优势、技术优势、人力资源优势、组织机构优势、地域优势和管理经验优势等。（3）分析潜在竞争对手的投标积极性。

（三）投标条件及迫切性

主要是考虑：（1）可利用的资源和其他有利条件。（2）投标人当前的经营状况、财务状况和投标的积极性。

（四）本企业投标该物业的优势

主要是考虑：（1）是否需要较少的前期费用。（2）是否具有技术、服务、价格等优势。（3）类似物业项目管理的经验及信誉。（4）资金、劳务、物资供应、设备、管理等方面的优势。（5）项目的社会效益。（6）与招标人的关系是否良好。（7）投标资源是否充足。（8）是否有理想的合作伙伴联合投标，是否有良好的分包人。

根据上述各项信息的分析结果，做出包括经济效益预测在内的可行性研究报告，供投标决策者据以进行科学、合理的投标决策。

三、组建投标工作班子

为了在投标竞争中获胜，物业服务企业平时就可设置专门的投标工作机构，以掌握市场动态和收集积累有关资料。取得招标文件后，就应立即组织投标工作人员研究招标文件、决定投标策略和正确决策、编制项目实施方案、计算报价、研究报价技巧、编制标书、投送投标文件、回答招标答辩提问等，高效解决投标过程中的一系列问题。实践证明，投标人能够建立一个工作效率高的强有力的投标班子，是使投标获得成功的重要保证条件之一。投标机构通常由以下三方面的专业人员组成。

（一）综合性经营管理人员

综合性经营管理人员指专门从事经营管理，制定和贯彻经营方针与规划，负责工作的全面统筹和安排，具有决策水平的人才。他们应该熟悉国家及地方有关物业管理和招投标方面的法律法规知识；学识渊博、视野开阔、勇于开拓、具有较强的社会活动能力和分析解决问题的能力，并且能够掌握科学的调查、统计、分析、预测的研究方法，具有从事物业经营管理的决策水平。其中，物业服务企业经理或主管经理应作为投标项目的总决策人。对于决意投标的招标项目，经理亲自参加是经理重视的重要体现，可起到鼓励和带动作用；另一方面在投标过程中，对于一些重要措施、承诺、投入，由于经理直接参加，情况熟悉、表态快，可节约时间，取得良好效果。

（二）专业工程技术人员

工程技术人员一般应在物业管理服务方面有较高的专业技术水平，具备熟练的动手操作能力，以便在投标报价时能从本公司的实际技术水平出发，考虑各项专业实施方案，快速精确地测算出某些费用。其中，总工程师或主任工程师负责具体的物业管理运行方面的工程技术问题。

（三）商务性的经济、财务人员

他们主要负责具体的投标报价工作。该类人员应熟练掌握财会、金融、贸易、税法、保险、采购、保函、索赔等专业知识，能够正确测算物业管理收支费用，以便在投标决策时作出正确、恰当的报价选择。

以上是对投标班子三类人员个体素质的基本要求。一个投标班子仅仅做到个体素质良好往往是不够的，还需要各方的共同参与、协同作战，充分发挥群体的力量。另外，在人员的组成和比例上要根据不同的目标物业来挑选有关人员组合。例如，对于高层楼宇管理，往往是设备管理最为复杂、最为重要，因此，对高层楼宇的投标，要组织熟悉设备维修的管理人员参加。而对住宅小区的投标，其共用设备就没有高层那么重要了，相反，更加注重于对环境、绿地的要求和治安管理的考虑，这就需要选择熟悉此方面的相应力量来参与。

投标机构的人员不宜过多，特别是最后决策阶段，参与的人数应严格控制，以确保投标报价的机密。

四、申请资格预审

资格预审就如同招标人组织的一场百米赛跑中的预赛，投标人一旦失利，马上就会被淘汰出局。经常有一些缺乏经验的投标人，尽管实力雄厚，但在投标资格审查时，由于对投标资格审查资料的不重视而在投标资格审查阶段被淘汰。为了赢得资格预审这一轮竞争的胜利，无论是何种形式的招投标，投标人总应严肃认真地对待投标申请工作，并以审慎态度填报和递送资格预审所需的一切资料。

（一）资格预审文件的内容

资格预审文件的目的在于向愿意参加前期资格审查的投标人提供有关招标项目的介绍，并按照其要求审查投标人提供的能否完成本项目的有关资料。资格预审资料的准备和提交是与开发商或业主资格预审文件及审查的内容和要求相一致的。资格预审文件通常由资格预审须知和需投标人填写的资格预审表两部分组成。

资格预审表的内容一般包括：

（1）投标人身份证明、组织机构和业务范围表。

（2）投标人在以往若干年内从事过的类似物业管理经历（经验）表。

（3）投标人的财务能力说明表。

（4）投标人各类人员表以及拟派往该物业的主要技术、管理人员表。

（5）投标人所拥有的设备以及为拟投标物业所投入的设备表。

（6）项目分包及分包人表。

（7）申请人或联合体参加人目前涉及的诉讼情况。

（8）与本物业管理资格预审有关的其他资料。

（二）资格预审文件的填写

对该物业管理感兴趣的投标人只要按照资格预审文件的要求如实填写各种调查表格，并提交全部所需资料，均可接受参加投标前期的资格预审。否则，将失去预审资格。

在不损害商业秘密的前提下，投标人应向招标人如实提交能证明上述有关资质和业绩情况的法定证明文件和填写完毕的相应系列表格。

无论是资格预审还是资格后审，主要都是审查投标人是否符合下列条件：

（1）具有独立订立合同的权利。

（2）具有圆满履行合同的能力，包括专业技术资格和能力，资金、设备和其他物质设施状况；管理能力，经验、信誉和相应的工作人员情况。

（3）已完成承担类似物业管理的业绩情况。

（4）没有处于被责令停业、财产被接管、冻结或破产状态。

（5）在最近几年内没有与骗取合同有关的犯罪或其他严重违约、违法行为。

（6）国家、省或者招标文件对投标人资格预审条件规定的其他情况。

（三）申报资格预审时应注意的问题

（1）应注意平时对一般资格预审的有关资料的积累和存储工作。现在，有许多物业服务企业都有完整、正规的年终财务表，这些报表要经审计，且最近三年的报表应妥善保管，以随时备用。各类物业服务项目应及早制成散页，或者存储在计算机内。针对某个物业填写资格预审调查表时，可将有关资料调出来并按要求汇集整理装订成册，同时根据本物业服务项目的具体情况进一步补充完善。

（2）针对评审标准报送资格预审文件。除了按照招标单位的要求填写资料外，物业服务企业应当根据该物业的特点，对可能占评分比例较高的重点内容，有针对性地多报送资料，并在报送资料的致函中，用恰当的材料来突出本公司的优势，则可能获得资格预审评审工作小组对本公司的良好印象。

（3）在投标决策阶段，研究并确定今后本单位发展的地区和项目时，注意收集信息，如果有合适的项目，及早动手做资格预审的申请准备。如果发现某方面的缺陷（如资金、技术水平、经验年限等）不是本单位可以解决的，则考虑寻找适宜的伙伴，组成联营体来参加资格预审。

（4）寻找有信誉的银行提供投标保函、履约保函等担保。

（5）申请书必须在招标人规定的截止时间以前递交到招标人指定的地点，否则其将不会被接受。

（6）申请书一般应递交一份原件和三份副本（通常在资格预审文件中已作出规定），并分别用信封密封，信封上写明"某某物业管理投标资格预审申请书"，还应写明申请人的名称和地址，以便今后联系。

（7）所有表格均由欲申请的物业服务企业的法定代表人签字，也可经其授权的委托代理人签字，但同时要附正式的书面授权书。

（四）联合体投标的资格预审申请

联合体是指由两个以上单位组成的投标人。联合体投标是国际招投标中经常采用的一种投标形式。联合体申请资格预审除要满足上述要求外，还必须符合以下要求：

（1）参加联合体的所有成员都应分别填写完整的资格预审表格，且不允许任何单位提交或参加一个以上的投标。

（2）资格预审申请书中需指明为首的主办人，招标人与联合体之间的任何联系要通过为首的主办人进行。

（3）申请书必须确认，如果资格预审合格后联合体参加投标，投标文件及今后可能被授予的委托服务合同都将由所有合伙人签署，以便使法律对全体合伙人共同并分别具有约束力。

（4）申请书中必须说明目标物业中每个合伙人的参与情况及其责任。

对于物业服务企业而言，做好投标前的准备工作，是参加投标竞争非常重要的一个方面。准备工作做得扎实细致与否，直接关系到对招标项目进行的分析研究是否深入，提出的投标策略和投标报价是否更趋于合理，对整个投标过程可能发生的问题是否有充分的思想准备，从而直接影响到投标工作是否能达到预期的效果。因此，每个投标单位都必须充分重视这项工作。

第三节　物业管理投标的实施程序

一、购买并研究物业管理招标文件

对于公开招标的项目，参加投标的物业服务企业通过资格预审取得投标资格，并决定参加该项投标后，就进入了正式的投标阶段。首先必须按照招标公告中规定的时间、地点向招标单位购买招标文件。获得招标文件后就应着手详细阅读并分析招标文件。

（一）研究招标文件条款

在研究招标文件时，必须对招标文件逐字逐句地阅读和斟酌，要对招标文件中的各项要求有充分了解，因为投标时要对招标文件的全部内容都有实质性的响应，如果误解了招标文件的内容，会造成不必要的损失。在阅读过程中，若发现有对其中含糊不清或相互矛盾的地方，可在投标截止日期之前以口头或书面形式向招标人提出澄清要求。

一般来说，需特别注意以下几点：

（1）研究物业服务项目的综合说明，包括物业的地点、使用情况、功能区分以及业主的情况等，借以获得对物业全貌的了解。

（2）熟悉并仔细研究物业的规划设计和设计意向方案、设计图纸和技术说明书，目的在于弄清物业的建筑工程情况，使制定投标书和报价有比较可靠的依据。

（3）弄清中标后的责任和报价范围，以免发生遗漏。

（4）注意招标文件中有关时间方面的要求，如投标截止日期、投标有效期、开标日期、合同签订日期等。

（5）招标文件中有关保函或担保的规定，如担保的种类、额度、有效期、归还方法等。

（6）关于投标单位资质方面的要求，如是否必须具备以前承接过类似物业的经验。

（7）明确投标单位在投标过程中应遵守的程序、原则和有关事项，如投标书的格式、签署方式、密封方法等，避免造成废标。

（二）研究评标办法

评标办法是招标文件的组成部分，投标人中标与否是按评标办法的要求进行评定的。

目前，物业管理招投标一般采用的评标办法有最低投标价法、综合评估法和两阶段评标法。其中最低投标价法就是合理低价中标；两阶段评标法是评技术标合格者、商务标得分或综合得分最高者中标；综合评估法是综合得分最高者中标。

采用综合评估法时，投标人的策略就是如何做到综合得分最高，这就要求投标人在诸多得分因素之间平衡考虑最优方案。例如，可以稍稍提高报价，以换得更高的服务标准，同时要有先进科学的规划设计或设计意向方案作保证，优良的管理为基础。但是这种方法对投标人来说，必须要有丰富的投标经验，并能对全局做很好的分析才能达到综合得分最高。如果一味追求报价，而使综合得分降低就失去了意义，是不可取的。

对于最低报价法是在满足招标文件规定的条件下，以合理的低价中标。对投标人来说就是要做到如何报价最低，利润相对最高，不注意这一点，有可能造成中标项目越多亏损越多。

对于目前较先进的两阶段评标法，投标人必须先追求技术标达到一定水平，再追求商务标的高分，否则在第一阶段必然被淘汰。

（三）研究合同条款

有些招标文件中附有物业服务委托合同文本，合同的主要条款是招标文件的组成部分，双方的最终法律制约就在合同上，履约价格的体现形式主要也是依靠合同，因此要认真研究合同的条款，熟悉合同的构成及主要条款。一般地，主要从以下几个方面进行分析：

（1）首先掌握合同的形式是总价合同还是单价合同，价格是否可以调整、如何调整。

（2）研究付款方式（包括支付时间、支付方法、支付保证等）、货币种类、违约责任等条款。

（3）研究不可抗力、合同有效期、合同终止、保险、争议解决方式等条款。

另外，要查清招标文件中是否有不合理的制约条件，并研究提出如何改善自己地位的措施。一般来说，投标单位对于那些不合理的方面在招标文件允许的情况下，投标时可以递交一份致函，提出不同的处理方案和相应的价格调整（即选择性方案和选择性报价）。在致函中最常见的商务修改要求是对仲裁条款和有关技术规范中的引用标准所做的修改要求。

二、考察物业现场和参加标前会议

（一）考察物业现场

投标单位在研究分析招标文件后，接着就要对拟实施物业服务的现场进行考察。现场考察是投标人必须认真对待的一个环节。按照惯例，现场考察费用全部由投标人负担，投标人应对现场条件的考察结果负责。一旦投标文件提交后，投标人就无权因为现场考察不周、情况了解不细或相关问题考虑不全面而提出修改投标书、调整报价或提出补偿等要求。

投标人通过考察，对承接项目的前景进行可行性研究，对投标风险度作出判断，并结合过去承接类似项目的历史经验，作出投标的最后判断。同时，通过现场考察，还能发现成本较低、技术可行的方案，为编制投标文件和中标后履行合同打下基础。在考察中应注意了解以下情况：

（1）工程质量与配套建设情况。通过实地勘察，了解工程的施工质量与安装质量如何，是否已竣工，工程装修情况怎样，配套设施（如商业网点设施、供暖供电设施、中小学校与幼儿园、医疗保健网点、停车场、娱乐设施等）是否完备；人防设施、消防设施、保安设施、对讲系统、可视系统、卫星电视天线以及室外照明系统的情况如何等。除此之外，物业服务企业还应了解开发商、施工方和监理方等单位的基本情况，以作为投标决策的参考。

（2）物业的基本情况。了解物业的档次、所在区域、总面积和使用功能，各功能区分布情况，竣工日期或何时竣工，销售情况、售价水平，电梯、水泵等设备的档次、品牌、产地与功效等情况，区域行政管理情况（如管理机构的设置是否有利于本物业公司有效开展物业管理）等。

（3）业主的基本情况。如业主的人员组成及职业，业主的社会背景及收入水平，业主的消费偏好和消费支出水平，业主的家庭构成比例等。

（4）市场调查。物业服务企业在中标后履行合同的过程中，必须购置一些材料、设备、零配件及工具。这些材料设备的价格是随着市场供求情况变化的，而这些又会影响报价。为使投标报价更具合理性和竞争性，投标人应对各种物资的价格情况进行详细的了解，不仅要了解投标时的价格，还应对未来管理物业期间价格的变动趋势进行预测。如需雇用当地劳动力，还应对可能雇用的工人的数量、工资水平及福利、保险等进行调查和估计。

（5）分包情况。要了解所投标物业是否能够专业分包，分包的条件能否确定，必要时可进行分包的询价。

（6）与本物业管理投标有关的其他因素。包括原物业公司管理的状况，物业周边的情况，有无管理房和营业场所，物业的绿化情况，物业入伙后使用的时间、价格定位、管理人数，其他管理收入或补贴、盈亏情况等。

在考察过程中，投标人代表可以口头向业主提出各种与投标有关的问题，业主可以相应做出口头解答。但一般这种口头表达并不具有法律约束力。

（二）参加标前会议

招标方一般会安排标前会议，针对招标文件中出现的差异和不清楚的地方，回答投标人提出的问题。投标人除对现场进行环境调查外，还应积极准备参加招标人组织的标前会议，利用这个机会获得必要的信息。在参加标前会议之前，应把在招标文件和现场踏勘过程中发现的问题进行整理，以书面形式记录，以备在会议上向招标人提出。在提问时，要注意仅对招标文件中有关工程内容、技术规范、图纸、合同规定中范围不清、含义模糊或互相矛盾的地方，请求招标人澄清、解释或说明。同时，在标前会议上提出问题时要注意：

（1）对合同和技术文件中不清楚的地方，应提请说明，但不要表示或提出改变合同和修改设计的要求。

（2）提出问题时应注意防止其他投标人从中了解到本公司的投标机密。

（3）不宜在会上表现出过高的积极性。

三、编制标书

（一）测算工作量

通常投标公司可以根据招标文件中的物业情况与管理服务范围和要求，测算并详细列出完成所要求管理服务任务的方法和工作量。以最常见的住宅公寓管理为例（见表 5-1）[①]。

表 5-1　住宅公寓管理服务

房屋名称	公寓	类　　型	公寓	居民户数	居住户：65 户
占地面积	1 200 平方米	建筑面积	5 000 平方米		人口数：198 幢数：1
物业管理服务内容	序　号	项　目	内容构成及工作量		
	1	土、建、水电、特种修理养护	水电工 1 人，管理员 2 人；值班用水 250 吨/月，值班用电 540 度/月，绿化用水 50 吨/月		
	2	房屋附属设备修理养护	电梯 1 部，消防管道、避雷带，水泵 2 台		
	3	路面、沟、管道修理养护	按小修经费 40%计算		
	4	房屋设备设施大修	电梯 3 年一次，水泵 3 年一次，房屋大修 15 年为一周期		
	5	保安	配备保安人员 3 人		
	6	环卫清运	环卫员 2 人		
	7	保洁	配备人员 2 人，垃圾清运 300 桶/月，垃圾袋 30 个/户·月（65 户），水池清洗 3 次/年，化粪池清洗 1 次/年		
	8	绿化、灭蚊、打蜡	绿化员 2 人，绿化面积 730 平方米，打蜡面积 7 000 平方米		

（二）制定管理服务方案

由于物业管理的特殊性，投标人在标书中提出的管理服务方案的优劣是影响能否中标的关键因素之一。因此，在制定管理服务方案时，要关注管理服务方案的特色与优势。面对强手如林的各物业服务企业，虽然各自都有在管理中的一套经验，但要竞争成功，确实需要动一番脑筋，不能泛泛而谈，而要推行"你无我有，你有我优"的策略技巧。

例如，一些地区的物业管理刚刚起步，处在发展初期，管理水平、管理质量一般，企业内部管理的标准化、规范化、制度化还未形成，一些实力较强的物业服务企业进入该地区投标时，往往打企业管理优秀牌，本企业已通过国际有关部门严格审查，顺利地通过 ISO9002 的认证，这张特色牌会在当地竞投时产生热烈的反响。又如，有些物业服务企业在人们强化制度、强化管理的刚性管理的方法之下，却发现应该结合国情，结合东方文化，果敢提出在引进西方法制的前提下，还需要加入东方式的人情味，在开展物业管理时，对业主（使用人）多一点关心、多一点体贴、多一点理解，提出了本企业物业管理宗旨是："好

---

① 方芳，吕萍. 物业管理实务. 上海：上海财经大学出版社，2003，111

保姆、好管家、好朋友"等[①]。

（三）进行投标报价决策

工作量的测算结束后，投标人可着手进行标价试算。标价试算的相关内容详见第七章。

（四）正确编写标书

工作量、管理服务方案和投标报价决策作出以后，投标人就能按照招标文件的要求正确编制标书，编写规定的投标人必须提交的全部文件。标书的内容和范例详见第六章。

四、办理投标保函或保证金

为了防止投标单位在投标有效期内撤回标书或收到中标通知书后不签约或不提交履约保证，招标单位遭受经济损失，招标单位通常会要求投标单位出具一定金额和期限的保证文件，即投标保函，以确保在投标单位中标后不能履约时，招标单位可通过出具保函的银行，用保证金额的全部或部分作为招标单位经济损失的赔偿。一般情况下，投标保函由投标单位开户银行或其主管部门出具。

（一）投标保函的办理程序

（1）向银行提交标书中有关资料。提交的资料通常包括投标人须知、保函条款、格式和法律条款等。

（2）填写《要求开具保函申请书》及其他表格。一般需要按银行提供的格式填写一式三份。

（3）提交详细材料。详细材料需说明物业管理服务量及预定合同期限。

（二）投标保函的内容及有效期限

投标保函的主要内容包括担保人事项、被担保人事项、受益人事项、担保事由、担保金额、担保货币、担保责任、索偿条件等。

投标保函的有效期限通常在投标人须知中加以规定，超过投标保函规定的有效期限或虽在有效期内但招标人因其他原因宣布本次招标作废，投标保函也自动失效。有效期到后，招标人应将投标保函退还银行注销。

（三）投标保函的担保责任

投标保函所承担的主要担保责任包括以下两个方面：

（1）投标人在投标有效期内不得撤回投标书和投标保函。

（2）投标人被通知中标后必须按通知书规定的时间到物业所在地签约，在签约后的一定时间内，投标人必须提供履行保函或履约保证金。

---

① 黄安永. 物业管理招标投标. 南京：东南大学出版社，2000，108

若投标人违反上述任何一条规定，招标人有权依据投标保函约定向银行索赔其担保金额。若投标人没有中标或没有任何违约行为，招标人就应通知投标人投标无效或没有中标或在投标单位履约之后，及时将投标保函退还给投标人，并相应解除银行的担保责任。

此外，投标人还可以保证金形式提供投标担保。若投标人采用保证金方式，就应将保证金于投标截止之日前交到招标代理机构指定处，未按规定提交投标保证金的投标，将视作无效投标。此时，保证金将成为投标文件的组成部分之一。

中标的投标人的保证金在中标方签订合同并履约后 5 日①内退还，未中标的投标人的保证金在定标后 5 日内予以退还，两种情况均无须交付利息。

五、封送投标文件

在投标文件编制完好并进行密封后，投标人就可以将所有标书递交给招标人。

在递送投标文件时，应注意保密问题。一般来说，为防止标书泄密，不宜邮寄或托人代送，也不宜过早地递送投标文件，而在投标截止日数小时前当面递送为好。

（一）投标文件的密封与标志

（1）封送标书的一般惯例是，投标人应将投标文件的正本和副本分别密封在内层包封内，再密封在一个外层包封内，并在内包封上注明"投标文件正本"或"投标文件副本"；在内层包封和外层包封口，加封条密封，并在骑缝处加盖法人印章。一旦正本和副本有差异，以正本为准。

（2）外层和内层包封上都应写明招标单位和地址、合同名称、投标编号，并注明开标时间以前不得开封。在内层包封上还应写明投标单位的邮政编码、地址和名称，以便投标出现逾期送达时能原封退回。

（3）对于银行出具的投标保函，要按招标文件中所附的格式由物业服务企业业务银行开出，银行保函可用单独的信封密封，在投标致函内也可以附一份复印件，并在复印件上注明"原件密封在专用信封内，与本投标文件一并递交"。

（二）投标文件递交

投标单位应在招标文件中规定的投标截止日期之前递交投标文件。因补充通知、修改招标文件而酌情延长投标截止日期的，招标和投标单位截止日期方面的全部权利、责任和义务，将适用延长后新的投标截止日期。在递交投标文件后到投标截止时间之前，投标人可以对所提交的投标文件进行修改或撤回，但所递交的修改或撤回通知必须按招标文件的规定进行编制、密封和标志。递交投标文件不宜过早，以防市场和竞争对手的变化。

---

① 关于这个时间，全国性的法律没有专门规定。许多省、市颁布的地方性条例中大多是规定了 5 日的期限。

六、参加开标会议和现场答辩

按照招标文件中规定的时间和地点，投标人前往参加并监督招标人组织的开标会议。由评标专家组成的评标委员会对投标人递交的投标书进行评议以后，一般会进行现场答辩。答辩的目的之一是进一步了解标书的真实性、可操作性和客观性；其二是对标书里的一些提法专家若有疑问，甚至会发现错误，有必要对一些疑问进一步澄清。

在参加开标会议和现场答辩时，投标人要注意回答问题的正确性和逻辑性，分析问题的层次性和切题意。同时，要注重形象与仪表，以给评标委员会一个良好的印象。

七、提供履约保函和签订物业服务委托合同

当投标人接到中标通知后，要在规定的时间提供履约保函，并约好时间、地点与委托方签订物业服务委托合同，合同的签订详见第八章。

总之，投标人进行投标时，应当按照一定的程序，主要在先进合理的管理服务方案和较低的投标价格上下工夫，以争取中标。另外，还可以合理运用一些辅助中标手段，如交流：投标人通过交流，一方面可以了解业主对招标的总体设想，或工作范围，技术规格及性能要求；另一方面可将自身的商业信誉等加以介绍和宣传，造成声势和良好影响。

综上所述，物业管理投标程序可以用图 5-1 表示。

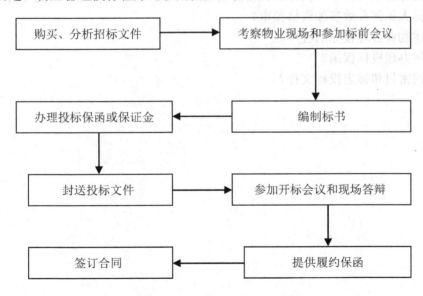

图 5-1 物业管理投标程序示意

本 章 小 结

　　物业管理投标人是指响应招标并购买招标文件，并参加投标的潜在投标人，并且投标人有其合法权利和法定义务以及应当具备的条件。取得招标信息并参加资格审查、分析投标信息、组建投标工作班子、研究招标文件、申请资格预审是投标前重要的几项工作。其中研究招标文件时着重研究招标文件条款、评标方法、合同条款等内容。

　　物业管理投标的实施程序包括购买并研究物业管理招标文件、考察物业现场和参加标前会议、编制标书、办理投标保函或保证金、封送投标文件、参加开标会议和现场答辩、提供履约保函和签订物业服务委托合同等项内容。

思 考 与 讨 论

1. 物业管理投标人的权利和义务是什么？
2. 在投标前期工作中，投标人如何对收集的信息和招标文件进行研究分析？
3. 投标人如何有效参加资格预审？
4. 试述物业管理投标的程序。
5. 如何办理投标保函？
6. 如何密封和标志投标文件？

第六章　物业管理投标文件的编制

1. 物业管理投标文件的含义
2. 物业管理投标文件的主要内容
3. 投标文件的编写技巧
4. 编写投标文件的注意事项

本章基本概念

投标文件

导入案例

A 公司 Z 物业管理项目成功投标文件编制借鉴

A 公司参加 Z 项目物业管理的投标。通过项目调研了解到，Z 项目优越的地理位置，地处徐家汇 CBD 商圈内，是由 4 幢 23 层、1 幢 25 层及 1 幢 28 层高层住宅及其附属 2 层商业裙房组成，总建筑面积约 8 万多平方米的住宅小区。小区内功能多样，有住宅也有酒店式公寓，商业裙房中且有商业餐饮配套设施。安全管理系统有访客对讲系统、闭路电视监视系统、防盗报警系统、周界报警系统、无线巡更系统；消防系统有消火栓消防系统、自动喷淋灭火系统、防排烟系统、火灾报警及消防控制系统；另外还有商场、住宅建筑设备管理系统（BAS）、电话配线系统、有线电视系统、宽带网综合布线系统、商场空调系统和小区物业管理中心系统。先进的设施设备意味着楼盘的高品质，也意味着必须有高品质的物业管理与之相配。

A 公司制作标书时，首先分析了项目物业管理的四个难点：智能化程度挑战物业管理的管理观念、管理方式；服务对象、要求、标准差异显著；开放性空间与外来人员的管理存在矛盾；区域道路设置与通行要求存在差异。为此，A 公司在制作标书时针对 Z 项目的管理难点，提出了应对方案。

（1）一体化管理、个性化服务。面对这样一个多元化的客户群体，公司将广泛引入人性化物业管理的理念，根据服务对象的需求，因地制宜，提供准确、实效、灵活的服务。

（2）智能化管理上，做到"两个到位"。一是住户培训到位。公司将与承办商联手编制《Z用户手册》，使住户扎扎实实掌握智能化的使用方法，让住户真正感受到智能化给生活带来的无限好处，并使之积极配合管理。二是专业技术操作人员到位。操作人员必须通过智能化培训与考核才能上岗。

（3）治安管理上，做到"二防结合"，即"人防"、"技防"相结合。在"人防"上，公司实施阶梯式快速推进体系，在管理中心统一指挥调度下，强调多重结合，即固定岗与流动岗相结合、全面防御与重点防范相结合、内紧外松与人性化管理相结合。在充分强调人的因素的前提下，充分发挥"技防"作用，运用智能化保安设施，如闭路电视、监视系统、报警装置等，结合管理中心的统一管理、快速调度，履行职责，保障小区安全。同时针对全开放性公共区域、商业购物区域和居住区域，公司制定不同特点的保卫方案。

（4）车辆管理上，做到合理调度、安全有序。中心将在车辆主要入口和停车场口，设置各类交通和警示标识，加强区域保安巡逻岗的工作，车管员现场指挥，结合地下车库的车辆管理及监控室对车辆的技术监控，加强对停车和装卸的引导，重点要求装卸货物的安全与快捷，做到地面和周边道路无滞留车辆和杂物，维护良好的交通秩序。同时及时安排工程部门对停车场、道路设施设备的完好和正常工作，检查和督促清洁部门保持停车场和道路的清洁卫生，做好路面的清障工作。

（5）合理测算物业管理费用。在综合分析和对周边相似楼盘调研的基础上，对Z项目的物业管理收支进行了科学缜密的测算，以期在不降低管理服务质量的前提下，确保收支随项目开发的进展得到平衡。在测算中公司将Z项目分成8块：1～6单元、商场部分和地下车库部分。项目公共管理费用按楼盘建筑面积分摊、住宅管理费用按住宅区域建筑面积分摊，各部分单独发生费用独立结算，最终得出不同类型的标的物各不相同的物业管理费。

A公司的投标文件在投标中取得了最后的成功，物业管理方案在物业管理公司日常管理中也得到了充分的执行，业主的满意度逐年提高。

[评析] 投标文件是物业服务企业参与投标竞争的重要凭证，是招标单位评标、议标和最后签约的主要参考依据，也是投标物业服务企业素质的综合反映和影响经济效益的重要因素。其中，物业管理方案是投标文件的核心与关键。因此，投标企业除了应靠合理报价、先进技术和优质服务为其竞标成功打好基础外，还应学会针对目标物业编制投标文件。投标文件编制质量的优劣将直接影响投标竞争的成败。

第一节 物业管理投标文件的主要内容

一、物业管理投标文件的含义

物业管理投标文件是物业服务企业为取得目标物业的管理权，依据招标文件和相关法律法规，编制并递交给招标组织就目标物业服务的价格和其他责任承诺的应答文件。它体现了投标方对该项目的兴趣和对该项目执行的能力和计划，是招标人选择和衡量投标方的重要依据。

在传统的合同管理模式中，依"镜子反射原则"，投标人发出的要约文件（投标文件）必须与招标人制定的要约邀请文件（招标文件）相一致，也就是说，投标文件必须全面、充分地反映招标文件中关于法律、商务、技术的条件、条款。否则，各投标人各行其是，大家用不同的法律、商务条件和技术标准来投标，就没法评定哪一个投标更为优秀，评标工作就无法进行。通常在投标须知中规定投标文件必须具备完整性、符合性、响应性，否则将导致其投标被拒绝。

二、物业管理投标文件的主要内容

投标文件除了按格式要求回答招标文件的问题外，最主要的内容是介绍物业管理要点和物业服务内容、服务形式和报价。一份完整的投标文件一般包括封面、投标致函、正文、附录等四部分。其中正文部分可以划分为商务部分（commercial proposal）与技术部分（technical proposal）。

（一）封面

标书的名称一般可以冠以"投标书"、"意见书"、"竞标方案"、"建议书"、"计划书"、"意向书"等。图 6-1 是一个投标书封面的样式。

×××× 住宅小区物业管理

投标书

投标人：＿＿＿＿＿＿＿（单位盖章）

法定代表人：＿＿＿＿＿＿（签字盖章）

投标日期：＿＿年＿＿月＿＿日

图 6-1 投标文件的封面格式

（二）投标致函

投标致函实际上就是投标者的正式报价信，其主要内容有：

（1）表明投标者完全愿意按招标文件中的规定承担物业服务任务，并写明自己的总报价金额。

（2）表明投标者接受该物业整个合同委托服务期限。

（3）表明本投标如被接受，投标者愿意按招标文件规定金额提供履约保证金。

（4）说明投标报价的有效期。

（5）表明投标者愿意提交投标保证金并在投标有效期内不撤回标书。

（6）表明本投标书连同招标者的书面接受通知均具有法律约束力。

（7）表明对招标者接受其他投标的理解。

【示例一】

××项目前期物业管理投标致函

××房地产开发有限公司：

我方已全面阅读和研究了本次招标文件和招标补充文件，并经过对现场的踏勘，澄清疑问，已充分理解并掌握了本招标的全部有关情况，同意接受招标文件的全部内容和条件，并按此确定本投标的要约内容，以本投标书内容进行投标。

如我方中标，将按照贵公司规定的时间签订前期物业服务合同并按照要求准时进驻进行物业管理全方位服务。现场派驻经理为××，管理人数为××人，物业管理的目标为达到或超过国家一级普通住宅小区物业管理服务等级标准。

我方的投标报价为：前期启动开办费为××元，物业服务费收费标准为××元/（月/平方米）。

我方将严格按照有关物业管理招标法律法规及招标文件的规定参加投标，如我方中标，在接到你方发出的中标通知书的规定时间内，按中标通知书、招标文件和本投标书约定与贵方签订物业服务合同，并递交招标文件规定的履约保证金，履行规定的一切责任和义务。

我方同意缴纳人民币壹万元（￥10 000.00 元）作为投标保证金。本投标书自开标之日起七日内有效，在此有效期内，全部条款内容对我方具有约束力。我方如出现以下行为之一者，你方可无条件没收我方的投标保证金。

（1）收回标书。

（2）擅自修改或拒绝接受已经承诺的条款。

（3）在规定的时间拒签合同或拒付履约保证金。

（4）在投标、评标过程中有违法违纪行为。

除非另外达成协议并生效，贵方的中标通知书和本投标文件将成为约束双方的合同文件的组成部分。我方理解贵方不一定接受我方的投标，并不需作任何解释。

投标人：××物业管理有限公司（公章）

法人代表：××

公司地址： 邮政编码：

联系人： 联系电话：

日 期：

（三）正文

投标书正文的内容，一般包括招标单位在招标文件中要求投标单位予以解决和明确回答的各个问题。由于物业的特点、新旧、使用性质以及类型等各不相同，物业服务企业的具体情况千差万别，招标单位的要求也不同，所以物业服务企业在编制标书时，也不一定要完全按照下列内容逐一介绍或解答，只要标书能针对某一类物业的特点和管理上的特点与难点，提出相应的解决办法即可。通常物业管理标书项目主要有以下几项。

1. 前言与企业简介

（1）前言

前言为投标书正文的引入性话语，可就投标工作进行总体概述或总结，也可展示企业形象或物业管理总体设想。

（2）物业服务企业概况和经历

它主要包括企业及企业精神介绍，公司现有规模，企业人员数量、层次和专业水准，物业管理经历和经验，受过何等奖励等内容。

2. 总体设想与承诺

（1）对拟投标物业的认识

主要是对投标物业的位置、周围环境、建筑设计、功能规划、客户群体、基本设施设备以及管理该物业的意义的认识，并重点指出投标物业的特点和日后管理的特点、难点，以及业主可能对物业管理的要求和希望等。

（2）拟采取的管理方式与方法

这部分的内容主要有以下几个方面。

① 内部管理架构与机构设置

根据目前我国物业管理发展情况来看，物业管理组织机构的管理体制主要有三种，即总经理负责制、董事会下三总师负责制、董事会下的总经理负责制。物业公司的机构设置根据管理物业的多少，以及业主的需求来确定。

一个严密的组织架构是物业服务企业维持高效工作的基本保证。由于管理企业的日常工作都是比较简单的，因此，对于普通员工来说只要分工到位，职责明确就可以了，关键是如何协调和应变，这就需要高层管理人员具有相当的素质和经验。在总经理阶层（总经理、副总经理）之下，管理公司的组织架构通常包含以下几种：第一种，三部一室。即机构具体设置为办公室、财务部、管理部、工程部。第二种，四部一室。即机构具体设置为办公室、财务部、管理部、工程部、经营服务部。第三种，六部一室。即机构具体设置为办公室、财务部、管理部、工程部、房产部、社区文化部、公关部。图 6-2 所示为荆州市××物业发展有限公司吉祥·凤凰城前期物业管理组织框架图。

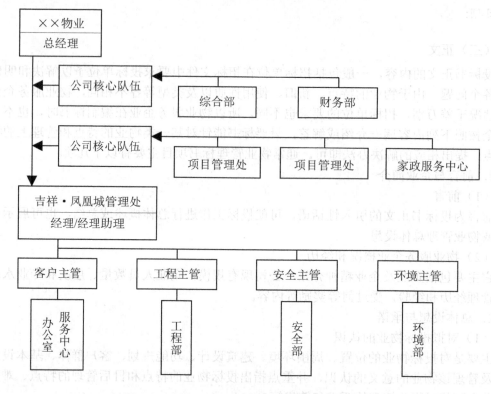

图 6-2　吉祥·凤凰城前期物业管理组织结构图

② 企业运作机制和管理工作流程

企业运作机制主要指形成企业管理机制核心的经营发展机制以及竞争激励机制、效益机制、协调机制、人才培养机制和监督制约机制。企业管理工作流程主要指物业服务企业严格按照各种质量体系文件及作业指导书操作，做到各项事务程序化操作，一丝不苟、环环相扣，从根本上保证服务管理的质量。如设计出物业接管验收流程、保安工作流程、保洁工作流程、绿化工作流程、业主装修入住流程、日常物业管理流程等图表。图 6-3 是某物业管理公司运作机制与工作流程图。

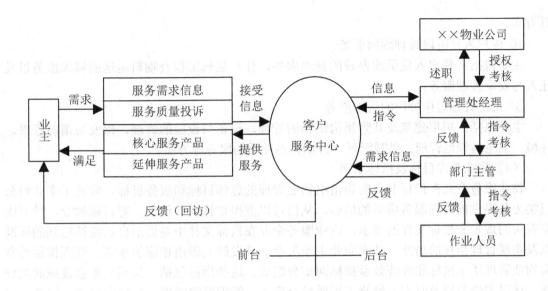

图 6-3 某物业管理公司运作机制与工作流程图

③ 管理工作的控制方式

目前，国内一般有两种掌握公司人员动态和控制的方式：一种为垂直控制方式，另一种为矩阵式控制方式。前一种是政令畅通，管理到位，对成本、质量等关键问题直接负责，但易造成人力资源分散，横向协调配合困难的不足；后一种方式通过现代化管理手段的管理可弥补前一种的不足，但其缺点是组织结构较差，容易形成多头领导。

④ 信息反馈渠道

指建立与住户沟通的程序和住户投诉的渠道。例如，在对住户方面，通过召开座谈会和发放"顾客意见调查表"等手段来形成融洽的主管双方关系和畅顺的沟通渠道。

（3）提供的物业服务内容及功能

物业服务企业应比较详细地介绍在物业开发各个阶段将能提供的物业服务内容及其功能。同时，还应说明将提供的服务形式、费用和期限等，以作为评委会成员评标、定标的依据。

① 开发设计、建设监理期间的管理顾问服务

主要就物业管理难点有针对性地提出施工方面的建议，以利于日后管理。主要包括：投标企业应从物业建成后管理的角度出发，对投标物业的设计图纸提供专业意见；投标企业应从使用者角度考虑设施的配置能否满足住户的普遍需要，对投标物业的设施提供专业意见；对投标物业的建筑施工提供设备保养、维护等方面专业意见并进行监督。

② 物业竣工验收前的管理顾问服务

主要包括：制定员工培训计划，制定租约条款、管理制度和租用户手册，列出财务预

算方案。

③ 住户入住阶段管理顾问服务

主要包括：住户入住手续办理的管理服务，住户装修工程及物料运送的管理服务以及迁入与安全管理服务。

④ 日常管理运作阶段的管理服务

主要包括：房屋建筑及其附属构筑物的管理，设备与设施的管理，保安与消防管理，环境、卫生与绿地管理，供暖管理，公众代办性质的服务等方面。

（4）物业管理目标及指标承诺

物业服务企业在投标书上明确指出物业管理的总体目标和服务目标，体现了企业对公司实力和提供的管理服务质量的信心，从而可以取得招标人的信赖。对目标物业，针对国家有关的规定和招标文件的要求，物业服务企业在投标文件中要提出自己能够达到的标准以及实现管理指标的措施，从而向业主委员会（开发商）做出相应的承诺。管理指标通常由物业管理质量指标和经济效益指标两部分组成。这些指标包括：房屋及配套设施的完好率，房屋零修急修及时率，维修工程质量合格率，管理费收缴率，绿化完好率，清洁、保洁率，道路完好率及使用率，化粪池、雨水井、污水井完好率，排水管、明暗沟完好率，路灯完好率，停车场、单车棚完好率，公共文体设施、休息设施以及小区雕塑完好率，小区内治安案件发生率，消防设施设备完好率，火灾发生率，违章发生与处理率，住户有效投诉率及处理率，管理人员培训合格率，居民对物业管理的满意率等。

3．管理人员的配备、培训及管理

在标书中要说明物业服务企业在管理该物业时，将如何在各部门配备相应的管理人员，细述这些管理人员的数量、文化程度、工作经验、从业水平等情况。必要情况下，可以详细记载管理处经理的个人简历。另外，建立"加油站式"的员工培训机制是否能圆满完成合同期内委托服务目标的重要保证，也是招标方十分关心的问题。因此，在标书中可就培训的目标、培训的方式、培训后的跟查或考核以及培训的计划和设想以文字和表格的形式加以表述。另外，还要提出对管理人员的管理手段和方法。

4．管理服务用房及其他物资装备配置方案

物质计划主要表现在人力、物力、财力上。在人力方面上，是否储备了足够的候补队员；在财力上，拟投入前期开办费以及增建改建项目的资金数额；在物力上，包括职工住宿和管理用房计划，交通工具、通信器材、管理用品、器械与工具、消防装备等计划与安排。提出这些计划，既便于物业服务企业计算服务成本，也为招标人在评标、议标与定标时作为与标底进行比较的参考依据。

5．档案的建立与管理

物业档案资料是物业管理的重要资源。物业服务企业应本着集中化、有序化、信息化、科学化的管理原则，实行原始档案和计算机档案管理的双轨制、建立档案管理系统。以机电设备为例，应建立原始基础资料、运行管理资料、日常运行资料和工程改造资料档案系统，并对其进行分类管理。

6. 服务经费的收支预算方案

服务经费问题，既是广大业主关注的热点，又是物业服务企业面临的重大问题之一，同时也是保证物业服务企业正常运作的基础。经费预算应在"综合管理、全面服务"的方针和"取之于民，用之于民"的原则下，根据物业的环境、绿化、管理设施要求与费用开支水平的不同，分层次收费。以各区域为独立核算单位，按实际开支预算，把各项服务费用与总的使用面积进行分摊来计算出服务费的标准。

投标书中可就收入测算费和支出预算费分别列项叙述，并简明扼要地提出各功能区的服务费用标准和开展管理服务所支出的成本核算。包括：服务费的测算及收费标准；服务经费收支预算表；服务经费收支情况简表及分析；未来 3 年收支预算简况（通常根据招标文件的要求，要进行 3 年预测）和提高管理服务标准后，服务经费收支预算一览表。详细计算可参看第七章的相关内容。

7. 规章制度

俗话说："没有规矩，不成方圆"。要使物业管理和服务走上正轨，实现科学化、规范化和制度化的管理，必要的规章制度是做好物业管理的保证。规章制度是物业管理工作的依据和准绳，对业主和物业服务企业均起到保护和制约的作用。物业管理的规章制度主要包括三大方面：一是公司内部管理制度；二是公众管理制度；三是物业辖区综合管理规则。

公司内部管理制度包括：决策和领导制度（董事会制度、总经理制度），职能制度（办公室职责、开发部职责、财务部职责、业务管理部职责、工程管理部职责、经营部职责），岗位制度（管理人员岗位职责、工人岗位责任），内部管理运作制度（员工行为规范、管理程序制度、培训制度、回访制度等）以及考核和奖罚等制度。

公众管理制度主要包括：业主公约、业主管理委员会章程、住户手册等制度。

物业辖区综合管理规则是一组综合性文件，也是各专业管理的依据。它可以包括以下几个方面：房屋管理规则、装修施工管理规则、市政公用设施管理规则、环境卫生管理规则、绿化管理规则、门禁出入管理规则、车辆交通管理规则。这部分的叙述应细化，因为只有具有规范化管理标准和完善管理制度的投标企业，才可能以高水平、高质量的管理为业主和住户当好"管家"。

8. 便民服务

社区服务的内涵就是：服务第一，以人为本。物业服务企业在追求经济效益、环境效益和社会效益相统一的宏观目标下，在微观上需针对不同年龄、不同职业、不同文化层次、不同需求的产权人和使用人，提供综合服务，传递咨询信息，加强情感交流，营造温馨氛围。所以物业服务企业在提供多元化服务满足客户多元化需求的同时，也需明确有偿与无偿的范围，这客观上要求物业服务企业在投标文件中要详细列出本公司能够提供的有偿和无偿服务项目的内容。

9. 社区文化服务方案

物业管理的最高境界是"功成事遂，百姓皆谓自然"。住宅小区物业管理不应仅仅满足于"住宅+修缮+管理+商业服务"的管理模式，应针对生活在"钢筋水泥丛林"中的都市人群"老死不相往来"的冷漠和自私，提倡一种新的社区文化，使人与人、人与时空相互交融，创造一个安全舒适、环境优雅、有良好人际关系和社会公德的社会环境。投标书要把物业服务企业如何组织开展社区文化活动，以及社区文化活动的主要内容、举办社区文化活动的有关计划等加以介绍。社区文化活动的形式主要有以下几种：

（1）利用小区内各种传媒工具和文娱活动场所，组织开展住宅小区的各种公益性活动，包括组织各类体育比赛、舞会、文艺表演、知识竞赛、节日灯谜竞猜、播放电影等，以加强住户之间的交往与联系，从而联络感情，增强友谊。

（2）开展创建文明家庭、文明居委会、文明楼和文明住宅小区等文明单位活动，通过人与人之间相互了解、彼此尊重和关心以促进家庭和睦以及小区邻里间的友谊和团结，从而反映出一个传统民族高层次物业管理小区的精神风貌和道德风尚。

（3）开展人际交往，推行"社团"活动。物业服务企业可以组织一个活跃的社团组织，经常利用节假日，组织内容丰富的社区活动，还可以组织海外观光旅游，力求把物业服务企业变成住宅小区群众的核心。

10. 物业管理的整治方案

一般来说，招标单位还有一个比较关心的问题就是新的物业服务企业接管物业后，对物业的整治问题。例如，对新建的物业，可能要进行垃圾清理、道路清扫、环境绿化等；对原有物业，则可能要拆除违章建筑、维修路面等。所以物业服务企业可根据拟管物业的实际情况给出方案和对策。

11. 物业维修养护计划和实施方案

公共设施和房屋本体的维修养护是物业管理的重要内容，它主要指公共设施的维修养护、房屋维修管理和房屋设备的养护和维修三大部分。其中，公共设施的维修养护主要包括区内道路、室外照明、沟渠池井、园林绿地、停车场、文娱场所等方面；房屋维修管理主要包括房屋承重及抗震结构部位、外墙面、公共屋面、公共消防通道、公共通道门厅楼梯间等方面；房屋设备的养护和维修主要包括给排水设备、供用电设备、电梯设备、空调设备、供暖设备等方面。

投标文件应结合物业本身的特点除重点说明维护基金的建立与增值情况，主要从公共设施的维修养护、房屋维修管理和房屋设备的养护和维修三部分分别叙述投标企业在日常和定期维修养护方面的计划及实施方案。

12. 智能化系统的管理与维护

智能化建筑是发展到信息社会、知识经济时代所提出的要求，办公自动化、小区服务信息化是社会科技进步赋予物业及其物业管理的历史必然，因此智能化系统的管理与维护问题也是一部分物业业主关心的问题。投标企业应根据物业的具体类型和档次并根据招标文件的要求，选择性地对此部分进行设计。一般来说，投标文件中关于此部分的叙述主要从以下几个方面展开。

（1）智能化系统的组成及日常运行

此部分重点描述智能化系统的组成及功能，智能化管理人员的编制，管理中心在信息流程中的地位及作用等内容。物业服务企业可通过构建室内外安防报警系统、车辆出入管理系统、数据通信入口、有线电视系统等智能化系统来实现安全自动化、管理自动化以及通信自动化。管理中心作为物业管理活动的信息处理中心和决策强度控制中心，可通过电话、无线对讲、内部局域网的电子邮件以及内部网与外部网的传输线路实现室内外报警监视、物业管理日常信息、文件、档案、数据的处理及传送、人员调度等职责。图6-4和图6-5分别为百家湖智能化系统的组成及功能图和管理中心在信息流程中的地位及作用图。

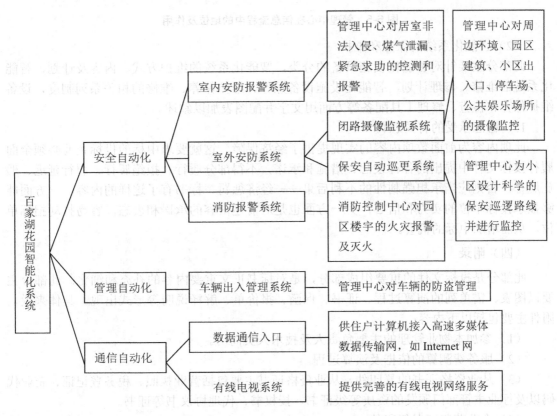

图6-4 百家湖智能化系统的组成及功能

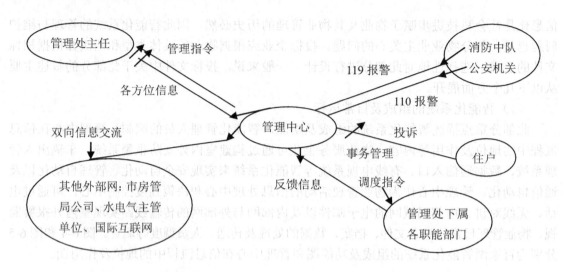

图 6-5 管理中心在信息流程中的地位及作用

（2）智能化系统的保养和维护

此部分主要针对智能化设施设备的分类，智能化系统的维护方式、内容及计划，智能化系统的维修、修理计划，智能化设施设备操作、维护保养、维修的相关系列制度，设备维护保养、检查、修理工具配备等方面用文字并配图表加以叙述。

13. 愿意承受的有关惩罚

此项内容为前面数项内容的实现提供了经济保障。这就要求中标的投标企业必须全面履行投标文件中提出的各种设想、措施和承诺，不得部分履行、拒绝履行、履行延迟、瑕疵履行，否则应当承担强制性的不利后果——经济惩罚。标书有了这样的内容，一方面能够显示投标单位的实力和信心；另一方面也是对前述内容的承诺和表态，容易打动招标单位，从而增加中标的机会。

（四）附录

此部分是投标文件的重要组成部分，是对标书正文重要内容的补充和细化。此部分主要以图表、需单列的演算过程、证书、保函、报价单、解释说明等形式出现。具体来说，附件主要包括以下内容：

（1）参加本物业管理的主要负责人及技术人员简历。

（2）服务费测算的依据及演算过程。

（3）从业资格证书的复印件。从业资格证书主要包括营业执照、税务登记证、企业代码以及行业主管部门颁发的资质等级证书、授权书、代理协议书等证书。

（4）企业获奖证书复印件。

（5）资信证明文件。主要指投标保函或担保书、已履行的合同及商户意见书、中介机构出具的财务状况书等。

（6）其他有益于中标的文件、材料、说明等。

（7）招标文件中要求提交的其他附件。

第二节　物业管理投标文件的编写技巧

一、物业管理投标文件的编写技巧

物业管理投标文件不是一份技术报告，而是投标单位向招标方推销自己的一份文件，其目的是让业主或开发商来认可、选择投标单位。因此，投标文件的内容应强调并注意以下几点。

（一）充分理解客户的要求，并能够按照要求实施目标物业的管理

业主委员会（开发商）进行招标投标选择管家的最终目的就是希望找到一家好的物业服务企业，把目标物业管理好，服务周到，节省经费。所以写标书时应换位思考表明已完全理解客户的要求。另外，建筑工程和商品采购与物业管理有着重大的区别。前者提供的是一种最终产品，其产品质量是最终的、不变的。因此可以在标书和合同中对这一种产品的质量作出明确的量化规定。而物业管理是一种服务，服务又是一种过程，是一种商品的制造和消费同时进行的一种特殊商品[①]。因此，能够按照招标文件的要求量体裁衣制定出完善的物业管理方案难度相对较大。这就要求投标者的承诺不仅表现在口头上，还需在投标文件中制定出一系列切实可行的物业管理计划和实施方案、工作流程。

（二）能帮助业主或开发商提升物业价值或能够更好地解决问题

这不仅是口头上说明，需提供相应的资料。例如，以往相关项目的成功经验，自身专业化水平的证明材料，用什么保证预期成果实现，并让客户了解和相信在一个拟定的进度计划下，可使招标人得到满意的可行性、合理性。

（三）针对目标物业，体现企业的优势

物业服务企业在长期的摸索和锤炼中已经形成了自己的工作作风和方法，尤其对其中一类或几类物业的管理已经积累了丰富的经验，形成了自己独特的风格。因此，在标书中应针对投标物业来体现自身的优势。例如，在商业大厦管理中，公司形象、居民购物方便程度是考虑的首要因素，其管理重点在于安全保卫工作，清洁卫生工作，消防工作，空调或供热设备管理。某物业服务企业在标书中针对重点，第一，介绍本企业保安人员素质一

---

① 陈才林. 物业管理招投标中的三大误区，http://ztb.bjinvest.gov.cn/communication/detail.jsp?cid=77 /2004-05-04

流，责任心强，技术过硬，且能保证24小时专人值班巡逻，以及便衣保安人员场内巡逻，并有监控录像在不同角度监控；第二，说明安排负责任的专职人员×人×班负责场内巡回保洁、垃圾清扫，随时保持商场环境卫生；第三，说明企业配备足额的消防设施，并制定了严格的消防制度，在数年物业管理中均无火灾发生；第四，强调企业已设立了经过正规培训的专职操作及维护人员，保证空调或供热设备正常运转。

（四）力求简明扼要

投标书的文字与图表是投标者借以表达其意图的语言，它必须能准确表达投标公司的投标方案，因此，简洁、明确、文法通畅、条理清楚是投标书文字必须满足的基本要求。编制投标书时，切忌拐弯抹角、废话连篇、用词模棱两可，应尽量做到言简意赅，措辞准确达意，最大限度地减少招标单位的误解和可能出现的争议。

（五）切勿脱离实际

文字起源于生活又独立于生活，一个管理实力不强的企业可以通过抄袭、拼凑、修饰创作出高于实际甚至脱离实际的投标书，这就是文字的功能。过去，中标企业在中标后，标书也就基本完成了使命。现如今，招投标书依法已成为合同的有效组成部分，并成为物业服务企业工作考核的标准。如果物业服务企业仍然像过去一样为了中标，在投标书中片面夸下海口，待入驻后欲使投标书的动人承诺变成一纸空文，只能自食承担违约或负债经营的恶果。所以，实事求是是编写标书的一个基础。

二、编写投标文件的注意事项

（一）一般要求

在投标文件的编写过程中，应注意以下几个方面。

（1）投标文件中的每一空白处都须填写，如有空缺，则被认为是放弃意见，如果因此被认为是对招标文件的非实质性响应，将会导致废标；如果是报价中的某一项或几项重要数据未填写，一般认为，此项费用已包含在其他项单价和合价中，从而此项费用将得不到支付，投标人不得以此为由提出修改投标、调整报价或提出补偿等要求。

（2）填报文件应当反复校对，保证分项、汇总、大写数字计算均无错误。

（3）递交的全部文件每页均须签字，如填写中有错误而不得不改，应在修改处签字。

（4）最好是用打字方式填写投标文件，或者用钢笔或碳素笔以正楷字填写。

（5）不得改变标书的格式，如原有格式不能表达投标意图，可另附补充说明。

（6）投标文件应当保持整洁，纸张统一，字迹清楚，装订美观大方，不要给评审人员一种"该公司不重视质量"的印象。

（7）投标人在招标文件中应明确标明"投标文件正本"和"投标文件副本"及其份数，若投标文件的正本与副本不一致时，以正本为准。投标文件应加盖投标单位法人公章和法定代表人或其委托代理人的签字（或印鉴）。

（8）应当按规定对投标文件进行分装和密封，按规定的日期和时间检查投标文件后一次递交。

（9）严守秘密，公平竞争。投标人应严格执行各项规定，不得行贿、徇私舞弊；不得泄漏自己的标价或串通其他投标人哄抬标价；不得隐瞒事实真相；不得做出损害他人利益的行为。否则，该投标人将被取消投标或中标资格，甚至受到经济和法律的制裁。

（二）方案技术标编制的要求

物业管理方案主要分为技术标和商务标两大部分。商务标主要是用来反映投标人的投标报价以及基本情况、以往业绩、人员设备配备情况、财务收支预算等内容，管理服务方案和管理运作方案均属于技术标部分。由于技术标要求能让评标委员会的专家们在较短的时间内，发现标书的价值和独到之处，从而给予较高的评价，因此其编制应注意以下问题。

（1）针对性。实践中，许多标书为了"上规模"，将技术标部分做得很厚，而其内容多为对规范标准的成篇引用或对其他项目标书的成篇抄袭，因而使标书毫无针对性，该有的内容没有，无须有的内容却充斥标书。这样的标书常常引起评标专家的反感，因而导致技术标严重失分。

（2）全面性。评标办法中对技术标的评分标准一般都分为许多项目，并分别被赋予一定的评分分值。技术标内容不能发生缺项，否则缺项部分被评为零分会大大降低中标概率。另外，对一般项目而言，评标专家往往没有时间对技术标进行深入地分析。因此，只要有关内容齐全，且无明显的低级错误或理论错误，标书不会多扣分。

（3）先进性。没有技术亮点，没有特别吸引招标人的物业管理方案，是不可能获得高分的。因此，编制标书时，投标人应仔细分析招标人的热衷点，在这些点上采用先进的技术、设备、材料或服务，使标书对招标人和评标专家产生更强的吸引力。

（4）可行性。为了凸显管理方案的先进性，切勿盲目提出不切实际的技术方案、设备计划。这都会给日后的具体实施带来困难，甚至导致业主或业主委员会提出违约指控。

（5）经济性。物业管理方案技术标的经济性，直接关系到承包商的效益。另外，经济合理的管理方案，能降低投标报价，使报价更有竞争力。

【示例二】

浙江×××物业管理有限公司通策广场物业管理投标书

目　录

2.1　公司概况

2.2　公司信誉及成果

2.3　公司组织机构

第三部分　主要管理人员介绍

3.1　公司管理人员简历

3.2　拟派管理处主任简历

3.3　拟派管理处各部门主管简历

第四部分　物业管理文案及内容

4.1　通策广场概况

4.2　物业管理整体设想和策划

4.3　采取的管理方式、工作计划和物资装备

4.4　通策广场管理机构、规章制度、人员配备、培训与管理

4.5　通策广场各项专业物业管理制度

4.6　争创"全国物业管理示范住宅小区"规划、具体实施方案与各项服务指标的承诺

4.7　社区文化活动计划及安排

4.8　特色便民服务项目与收费标准

4.9　智能化系统的日常运行及维护方案

4.10　　房屋及公共设备设施维修检查养护计划

第五部分　计划成本核算书

5.1　通策广场年度物业管理预算

5.2　通策广场物业管理收入年明细

5.3　员工薪金明细

第六部分　　结束语

第一部分　前　言

投　标　书

投标项目名称：通策广场物业管理

致：浙江×××房地产实业有限公司

一、在考察了该项目现场、充分审核了通策广场物业管理的招标文件和了解一切会影响总价变动的各方面的情况和条件后，我方决定竞投贵方的物业管理，本投标书用字及术语的定义与投标文件相同。

二、兹遵照贵方二〇〇三年四月招投标文件要求提交的内容，若能中标，我们承诺将与贵方一起履行招投标文件各项条款的规定。

三、兹同意缴纳人民币贰万元（￥20 000.00 元）作为投标保证金。若由于各种原因不能履行文件所含的书面条件和规定而给贵方造成损失的，所缴投标保证金，可由贵方作为违约赔偿金没收，不作罚款论。

四、兹理解贵方不拟以最低报价为标准来接受投标，同时也不偿付我方在投标中发生的一切费用。

五、兹承诺于贵方要求时签署合同。

六、我方知道投标书是我方投标的组成部分，我方保证对投标文件的准确性完全负责。

七、我方保证从投递标书之日起至投标有效期内遵守本标书。在此期限内，本标书对我方始终具有约束力，并可随时被贵方接受。

八、我方一旦中标，在制定和签署正式合同协议之前，本标书连同贵方的中标通知书应成约束对方的文件。

九、我方理解贵方不一定接受我方的投标，并不需作任何解释。

与本投标有关的正式通讯地址和联系方式为：

地址：杭州市××路×号×大厦×楼

邮编：

电话号码：

电子邮件：

代理人（被授权人）签字盖章：

法人单位公章：＿＿＿＿＿＿＿＿＿＿＿＿＿＿＿

日期：二○○三年四月三十日

第二部分　企业综合说明书

2.1　公司概况

浙江×××物业管理有限公司是由浙江×××房地产投资集团股份有限公司组建，并于×××年×月成立，注册资本×××万元人民币，是一家具有×××资质的物业服务企业，专业提供高水准、全方位的物业服务，管理物业类型有住宅小区、办公楼及高层楼宇等。公司设有总经理室、办公室、物业管理部、保安部和管理处。

公司现有员工××人，其中大中专以上学历占员工总数的×，并聘请集团公司总工程师为我公司的顾问。在成立不到×年的时间内，公司先后邀请了上海×××技术咨询有限公司和×××大酒店的高级管理人员来我公司培训员工、指导工作，并共同探讨研究物业管理的理念和操作规范，对公司各项工作水平的提高起了极大的促进作用。

企业营业执照和物业服务企业资质等级证书的扫描图（略）。

2.2 公司信誉及成果

1999 年公司根据 ISO9002 质量保证标准建立质量体系，运用制度化、程序化、标准化和文件化手段开展科学管理和优质服务，以提高企业竞争实力，为业主提供安全、舒适、清洁、优美和方便的生活工作环境，并于 2000 年 6 月 21 日通过 ISO9002 国际质量认证（英国 AJA），2000 年 12 月 28 日通过 AJA 公司的年度监督审核。

公司成立以来，一直秉承"以人为中心，服务为主体，业主满意为目标"的企业宗旨，坚持"住户满意，是我们做好各项工作的标准"的经营理念，以"住户至上"的原则，坚持为业主住户服务，并制定了服务质量上的服务承诺，努力致力于改善服务意识，提高服务水平。2000 年，公司在确定建立质量体系的同时，并进行了内部企业形象策划，逐步实现物业管理软件计算机化管理。公司在创立自身品牌的同时，不断提高经营管理能力，服务于广大业主住户，为他们提供全方位的物业服务。

质量体系认证证书的扫描图（略）。

2.3 公司组织机构（略）

第三部分 主要管理人员介绍

3.1 公司管理人员简历

公司顾问：×××

公司总经理：×××

公司副总经理：×××

公司办公室主任：×××

3.2 拟派管理处主任简历（略）

3.3 拟派管理处各部门主管简历（略）

第四部分 物业管理文案及内容

4.1 通策广场概况

地理位置：通策广场位于杭州市滨江区钱塘江南岸，西临滨江区会展中心，南临滨江要道——中兴路，之江二号路、三号路之间，属杭州高新区之江科技园区。

物业类型：由 7 幢 8～18 层的电梯公寓、1 幢 21 层的写字楼、1 幢 4 层的商场、1 幢 9 层的居家办公及沿街商业裙房组成。

总占地面积：45 332 平方米。

总建筑面积：133 001 平方米（其中，地上面积 110 091 平方米，地下面积 22 910 平方米）。

主要设备、设施：

（1）屋顶水箱 4 只，78 立方米；

（2）楼道灯；

（3）生活水池 1 个，180 立方米，消防水池 2 个，176 立方米；

（4）配电房 3 间，474 平方米；

（5）客梯 36 部，人货梯 2 部，自动扶梯 6 部；

（6）屋顶生活水箱 3 个，60 立方米；屋顶消防水箱 1 个，18 立方米；生活水箱 2 个，40 立方米；人防生活水箱 6 个，420 立方米；

（7）消防控制中心 2 间，50 平方米；

（8）综合布线控制室电信机房 3 间，61 平方米；

（9）水泵房 3 间，263 平方米；

（10）集水井 36 个。

4.2 物业管理整体设想和策划

我们将对通策广场实施专业化、规范化的物业管理，秉承"以人为中心，服务为主体，业主满意为目标"的企业宗旨，坚持"住户满意，是我们做好各项工作的标准"的经营理念，以"住户至上"的原则，坚持为业主住户服务，并制定服务质量上的服务承诺，努力致力于改善服务意识，提高服务水平，使通策广场成为"安全、舒适、文明、整洁、优雅"的家园。

4.2.1 总体质量方针、目标

公司质量方针：以人为中心，服务为主体，业主满意为目标。公司质量目标：维修及时率达 98%，维修质量合格率达 95%，业主满意率 90%，业主投诉率不大于 0.5%。

4.2.2 管理与服务工作具体目标：

一、管理方面

1. 岗位标准培训率达到 100%。

2. 岗位标准知晓率达到 100%。

3. 岗位标准执行率达到 90% 以上。

4. 公开办事制度，主要服务制度印发业主率 100%。

5. 持证上岗、佩带胸卡、仪表整洁、诚实守信，不吃、不拿、不卡、不要。

二、服务方面

1. 态度和蔼讲文明，主动热情不拖延，及时处理各类事件，业主投诉回访率达 95%，维修回访率不低于 50%。

2. 保证 24 小时受理业主报修，周一至周六全天业务接待，接待业务和受理报修率达 100%。

3. 维修及时率达 98%，维修质量合格率达 95%，业主满意率 90%。

4. 业主投诉率不大于 0.5%。

5. 各类维修严格执行规定：急修不过夜（24 小时），小修不过三（天），中修以上不过周。

6. 保安员做到仪表端庄，坚守岗位，规范服务，严格防范。

4.3 采取的管理方式、工作计划和物资装备

4.3.1 管理方式

基本原则：浙江×××物业管理有限公司接受杭州市房地产管理局的管理，依据《杭州市住宅区物业管理暂行办法》，对通策广场进行物业管理。形成市房管局、业主委员会、浙江×××物业管理有限公司下属各管理处及各专业队的三级管理机制。

依照政府关于物业管理工作的政策、法规，对小区实施高起点、高标准、24 小时综合一体化全方位物业管理。引进高素质物业管理人才，对小区实行智能化管理，最大限度提高工作效率，降低管理成本，提高服务质量。

法律关系：以合同的形式建立业主委员会与物业公司甲乙双方互为制约的主体关系，履行乙方责任。协助成立通策广场业主委员会，实施民主管理，加强民主监督，依靠小区业主委员会开展物业管理，定期汇报公司运作情况，每年两次公布财务状况，接受业主委员会的检查监督。

内部管理框架：依靠公司 ISO9002 质量标准及 200 余条系统规章制度、岗位职责，建立公司管理构架。公司总经理主管物业管理工作的总体规划及重大事项的决策；各职能部门落实总经理物业管理方面的决策并指导、监督、检查、考核物业管理处工作；各管理处主任负责对物业的日常管理，以确保公司"以人为中心，服务为主体，业主满意"的目标在通策广场的实现。达到公司"以业养业，基本持平，略有盈余"的经营主旨。

机构设置：设置公司直接领导下的通策广场管理处，内设房管维修组、保安队、绿化保洁组。

4.3.2 工作计划

1. 公司在中标以后，即进行前期介入，参与开发设计、工程施工管理及竣工验收等直接关系到今后物业管理工作开展的部分。

2. 与开发商签订物业服务合同，物管工作全面启动（签约前 1 个月，管理处入住管理现场）。

3. 对物业进行接管验收，同时接收房屋钥匙、公共设备设施、绿化设施、物管用房、小区建设前期及技术档案资料等；小区各项管理系统全面启动（计划 5 个工作日内完成）。

4. 进行小区开荒保洁（计划 15 天内完成）。

5. 对将入住的业主进行智能化系统操作培训。

6. 设置小区内各种功能标识（计划 1 周内完成）。

7. 迎接业主入伙的各项准备工作，从第一家业主入住的当天起，全部承诺的服务项目

全面启动（与其他各项工作同步进行）。

8. 业主装修的管理（随时）。

9. 在业主入住率达到50%时的3个月内，协助成立小区业主委员会，并与业主委员会签订《物业服务合同》，履行合同约定条款，执行并享有乙方责任、义务和权利。

10. 进行收费标准的申报审批工作（计划2个月内完成）。

在完成以上各项工作后，小区的物业管理纳入正常运作状态。图6-6所示为××物业管理流程图。

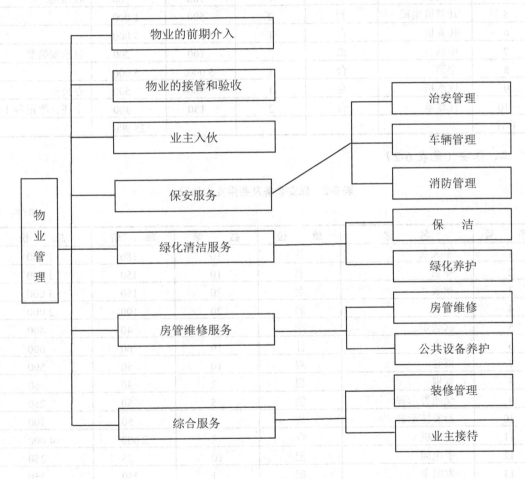

图 6-6 ××物业管理流程图

4.3.3 物资装备计划

一、行政办公用品（见表6-1）

表 6-1　行政办公用品装备及费用支出情况

单位：元

序　号	物品名称	单　位	数　量	单　价	金　额	备　注
1	办公桌椅	套	4	1 000	4 000	管理人员各一套
2	计算机	台	2	5 000	10 000	
3	文件柜	组	2	600	1 200	
4	保险箱	个	1	700	700	收银用
5	计算机桌椅	套	2	500	1 000	
6	传真机	台	1	3 000	3 000	
7	电话	部	2	100	200	包括安装费
8	空调	台	1	5 000	5 000	
9	饮水机	台	1	500	500	办公室
10	计算器	台	2	150	300	主任、收银各 1
合计					25 900	

二、保安（见表 6-2）

表 6-2　保安装备及费用支出情况

单位：元

序　号	名　称	单　位	数　量	单　价	总　价
1	军大衣	件	10	180	1 800
2	冬装	套	10	150	1 500
3	秋装	套	20	150	3 000
4	夏装	套	20	100	2 000
5	武装带	副	10	40	400
6	雨衣	件	10	60	600
7	雨鞋	双	10	50	500
8	警棍	根	2	30	60
9	交通警示牌	块	5	50	250
10	治安警示牌	块	2	50	100
11	对讲机	台	2	2 000	4 000
12	手电筒	把	10	25	250
13	太阳伞	把	1	250	250
14	临时岗亭	个	1	2 000	2 000
15	岗台	个	1	1 000	1 000
16	备用水带（消防）	米	100	10	1 000
合计					18 710

三、清洁绿化（见表6-3和表6-4）

表6-3 清洁绿化所需物质设备

单位：元

序 号	名 称	数 量	单 位	单 价	总 价
1	手推车	1	辆	350	350
2	高枝剪	2	把	450	900
3	小枝剪	2	把	20	40
4	手锯	2	把	50	100
5	铁锹	5	把	30	150
6	锄头	2	把	30	60
7	铲刀	2	把	10	20
8	铝合金梯（12步）	1	部	1 000	1 000
9	铝合金梯（9步）	1	部	800	800
10	手摇喷雾器	1	个	150	150
合计					3 570

表6-4 环保队所需物质

单位：元

序 号	名 称	数 量	单 位	单 价	总 价
1	竹扫把	30	把	5	150
2	拖把	30	把	5	150
3	芦花扫帚	20	把	5	100
4	垃圾袋	1 000	个	1	1 000
5	冬夏装	10	件	150	1 500
6	洗洁精、毛巾、塑料桶				400
7	消防水带	200	米	10	2 000
8	机械设备折旧及维修费				1 000
9	农药化肥				500
合计					6 800

4.4 通策广场管理机构、规章制度、人员配备、培训与管理

4.4.1 通策广场管理机构（略）

4.4.2 规章制度

4.4.2.1 公司员工守则

第一章 总则

第一条 本守则适用于本公司所有员工。包括正式工、临时工、试用工。

第二条 本公司以"我们所做的一切都是为业主服务"为经营宗旨。

第三条 本公司实行董事会领导下的总经理负责制，在总经理领导下，实行层级管理、制度管理和规范管理。

第二章 劳动纪律

第一条 仪容要端庄大方。上班时不得裸背敞胸，穿短裤、背心、拖鞋，卷裤脚。

第二条 头发要梳理好，不准留怪发式，男士不准留胡子，不准留长指甲。女士不准浓妆艳抹（可化淡妆），不准佩戴其他饰物。

第三条 坐、立、行姿势要端庄，举止要大方。坐时不准将脚放在桌、椅上，不准翘脚、摇腿。

第四条 按时上下班，上班时须签到，严禁代签或虚假签到；不旷工，不擅离职守；严格执行交接班制度，不得私自调班，需调班时必须找好调班人员，征得经理同意后方可调班；不准串岗。

第五条 员工上班前不得饮酒，上班时不得随地吐痰、丢杂物、修指甲、挖耳朵、不得做私活、玩电脑游戏、打扑克、下棋。

第六条 服从领导的工作安排和调度，按时完成任务，不得无故拒绝或终止工作。

第七条 爱护公司的财产及一切工用具，注意节约原材料，节约用电、用水，注意设备的维修保养，不私拿公司的物品。

第八条 公司视不同岗位发不同的工服，员工上班时必须穿着制服。所穿制服必须保持整齐、清洁。公司将定期给员工更换新制服，若有损坏或遗失，将按有关规定办理。

第三章 工资与津贴

第一条 公司工资制度遵循按劳分配的原则，实行同工同酬，执行岗位工资制，根据不同部门、不同岗位、不同职务确定员工的工资级别；员工工作岗位变动时，其工资级别将做相应变动。

第二条 本公司的工资参照通策集团所定制度执行，具体详见《浙江××物业管理有限公司员工工资方案》。

第三条 公司将视企业经济效益状况适时调整员工工资。公司委托银行发放员工工资。

第四条 员工可享受生活津贴，其生活津贴，每月连同工资一起发放。

第五条 员工在法定休假日和婚丧假期间以及依法参加社会活动期间，其工资照发。

第四章 劳保与福利

第一条 员工上岗前，必须接受劳动安全卫生教育和检查，防止工伤事故的发生和工作中可能造成的职业危害。

第二条 员工必须严格遵守安全操作规范，听从领导指挥，不得违章作业。在工作中发现不安全或者隐情时应及时向主管部门的领导报告。

第三条 公司每年为员工免费进行一次体检。

第四条 女员工怀孕 7 个月以上，不得延长工作时间，不得安排夜班劳动，并在每一个工作日的劳动时间内给予 1 小时休息。

第五条 员工可享受以下福利待遇：

（一）员工上班时可免费享用午餐。

（二）员工按规定享受公司为其统一参加的社会劳动保险、养老金等。

（三）正式员工可享用公司发给的生日贺金。

（四）正式员工按国家规定办理了离、退休手续，可享受国家和公司规定的离、退休待遇。

（五）员工发生工伤事故，经医院诊断和办公室审批后，按工伤的有关规定处理。

第六条 员工根据国家和公司的有关规定享受带薪的探亲假、结婚假、分娩假、计生假和慰唁假等。

第五章 奖惩条例

第一条 公司坚持奖惩分明，奖优罚劣，以思想教育为主，惩罚为辅的奖惩原则。

第二条 对有下列表现之一的员工，应当给予奖励：

（一）努力完成本职工作和公司交给的各项工作，成绩显著，有突出贡献的。

（二）工作任劳任怨，为业主提供细致周到的服务，多次受到业主赞誉和表扬的。

（三）开拓进取，勇于改革，提供合理化建议，使企业经济效益明显提高的。

（四）被评为"最佳员工"和先进个人的。

（五）为保护公司和业主生命财产安全，敢于挺身而出，见义勇为，反响较大的；其他应该给予奖励的。

第三条 凡是给予奖励的，由有关部门提出建议，报办公室及有关部门审核后，呈总经理批准执行。

第四条 对有下列行为之一的员工，将视其情节的轻重分别给予不同程度的处分和处理：

（一）违反公司的劳动纪律和各项规章制度，上班迟到早退，消极怠工，没有完成工作任务的，凡发现一次扣奖金的 10%；旷工一次扣奖金的 20%。

（二）严重失职，违反工作制度或操作规范，造成事故或引起业主严重不满，使公司财产和声誉受到损害。

（三）不服从公司管理，不执行上级指令，严重搅乱公司正常的管理秩序的。

（四）利用职务和工作之便，营私舞弊，谋取私利，使公司受到经济损失的。

（五）有其他违纪行为或其他严重错误的。

第五条　各部门主管对所属员工可进行处分，并报办公室备案。

第六条　员工对公司的处分和处理不服，可以在宣布处分之日起 10 日内或收到《过失通知单》之日起 5 日内向公司办公室、总经理提出书面申诉；过期不提出书面申诉的，原处分决定和违纪处理生效。对员工的申诉，公司应该作出答复。

第七条　管理人员滥用职权，假公济私，搞打击报复的，经查证属实，从严处理。

第八条　奖金按总公司考核标准的 80%发放，具体由各部门经理考核测算决定。

第六章　附则

第一条　公司记时日工和实习人员的奖惩参照本规定执行。

第二条　有关考勤、奖惩和福利保险等的实施办法或细则，另行规定。

第三条　本规定由办公室负责解释。

4.4.2.2　各部门岗位职责

1. 总经理

（1）在公司董事会的领导下，负责董事会决定的贯彻落实，确定公司的经营方针、经营计划及发展规划，制定公司的经营管理服务目标，并指挥实施。

（2）建立、健全公司的内部组织系统，负责协调、指导副总经理和各部门的工作，保证公司各方面工作的顺利、有效进行。

（3）负责召集和主持总经理办公会议，研究和处理总经理办公会议职权内的各项工作和问题。

（4）负责处理重要的社会关系，保持与社会各界的广泛联系，塑造企业良好的内、外部形象。

2. 总经理助理

（1）执行总经理的指示，全面主持公司的日常事务和分管部门业务工作。

（2）协助总经理开展经营、服务管理和公关活动。

（3）保证公司的经营管理方向，定期向总经理汇报公司的质量体系运行情况。

（4）在公司运行过程中，对公司各部门进行检查、指导、督促、考核。

3. 办公室主任

（1）学习当前国家的方针政策，贯彻落实公司的各项工作指令。

（2）负责安排公司行政会议与办公会议，编制会议纪要，负责对有关决策贯彻执行情况的检查。

（3）贯彻公司人事决策的落实管理工作，负责人力资源的配备，劳动工资的组合。

（4）组织公司全员培训、负责编制计划、确定培训教学纲要、落实师资等及对外的联络工作，组织安排接待、参观等公关活动。

（5）负责公司文件和资料的控制、整理、归档及档案管理工作。

4. 物业管理部经理

（1）执行国家和上级对物业管理质量工作的决策和部署；编制相应的质量文件，制定部门人员的岗位职责；参加管理评审和内部质量审核。

（2）负责组织合同评审和各分承包方的评定，参加新楼盘的验收，并做好质量记录。

（3）负责入住、绿化保洁、代办服务、业主装修、维修服务过程控制活动的管理。

（4）对各管理处的物业管理进行监督、抽查、指导、考核。

5. 保安部经理

（1）执行国家和上级对保安工作的决策和部署；编制质量文件，制定保安人员的岗位职责。

（2）全面负责各小区的保安工作，并编制服务工作计划及小结。

（3）对保安员的素质、工作态度、业务能力负有培训提高的责任，负责保安服务工作的管理和控制。

（4）对各管理处保安工作进行监理、抽查、指导、考核。

6. 管理处主任

（1）坚决贯彻执行公司的各项规定，负责管理处的全面领导和管理工作。

（2）负责对外联络事宜，做好内部的协调工作。

（3）每周组织召开一次例会，及时检查、总结和布置工作，并负责编制月度工作计划和小结，做好文件归档工作。

（4）定期开展访问活动、听取意见，与业主保持良好的合作关系，不断提高管理水平。

7. 财务管理员

（1）制定年度财务计划，报告年度财务决算。

（2）督促对应收应付款项的收支工作，每月向总经理报告财务运作情况。

（3）指导小区共用服务场所的合理规范收费的款项分类核标的汇总。

（4）财务账目清楚、完整，归档及时。

（5）审核职工出勤、工资、奖金的发放情况。

8. 物业管理部维修服务主管

（1）掌握小区物业状态和住户的基本情况。

（2）负责房产管理维修资料的收集、汇总、归档、变更修改、利用和上报工作，熟悉掌握小区内基础设施和配套设施的基本情况，对小区内上下管道、各种井池的位置要搞清，要编号，帮助有关人员熟悉。

（3）在日常工作中，及时发现和制止房屋管理所不容许的事件和现象；积极参与新楼竣工验收工作，代表业主利益，严格验收，发现问题及时向有关部门反映，督促及时处理。

（4）负责各小区的维修、服务管理工作。

（5）积极参与对整个小区的管理，坚持工作在劳动第一线。

9. 物业管理部仓库管理员

（1）对出入库物资做到账、物、卡三者相符。

（2）履行兼职检验员的职责，对所购物资的质量状态进行验证，并做好物资的标识，不合格的，不予入库并请原经办人进行退货。

（3）积极配合各管理处工作，做好物资采购、使用、调剂的信息交流。

10. 保安队队长

（1）贯彻执行上级公安、消防部门关于安全保卫消防工作的方针政策和有关条例，建立小区各项安全保卫消防管理制度，督促大家执行并加以检查。

（2）负责维护小区内部治安，预防和查处治安事故，协助公安部门侦破有关违法犯罪案件，协调好小区内单位、业主、住户的关系，搞好安全保卫工作，做好调解工作。负责消防设备设施的管理，保证消防设备设施状况的良好和有效使用。

（3）负责年度工作总结，定期做好司法宣传，妥善处理有关治安方面的投诉。

（4）定期或不定期（每年至少两次）对保安人员、义务消防人员集中进行业务专项培训。

（5）对保安人员进行工作安排，修订落实岗位职责，平时加强监督、考核。

11. 绿化保洁组组长

（1）服从领导安排、模范带头、以身作则、熟悉小区的绿化布局和保洁范围。

（2）积极带领保洁、绿化人员完成管理处交给的各项任务。

（3）做好保洁、绿化的检查监督工作，讲究工作效率，搞好环境卫生。做好防止小区内装修垃圾和生活垃圾乱倒、乱丢，检查、监督和宣传教育工作。

12. 收款办证员

（1）熟悉本小区业主住户的基本情况，了解业主住户的缴费内容，掌握缴费的标准方法。认真坚守工作岗位、不脱岗；使业主住户在缴费过程中不跑空趟。

（2）收款程序正确，各种凭证齐全，定时上缴公司财务部门。

（3）对业主住户委托公司办理的房产、契税、土地等证的原始凭证做好初审工作，做好业主情况记录，出具收款收账凭证，及时汇总上缴公司并进行办理。

（4）对公共服务场所的经营性收入定期上缴，按月汇总，并及时上报办公室。

4.4.3 人员配备

一、管理处主任情况及要求

通策广场管理处设管理处主任 1 名，大专以上文化，具有物业管理工作经验，并接受杭州市房管局的物业管理上岗资格培训和公司的内审员培训，工作能力强。

二、各类人员数量及要求

1. 人员数量（见表 6-5）

表 6-5 人员数量配备情况

单位：人

管 理 员	保 安 员	清 洁 员	绿 化 工	房管维修员	合 计
4	10	4	1	2	21

2. 人员素质

（1）管理员

管理处各专业服务队队长均要求专科文化，并具有相关经验。其余为中专以上文化。

（2）操作人员

① 保安员，具备高中以上文化，均须接受上岗前培训，合格者上岗。

② 保洁员、绿化工，具备初中以上文化，全部接受公司办公室组织的岗前培训，合格者上岗。

③ 房管维修员，具备初中以上文化，特种工持特种作业操作证上岗，有一年以上工作经验。经公司集中培训，具备独立操作能力。

4.4.4 培训与管理

由公司办公室负责对不同工种进行具有针对性的培训及考核，确保物业管理人员的培训工作质量，以确保管理处各岗位人员的高素质，同时把员工接受培训的情况纳入工作考评，作为奖惩、晋级的条件。

办公室依靠外请专家、公司各部室经理、高级技术人员及其他专业管理骨干通过授课、技术指导、现场操作、考试等方式培训各管理处岗位人员。

4.4.5 培训计划（见表 6-6 和表 6-7）

表 6-6 新员工培训计划表

序号	培 训 内 容	时间	授 课 方	培训对象	培训方式	培 训 目 标
1	公司质量手册、操作程序和各项规章制度	5 天	公司	新员工	内部授课	了解公司运作方式
2	员工礼仪、形象培训	2 天	公司	新员工	内部授课	提升服务质量、体现服务宗旨
3	岗位职责培训	2 天	公司	新员工	内部授课	掌握本职工作运作程序
4	接管前期介入培训	2 天	公司	新员工	内部授课	掌握接管小区基本情况及设施、设备
5	职业道德培训	2 天	公司	新员工	内部授课	提高职务水平和管理水平、增强责任意识
6	员工上岗前见习培训	3 天	公司	新员工	内部授课	为正式上岗提供经验

表 6-7　管理期员工培训计划表

序号	培训内容	时间	授课方	培训对象	培训方式	培训目标
1	物业管理基础培训	8 天	聘请物业管理专家	管理人员	内部授课	增加员工管理水平及提高与业主间的沟通技巧
2	ISO9002 质量培训	3 天	公司	全体人员	内部授课	提高员工管理水平和服务质量
3	参加政府主管部门举行的业务培训	另记	有关部门	相关人员	外部授课	提高业务管理水平
4	员工礼仪、形象再培训	2 天	公司	全体人员	内部授课	提升服务质量、体现服务宗旨
5	保安人员工作、素质培训	2 天	公司	保安人员	内部授课	完善保安人员的工作范围和职责
6	保洁人员工作、素质培训	2 天	公司	保洁人员	内部授课	完善保洁人员的工作范围和职责
7	维修人员升级培训	待定	专业部门	维修人员	外送	完善维修人员的工作范围和职责
8	绿化人员工作、素质培训	待定	专业部门	绿化人员	外送	完善绿化人员的工作范围和职责

4.5　通策广场各项专业物业管理制度

4.5.1　公众制度

业主须知

日常保养事项

绿化管理规定

清洁卫生规定

治安保卫规定

交通管理规定

消防管理规定

水电管理规定

有线电视管理规定

房屋、设施维修管理规定

防火注意事项

防风注意事项

管理服务承诺

4.5.2 工作流程

保安工作流程

保洁工作流程

绿化工作流程

业主装修入住流程

通策广场物业接管工作流程

水电维修工作流程

监控中心工作流程

电梯维护保养工作流程

卫星接收维护保养工作流程

机电日常报修运作流程

财务工作流程

行政工作流程

客户服务工作流程

综合服务流程

4.5.3 ISO9002 体系制度

1. 质量手册

质量手册目录

编审人员

批准令

公司简介

术语与定义

质量手册使用说明

质量手册受控发放范围

质量手册的管理

修改记录

管理职责

质量体系

合同评审

设计控制

文件和资料控制

采购

业主提供产品的控制

服务标识和可追溯性

过程控制

检验和试验控制

不合格品控制

纠正和预防措施

搬运、储存、包装、防护和交付

质量记录的控制

内部质量审核

培训

服务

统计技术

2. 程序文件

管理职责

各级各类人员管理职责

质量体系管理程序

质量计划控制程序

合同评审

文件和资料控制程序

合格分承包方控制程序

采购控制程序

业主提供产品的控制程序

服务标识和可追溯性控制程序

入住、绿化保洁、代办服务控制程序

保安服务过程控制程序

业主装修、维修服务过程控制程序

检验和试验控制程序

检验测量和试验设备控制程序

检验和试验状态控制程序

不合格品控制程序

纠正和预防措施控制程序

搬运、储存、包装、防护和交付控制程序

质量记录控制程序

内部质量审核控制程序

培训控制程序

服务控制程序

统计技术控制程序

3. 操作性文件

杭州市物业管理从业人员职业道德规范

杭州市物业管理行业规范服务达标要求

部门各类人员岗位职责

各级各类人员考核细则及办法

中华人民共和国经济合同法

杭州市住宅区物业管理试行办法

物业验收程序

文件编码规则

采购物资分类表

工程分承包施工队分类表

房屋修缮工程质量检验评定标准

售楼须知

入住手续书

杭州市物业管理业主公约

公共契约

保洁服务方法和要求

绿化养护方法和要求

钥匙管理规定

信报箱保养规定

业主验收应注意的事项

已公布的收费项目标准

保安人员工作方法和要求

车辆停放管理制度

突发事件或异常情况处理规定

消防安全管理规定

巡逻人员工作方法和要求

保安警用器械管理规定

业主广告设施管理规定

暂住人口和临时出入人员管理规定

会馆管理规定

会馆管理制度

杭州市城镇住宅装修管理办法

杭州市家庭居室装修管理规定

业主装修规定

业主装修责任协议书

维修服务规范

违章装修管理制度

维修基金使用管理规定

水泵管理保养规定

采购物资验证规定

计量器具管理规定

质量会议制度

空置房管理规定

员工培训工作管理制度

业主投诉回访规定

维修及时率、质量合格率、业主满意率、业主投诉率统计说明

各部门质量目标分解情况表

质量目标实施措施表

质量目标考评表

小区检查表

整改通知单

来电来访和业主投诉处理记录单

业主投诉汇总表

季度业主建议征询单

员工培训情况登记表

......

4.6 争创"全国物业管理示范住宅小区"规划、具体实施方案与各项服务指标的承诺

4.6.1 总体规划和实施方案

在房地产管理体制深化改革，物业管理不断发展的新形势下，以及根据建设部、省、市有关创建"全国物业管理示范住宅小区"的精神，为了对通策广场物业进行社会化、专业化管理，提高整体管理水平和经营效益，创建"全国物业管理示范住宅小区"，特制定如

下规划和实施方案:

一、总体规划

"以人为中心,服务为主体,业主满意"为目标。以优质高效的服务,使通策广场具有文明、高雅、安全、整洁的环境,并成为杭州市物业管理的亮点。

二、具体规划

1. 实施专业化、社会化管理,具有完善的资料、图纸、档案、内部管理制度,外部公约、守则等齐全。

2. 入住率达 50%后成立"双子座公寓"业主委员会,并明确物业管理公司与业委会的责、权、利关系。

3. 管理人员进行严格的上岗培训,培训率达 100%。

4. 房屋外观完好、整洁,房屋完好率达 98%以上,装修房屋的,不危及房屋结构与他人安全。

5. 水电等设施保养良好,运行正常。

6. 污水排放通畅,交通车辆管理运行有序,无乱停乱放机动车、非机动车。

7. 绿化率达到绿化办的要求,花坛、树木配置得当,无破坏、踩踏花木现象。

8. 实施 24 小时保安值班制度,小区内无重大火灾、刑事和交通事故。

三、实施方案

1. 准备阶段

为了更好地准备创"国优",确保各项工作有条不紊地进行和各项计划的顺利实施,建立公司的领导小组,负责各部门的相互协调与沟通,以确保各项工作的真正落实,同时对此次活动进行宣传,使"双子座公寓"的全体业主和公司的全体员工能够齐心协力地完成此次创建活动。

2. 实施阶段

对照《全国物业管理示范住宅小区标准及评分细则》,进行公司内部的自我评分,通过自我评分发现存在的问题,并落实有关人员进行限期整改和跟踪检查。然后邀请管理部门和业主代表以及公司高层管理人员进行复查,以确保问题的整改和工作的不断完善,最终达到公司的质量目标。

3. 迎检阶段

在以上工作的基础上,公司将按模拟检查的内容对"双子座公寓"的创"国优"工作进行最后检查,并立即整改问题。同时将按要求准备申报资料,及时上报市房管局物业处,随后做好迎检工作。

4.6.2　各项服务指标的承诺(见表 6-8)

表 6-8　各项服务指标承诺表

序号	指标名称	国家评分指标	投标指标	管理指标的承诺
1	房屋完好率	98%	100%	落实责任人，实行巡视制度，建档记录，确保房屋完好，无违章搭建及损坏公共设施
2	房屋零修、急修及时率	98%	100%	接到维修通知 15 分钟内到现场，及时完成并建立回访档案记录
3	维修合格率	100%	100%	分项检查，一步到位，并进行回访，以确保维修工程合格，满足客户需要
4	管理费收缴率	98%	100%	按照规定收取，不擅自提高收费，使管理费取之于民、用之于民
5	绿化成活率	95%	99%	落实责任人养护，并由管理处主管监督执行，以确保公共绿化绿地无破坏、无黄土裸露现象，发现问题立即修复
6	保洁清洁率	99%	99%	落实责任人进行日常保洁工作，并由管理处主管监督执行，以确保小区内垃圾日产日清，空气清新，设施完好
7	道路完好及使用率	90%	99%	落实责任人进行养护，并由管理处监督执行，以确保道路完好、畅通
8	雨水井、污水井完好率		100%	落实责任人进行养护，并由管理处监督执行，以确保沟、渠、井完好，并定期疏通、清理
9	排水管、明暗沟完好率		100%	落实责任人进行养护，并由管理处监督执行，以确保排水管畅通无阻、无塌陷
10	路灯完好率	85%	99%	落实责任人进行养护，并由管理处监督执行，以确保路灯无损、正常使用并进行定期清洁、养护
11	停车场完好率		100%	落实责任人进行养护，并由管理处监督执行，以确保设施完好，方便使用
12	小区内治安案件发生率	1‰以下	0	保安员经培训考核后方能上岗，并每周训练 1 次，每次 2 小时；落实保安岗位职责，明确责任，实行 24 小时巡视制度，以确保小区的安全
13	消防设施设备完好率	100%	100%	落实责任人，实行巡视制度，建档记录，并由管理处监督执行，并定期维护和检修以确保消防设施完好无损、正常使用
14	火灾发生率	1‰以下	0	管理处全员义务消防员制，并定期进行培训和演习，加强宣传，发现隐患，及时处理并通知管理处，以确保小区消防安全
15	违章发生率与处理率	发生率 处理率 95%	1‰ 100%	建立巡视制度，跟踪管理，及时发现、及时处理，并加强宣传工作，取得居民的理解，杜绝违章事情发生，并进行回访档案记录

续表

序号	指 标 名 称	国家评分指标	投标指标	管理指标的承诺
16	住户有效投诉率及处理率	投诉率1%；月处理率95%	1% 100%	按照政策规定，做好各项工作，同时加强与住户的沟通，定期举行业主恳谈会，了解客户的愿望和要求，满足客户的需要，发生投诉及时处理并记录，同时建立档案跟踪处理结果
17	管理人员专业培训合格率	80%	100%	对员工分别进行常规培训，并予以考核，不合格者予以淘汰；对于特种作业、行业性要求的员工，实行外送有关部门培训、考核，并予以考核，确保培训合格率100%，以保障员工的素质
18	维修服务回访率		60%	对于进行维修的项目，实行回访制度，建档记录，以确保维修服务满足客户的需要
19	居民对物业管理满意率	95%	99%	在日常工作中及时收集客户的需求信息，尽可能地满足客户的需要，加强双方的沟通，以确保居民对物业管理工作的满意

4.7 社区文化活动计划及安排

一、主题思想

以业主入住通策广场为共贺主题，组织大家参与有一定规模影响的庆祝活动，增加人与人之间的了解，增进住户乐趣，活跃小区欢乐、祥和、喜庆的气氛，密切物业管理与业主的关系，保持××物业独树一帜品牌及客户之间的关系，让业主以入住通策广场而感到自豪。

二、活动构成

以圣诞、元旦、春节形成三个活动高潮；以静态讲座、各类竞赛等小型活动为联系。

三、计划活动内容

（一）平安报佳音（平安夜） 时间：12月24日

圣诞老人报佳音，傍晚时分，圣诞老人敲平安门，将我们的祝福送达业主家中，并呈上美好的祝愿。

下午起，在小区主要道口，圣诞老人将圣诞礼物分发给小朋友。祝下一代新年快乐，学习进步。

（二）新春闹元宵——烟花、灯谜大汇串 时间：按新年日历安排

农历除夕，小区内张灯结彩，根据中国人的过年传统：爆竹、烟花伴随着新年到来是不可缺少的，引导业主文明、有节制地施放烟花、爆竹，将独乐化众乐，将喜悦扩散为一团和气。

除夕之夜，引导业主将自备烟花、爆竹集中在小区空处施放。届时小区将成为一个绚丽、热闹、安全、文明的乐园（注：为安全起见，除小区指定地点外，其他区域禁止燃放

烟花、爆竹）。

地点：小区某一指定地方

（三）球类趣味系列比赛　时间：春节期间

在春节期间开展一系列丰富多彩的体育比赛，增加家庭、单元户及邻里之间的团队协作精神，增进友谊，切磋技艺，提高兴趣。

内容：台球赛、乒乓赛、书法赛、麻将赛、军棋赛等

地点：通策广场会馆

（四）生活系列讲座　时间：双休节假日

针对通策广场住户自尊心需求与自我实现需求较旺盛的特点，理性、品味是讲座的导向，寓教于乐，引导住户正确对待人生和业余爱好，增进小区和睦，增加知识。

内容：书法讲座、亲子教育、医疗知识讲座、插花漫谈等

地点：通策广场公寓会馆

4.8　特色便民服务项目与收费标准（见表6-9）

表6-9　特色便民服务项目与收费标准表

序　号	服务类别	服务内容	收费标准	备　注
1		电话留言服务	免费	
2		代订报纸	免费	
3		代订牛奶	免费	
4		代叫出租车	免费	
5		代订酒店客房	免费	
6		代找家教	免费	
7		代寄邮件	免费	
8		钟点工	8元/小时	
9		室内全套清洁	100～200元/套	开荒阶段
10	家政服务	厨房卫生间打扫	50～60元/次	开荒阶段
11		单间打扫	30元/间	开荒阶段
12		擦洗油烟机	30～60元/次	
13		地板打蜡抛光	10元/平方米	
14		玻璃清洗	1元/平方米	
15		吸地毯	15～25元/次	
16		地毯清洁	3元/次	
17		清洗百叶窗	0.5元/片	
18		出租花卉		按具体情况待定
19		代送花、礼物	10元/次	

续表

序　号	服务类别	服务内容	收费标准	备　注
20	商务中心	代洗衣服		由洗衣公司代理
21		打字复印	打字 6 元/张	
22		翻译外文资料	面议	
23		健身房	5 元/次	健身卡 100 元/30 次
24		棋牌室	10 元/小时（包厢）	
25	工程维修	水电小修	5～10 元/次	材料费另计
26		疏通下水道主管	80～90 元/次	
27		疏通下水道次管	30～40 元/次	
28		断路修理	30～50 元/次	材料费另计
29		调换灯泡、日光灯	免费	材料自备或收材料费
30		调换开关、插座	免费	材料自备或收材料费
31		调换水龙头	免费	材料自备或收材料费
32		调换纱门、纱窗	免费	材料自备或收材料费
33		安装灯具	免费	材料自备或收材料费
34		室内打洞、挂物品	免费	材料自备或收材料费
35		调换坐便器	50 元/台	材料自备或收材料费
36		安装门铃	5～25 元/次	材料自备或收材料费
37		安装管道	50 元/次	材料自备或收材料费
38		其他项另议		

4.9　智能化系统的日常运行及维护方案

一、网络管理规范

目的：确保网络设备的正常、安全、稳定地运行。

范围：网络机房设备，网络布线线路设备总体检查和维护。

职责：由管理处维修实施具体的维修和保养工作。

维修、保养内容：

1. 硬件维护

（1）检查网络硬件中的各种服务器及主机接口是否松动，如松动要及时紧固，保证有效接触。

（2）检查 UPS 电源供电是否正常，如不正常，检查电源保险丝是否折断，保险丝折断应更换规定容量的保险丝。若自行无法处理可送专业维修处维修，机房必须有备用 UPS 电源，以防止断电时造成数据丢失。

（3）检查机房电源是否专线专用，严禁不相关用电设备使用机房电源。

（4）检查机房电源接地装置，严禁将机房中电线系统接地与护地混用，不得把防雷接地接入其中，要做到各种接地专接专用。

（5）检查网络线路屏蔽及网络线路连接处是否接触良好，出现氧化和接触不良现象要及时除去氧化层并重新连接。

（6）对网络系统电缆应标明电缆位置，避免人为损害，防止昆虫、鼠类咬断等措施。

（7）检查网络系统箱，严禁非法搭接。

2．软件维护管理

（1）由网络管理员对各服务器进行维护，并定期对数据和程序文件制作备份。

（2）建立诊断、维护和故障恢复，减少停机时间。

（3）定时对网络计算机进行病毒防范，防止不法入侵。

（4）定时监视和控制服务器硬件容量，监控网络工作负载和性能。

（5）定时维护用户和工作台信息，培训用户的安全意识。

3．诊断、维护和故障恢复

（1）监视和控制服务器硬件、软件运行情况，以保证网络的合法用户在任何时候都可以使用，监控网络和工作负载与性能。

（2）维护用户和工作系统信息，软件维护，并定期进行数据和程序的备份，建立诊断维护、故障恢复和解决困扰用户所必需的文档并维护这些文档，负责对交换机、集线器等其他部件的监控和管理。

（3）加强对网络安全管理和计算机安全管理，防止计算机病毒对网络造成的侵害，严禁下载不健康内容，严禁私自上网浏览。

（4）负责机房保洁工作。

二、卫星、电视系统

目的：保证小区卫星电视和有线电视及 VOD 系统正常工作及各业主能清晰收看电视节目和方便点播高数量的 VOD 节目。

适用范围：小区所有卫星电视和 VOD 网络。

职责：管理处维修队实施具体的维修和保养工作。

使用管理内容：

（1）若有线电视所有终端没有信号，首先用专用检测仪器进行监测有无电视信号、电平。如无信号，检查机房各卫星有线电视设备工作电源是否正常；如电源没有工作，通知维修电工修复电源问题。若电源正常则应检查设备上保险丝是否正常，如保险丝熔断应马上更换保险丝；如仍无信号输出，检查各设备信号输出口连接是否完好。

（2）若机房有信号输出，而终端无信号，首先应检查各干线放大有无电源。如检查电源、修复电源；检查保险丝是否正常，若保险丝熔断，更换额定值保险丝。

（3）若有用户报修无电视信号，首先，应检查该用户的分支分配器是否完好正常。如有接口松动和同轴电缆折断，应重新连接。

（4）若所有用户无电视信号，首先检查干线输出口是否松动脱开，如松动脱开应重新连接。若仍无信号检查分支分配器是否正常，如正常仍无信号则检查同轴电缆是否断路，如断路，应重新更换电缆。

（5）若有卫星电视节目而无有线电视节目或有有线电视节目而无卫星电视节目，应首先检查卫星电视设备和有线电视设备是否正常并监测有无电视信号，如有信号，检查混合器是否正常，混合器没有信号输出检查混合器卫星电视和有线电视输入是否连接和牢固，若脱开必须重新装接。

三、卫星电视维护方案：每月保养一次

1. 卫星电视天线

（1）检查避雷接地是否良好，连接点接触是否牢固，每年冬季做接地测试并做记录。

（2）支撑杆及地座固定螺丝是否松动（螺丝加黄油保护），支、接收头有无尘土，接收头电缆有无破裂、拉断现象。

（3）由于室外天线长期风吹、雨淋、日晒，支撑杆座应定期刷防锈漆，避雷针定期刷导电油漆。

（4）天线作好定位标识，防止松动造成接收角度偏差、图像质量不好，做好防台风的措施。

2. 机房设备维护方案

每日巡检一次并每日除尘，每月对设备连接线检查是否紧固并检查接地是否正常，连接点有无松动。

4.10 房屋及公共设备设施维修检查养护计划

一、房屋和公共设施维修检查养护计划（见表 6-10）

表 6-10 房屋和公共设施维修检查养护计划表

序　号	设施名称	保养周期	备　注
1	楼宇外墙	三年	清洗
2	公共墙面	三年	粉刷
3	水池	一个月	进水阀池体
4	室内消防栓	半年	两年油漆一次
5	室外消防栓	半年	两年油漆一次
6	污水井盖	一个季度	两年油漆一次
7	雨水井盖	一个季度	三年油漆一次
8	路灯/楼道灯	一个星期	
9	供水管道阀门	一个月	

续表

序　号	设施名称	保养周期	备　注
10	排水管道	两个月	
11	污水管道	两个月	半年清理一次
12	雨水管道	两个月	半年清理一次

二、设备养护计划（见表6-11）

表6-11　设备养护计划表

序　号	设施名称	保养周期	备　注
1	配电设备	一个季度	每日定时巡检
2	生活水泵	一个月	
3	进水泵设备	一个季度	
4	消防水泵	半年	每月检查一次
5	消防风机	一个月	每月检查试机一次
6	消防风阀	一个月	每月检查试机一次
7	电梯	半月	半年度保养
8	监控设备	一个月	
9	卫星电视设备	一个月	每日巡检一次
10	网络设备	一个星期	每日不定期巡检

第五部分　服务成本核算书

5.1　通策广场年度物业管理预算

一、收入

	首年收入（元）	次年收入（元）
物业服务收入（详见附件）	497 700.00	675 450.00
开发商补贴	60 000.00	
其他收入（有偿服务等）		60 000.00
收入总计	557 700.00	735 450.00

二、支出

1. 薪金、福利等（详见附件）

	首年支出（元）	次年支出（元）
（1）员工薪金	233 400.00	233 400.00
（2）员工福利	15 360.00	15 360.00
小计	248 760.00	248 760.00

2. 工程维修及设备养护

	首年支出（元）	次年支出（元）
（1）电梯维修	0.00	95 000.00
（2）供电系统维修	0.00	60 000.00
（3）给排水系统维修	0.00	15 000.00
（4）照明系统维修	20 000.00	20 000.00
（5）其他不可预见费用	40 000.00	40 000.00
小计	60 000.00	230 000.00

3. 管理费用

	首年支出（元）	次年支出（元）
（1）园艺费用	25 000.00	15 000.00
（2）绿化管理费	0.00	30 000.00
（3）保洁费用	17 000.00	15 000.00
（4）小区综合服务设施设备管理费用	50 000.00	45 000.00
（5）垃圾清费	30 000.00	30 000.00
小计	122 000.00	135 000.00

4. 行政办公费

	首年支出（元）	次年支出（元）
（1）公司行政费	26 700.00	26 700.00
（2）服装费	17 200.00	17 200.00
（3）折旧费	30 000.00	30 000.00
（4）营业税金	43 589.00	43 589.00
小计	117 489.00	117 489.00
支出总计	548 249.00	731 249.00

三、收支情况 　　　　　　　　+9 451.00　　　　+4 201.00

5.2 通策广场物业服务收入年明细（见表6-12）

表6-12 物业服务收入年明细表（2005年、2006年）

2005年（预计入伙率70%）				
功　能	建筑面积（平方米）	管理费（元/（月·平方米））	管理费（元）	小计（元）
住宅	32 000	1.5	403 200.00	403 200.00
裙房	5 000	2.25	94 500.00	94 500.00
总计收入				497 700.00

2006 年（预计入伙率 95%）				
功　能	建筑面积（平方米）	管理费（元/（月·平方米））	管理费（元）	小计（元）
住宅	32 000	1.5	547 200.00	547 200.00
裙房	5 000	2.25	128 250.00	128 250.00
总计收入				675 450.00

5.3　员工薪金明细（见表 6-13）

表 6-13　员工薪金一览表

职　务	月薪资（元）	人数（人）	小计（元）
管理处主任	1 800.00	1	1 800.00
管理员	1 300.00	4	5 200.00
房管维修	1 000.00	4	4 000.00
高配电工	1 100.00	3	3 300.00
保安员	900.00	24	21 600.00
保洁员	750.00	24	18 000.00
绿化员	750.00	3	2 250.00
总计		63	56 150.00

1. 员工薪金

56 150.00 × 12 个月 = 673 800.00 元/年

2. 福利费用

58 × 400.00 = 23 200.00 元/年（员工高温补贴）

63 × 50 元/月 × 12 个月 = 37 800.00 元/年（劳保用品）

5 × 250.00 = 1 250.00 元/年（管理人员高温补贴）

三项合计：62 250.00 元/年

第六部分　结　束　语

通策广场作为高新区内的住宅标志性建筑，管理好该广场具有特殊的历史意义，同时对杭州市物业服务水平的提高也有极大的促进作用，我们公司有信心管理好通策广场的物业。

最后，祝本次物业管理招投标活动圆满成功！

本 章 小 结

物业管理投标文件是物业服务企业为取得目标物业的管理权，依据招标文件和相关法律法规，编制并递交给招标组织就目标物业服务的价格和其他责任承诺的应答文件。一份完整的投标文件一般包括封面、投标致函、正文、附录等四部分。其中，正文部分就是对物业管理方案的阐述，包括前言与企业简介，总体设想与承诺，管理人员的配备、培训及管理，管理服务用房及其他物资装备配置方案，档案的建立与管理，服务经费的收支预算方案，规章制度，便民服务，社区文化服务方案，物业管理的整治方案，物业维修养护计划和实施方案，智能化系统的管理与维护，愿意承受的有关惩罚等项内容。

投标文件的内容应强调并注意以下几点：（1）充分理解客户的要求，并能够按照要求实施目标物业的管理。（2）能帮助业主或开发商提升物业价值或能够更好地解决问题。（3）针对目标物业，体现企业的优势。（4）力求简明扼要。（5）切勿脱离实际。

编制投标文件应做到内容的完整性、符合性、响应性，还应注重编写技巧和编写要求。

思考与讨论

1. 物业管理投标文件应包括哪些主要内容？
2. 如何撰写高质量的投标书？
3. 根据第二章第三节提到的"南京龙江高教公寓物业服务招标概况"，结合本章内容，试编写一份投标书。

第七章 物业管理的投标报价

本章学习要点

1. 物业服务费测算的依据和原则
2. 物业服务费定价成本监审
3. 物业服务计费方式
4. 物业服务费的构成和各项费用的计算
5. 投标报价策略与决策
6. 投标项目与投标方案的优选方法
7. 如何避免报价失误

本章基本概念

物业服务费 包干制 酬金制 成本加成定价法 差别定价法 高峰定价法 对比定价法 经验法 综合法 投标策略 投标决策 报价决策 项目选择决策 风险决策 报价策略 不平衡报价法 多方案报价法 突然降价法 开口升级降价法 先亏后盈法 评分法 决策树法 概率分析法

导入案例

某高档居住物业项目投标报价漏算供气损耗导致亏损

玉龙物业服务公司接管了这样一个高档居住物业项目，2004 年入驻管理以来一直处于亏损之中。我们翻开该项目的投标策划书，确认当时投标测算的价格中包含了 10%的利润，那么，又为什么会亏损呢？进一步分析后发现导致亏损的主要因素是"供气损耗"。该楼盘有一项新的配套设施——向业主提供蒸汽热水，这对玉龙物业来说是前所未有的。项目投标时，相关人员根本没有意识到其中的玄机，也没进行深入细致的调研，想当然地套用测算水电的方法。殊不知，差之毫厘，谬之千里。本身供气的损耗就非常大，加之房地产调控大环境下物业空置率高造成的用户使用率很低，损耗就更大。据测算，每月单供气损耗一项就收支倒挂 10 万元左右，而该项目满打满算每月的物业服务费收入只有 20 万元，这样的情况，可能让他不亏也难。更有雪上加霜的，该楼盘所在地税务部门对其核定，采用"代征所得税"的纳税办法，这样物业服务费的税费负担在流转环节就达到 9.3%。这是投标测算过程中缺乏财会人员的参与，缺少了财务部门与当地税务部门的沟通。事实上，该公司新项目承接流程中根本就没有这样的环节。这恐怕不是个性问题！

[评析] 投标报价是整个投标过程的核心，具有很强的政策性、技术性和专业性。物业服务企业财务部门的工作是参与《物业管理策划书》中报价的编制工作。值得注意的是，这里用于投标的《物业管理策划书》显然有别于可行性研究阶段的业务测算书。业务测算书是供内部测算使用的，不需要考虑对应配置的市场水平（或行业水平）。而《物业管理策划书》的管理要素配置水平则必须顾及公认的市场水平。

物业服务企业的投标报价涉及物业服务费的收入测算、各功能区公共服务收费标准和服务成本核算。从多年来物业管理招投标的实践来看，由于是针对管理服务的评定，评标时更侧重于找出服务措施的不足，相对于建设工程招投标来说，报价的柔性较大，缺少风险。但是从近几年的总趋势来看，在某种程度上，投标的竞争已转化为投标报价的竞争，这不仅取决于物业服务企业自身的实力和技术水平，在投标活动中所采用的竞争策略是否正确、投标报价的技巧运用得是否得当也起着至关重要的作用。另外，如何减少报价失误也显得尤为重要。

第一节　物业服务费的测算

一、物业服务费的测算依据、原则及其定价成本监审

物业服务收费是物业服务企业接受物业产权人、使用人委托对目标物业的房屋建筑及其设备、共用设施、绿化、卫生、交通、治安和环境容貌等项目开展日常维护、修缮、整治服务以及提供其他相关服务所收取的费用。在某种程度上说，物业服务费用测算是否准确、科学和合理，将直接关系到业主或客户对物业服务企业的印象，从而几乎决定着该物业服务企业能否入选中标。物业服务经费测算包括物业服务计划期内的收入测算、支出测算以及分期经费测算和盈亏分析。其中，物业服务企业的收入主要来源于公共性管理服务收费、商业用房的出租费、停车场等公共设施经营收入、有偿服务收费。

（一）物业服务费测算的依据

（1）《物业服务收费管理办法》、《中华人民共和国价格法》、《物业管理条例》以及各地方政府制定的物业服务收费管理办法。

（2）招标文件（包括各附件、招标图纸）以及标前会议问题答疑等招标补充通知。

（3）开发商的规划建设思路以及入住业主的需求。

（4）物资询价及分包询价结果，已掌握的市场价格信息。

（5）有定价权限的人民政府价格主管部门会同房地产行政主管部门根据物业服务等级标准等因素，定期公布的相应基准价及其浮动幅度。

（6）竞争态势的预测和盈利期望。

（7）投标企业物业服务的成功经验。

（二）物业服务费测算的原则

《物业服务收费管理办法》中有关收费的规定由原来的"合理公开、与产权使用人的承受能力相适应"，改变为"合理、公开以及费用与服务水平相适应的原则"，这更符合市场经济原则，更符合质价相符原则。为弥补服务费的不足，物业服务企业还可开展多种创收活动。特约服务就是创收的一个方面，它体现着"谁受益、谁付费"的原则。物业服务企业除收取成本费外，还将收取适当的服务费。

物业服务收费应根据物业类型、收费性质，分别实行政府指导价和市场调节价。普通住宅的公共服务收费及停车管理等专项服务收费，实行政府指导价；普通住宅以外的住宅及各类非住宅物业的公共服务收费，实行市场调节价；特约服务费，实行市场调节价。

物业服务收费实行政府指导价的，有定价权限的人民政府价格主管部门应当会同房地产行政主管部门根据物业管理服务等级标准等因素，制定相应的基准价及其浮动幅度，并定期公布。具体收费标准由业主与物业管理企业根据规定的基准价和浮动幅度在物业服务合同中约定。实行市场调节价的物业服务收费，由业主与物业管理企业在物业服务合同中约定。

（三）主管部门物业服务定价成本监审

为提高政府制定物业服务收费的科学性，合理核定物业服务定价成本，根据《政府制定价格成本监审办法》、《物业服务收费管理办法》等有关规定，国家发展和改革委员会、原建设部于 2007 年 9 月 10 日颁布了《物业服务定价成本监审办法（试行）》，于 2007 年 10 月 1 日正式实施。本办法适用于政府价格主管部门制定或者调整实行政府指导价的物业服务收费标准，对相关物业服务企业实施定价成本监审的行为。物业服务定价成本监审工作由政府价格主管部门负责组织实施，房地产主管部门应当配合价格主管部门开展工作。

1. 应遵循的原则

（1）合法性原则，计入定价成本的费用应当符合有关法律、行政法规和国家统一的会计制度的规定。

（2）相关性原则，计入定价成本的费用应当为与物业服务直接相关或者间接相关的费用。

（3）对应性原则，计入定价成本的费用应当与物业服务内容及服务标准相对应。

（4）合理性原则，影响物业服务定价成本各项费用的主要技术、经济指标应当符合行业标准或者社会公允水平。

2．核定依据

核定物业服务定价成本，应当以经会计师事务所审计的年度财务会计报告、原始凭证与账册或者物业服务企业提供的真实、完整、有效的成本资料为基础。物业服务定价成本是指价格主管部门核定的物业服务社会平均成本，由人员费用、物业共用部位共用设施设备日常运行和维护费用、绿化养护费用、清洁卫生费用、秩序维护费用、物业共用部位共用设施设备及公众责任保险费用、办公费用、管理费分摊、固定资产折旧以及经业主同意的其他费用组成。为避免赘述，各项费用的组成与计算详见本节后面相关内容。

二、物业服务计费方式

2004 年 1 月 1 日正式实施的《物业服务收费管理办法》针对公共服务性收费规定了两种计费方式。

（一）包干制

包干制是指由业主向物业服务企业支付固定物业服务费用，盈余或者亏损均由物业服务企业享有或者承担的物业服务计费方式。

实行物业服务费用包干制的，物业服务费用的构成包括物业服务成本、法定税费和物业服务企业的利润。在此种计费方式下，物业服务企业的报价就是包含企业利润的固定总价，企业一旦中标并签订合同，合同价格不会因环境的变化和材料涨价等因素发生变化。由于这种合同价格一般不再进行调整，故对业主的管理比较简便，亦不承担风险，深受他们的欢迎。但对物业服务企业来说，由于未知因素很多，风险是最大的，因此在计算报价时以增大风险费用的方式提高报价来降低风险，反过来，最终是业主承担了较高的费用支出。

（二）酬金制

酬金制是指在预收的物业服务资金中按约定比例或者约定数额提取酬金支付给物业服务企业，其余全部用于物业服务合同约定的支出，结余或者不足均由业主享有或者承担的物业服务计费方式。

采用这种计费方式，物业服务企业的报价就是包含了酬金的预收的物业服务成本。此种计费方式与包干制最大的不同是，公司中标后与业主签订的是成本加酬金合同，预收的物业服务资金除酬金外，所有权均属于业主，这一方面有利于保障物业服务费能够全部用于物业管理，业主明明白白消费；另一方面对提高服务质量、降低物业管理费用有一定的积极作用。另外，因预收费用结余或不足均由业主享有或承担，在一定程度上也减少了物业服务企业的风险。对业主来说，在分担了物业服务企业不可抗力风险的同时，对今后如何监管资金支出以及如何约束物业服务企业不突破预算均提出了新的挑战。

三、物业服务费①的构成

业主与物业服务企业对物业服务的计费方式的不同选择将导致物业服务费用构成的不同和计算上的差异。实行包干制计费的，物业服务费用的构成包括物业服务成本、法定税费和物业服务企业的利润。实行酬金制计费的，预收的物业服务费包括物业服务支出和物业服务企业的酬金。

其中，物业服务成本或者物业服务支出构成一般包括以下部分：（1）管理服务人员的工资、社会保险和按规定提取的福利费等；（2）物业共用部位、共用设施设备的日常运行、维护费用；（3）物业管理区域清洁卫生费用；（4）物业管理区域绿化养护费用；（5）物业管理区域秩序维护费用；（6）办公费用；（7）物业服务企业固定资产折旧；（8）物业共用部位、共用设施设备及公众责任保险费用；（9）经业主同意的其他费用。

物业共用部位、共用设施设备的大修、中修和更新、改造费用，应当通过专项维修资金予以列支，不得计入物业服务支出或者物业服务成本。

物业服务企业应当向业主大会或者全体业主公布物业服务资金年度预决算并每年不少于一次公布物业服务资金的收支情况。

业主或者业主大会对公布的物业服务资金年度预决算和物业服务资金的收支情况提出质询时，物业服务企业应当及时答复。物业服务收费采取酬金制方式，物业服务企业或者业主大会可以按照物业服务合同约定聘请专业机构对物业服务资金年度预决算和物业服务资金的收支情况进行审计。

四、物业服务各项费用的计算

（一）人员费用的计算

人员费用是指管理服务人员工资、按规定提取的工会经费、职工教育经费，以及根据政府有关规定应当由物业服务企业缴纳的住房公积金和养老、医疗、失业、工伤、生育保险等社会保险费用。管理服务人员工资预算基本上取决于两个因素，一个是计划期内不同性质、类型的物业所需聘用的日常管理服务人员数；另一个是计划期内所聘用的日常管理服务人员的人均工资。工会经费、职工教育经费、住房公积金以及医疗保险费、养老保险

---

① 此处所称的物业服务费，援引自《物业服务收费管理办法》，是指物业管理（现为服务）企业按照物业服务合同的约定，对房屋及配套的设施设备和相关场地进行维修、养护、管理，维护相关区域内的环境卫生和秩序，向业主所收取的费用。这个概念是狭义的概念。

费、失业保险费、工伤保险费、生育保险费等社会保险费的计提基数按照核定的相应工资水平确定；工会经费、职工教育经费的计提比例按国家统一规定的比例确定，住房公积金和社会保险费的计提比例按当地政府规定比例确定，超过规定计提比例的不得计入定价成本。医疗保险费用应在社会保险费中列支，不得在其他项目中重复列支；其他应在工会经费和职工教育经费中列支的费用，也不得在相关费用项目中重复列支。人员费用预算额的测算公式可表述为：

$$P_1 = \sum_{i=1}^{n}(N_i \times W_i \times 12) + \sum_{i=1}^{n} B_i + \sum_{i=1}^{n} F_i \qquad (i=1,\cdots,n)$$

式中：P_1——年日常综合管理费中人员费用的预算额；

N_i——年需聘用的第 i 类日常管理服务人员数；

W_i——第 i 类人员的月人均工资；

B_i——每年按规定缴纳的各类社会保险费；

F_i——每年按规定提取的福利费。

1. 管理服务人员用工量的计算

管理服务人员的来源一般有下列三种途径：

（1）本企业职工。这部分人员是骨干。投标人在投标报价时，要根据本企业现有可供调配使用人员的数量、技术水平、技术等级及目标物业的特点，确定各专业应派遣的管理服务人员的人数和工种比例。

（2）外聘技工。这部分人员主要是解决本企业短缺的具有特殊技术职能和能满足特殊要求的技术人员。由于这部分人的工资水平比较高，所以人数不宜多。

（3）从当地劳务市场招聘的服务人员或力工。这部分人员一般属劳动密集型工人，且工资较低。

上述三种人员的构成比例的确定，应根据本企业现状、目标物业的特点及对管理服务人员的要求和当地劳动力资源的充足程度、技能水平及工资水平综合评价后，进行合理确定。

在此需特别强调一点，我们从社会上收集的资料得出的用工量是社会的平均用工水平，而投标报价最准确的计算是依据投标人自己管理服务人员的实际操作水平、技术装备、管理水平，加上对人工功效的分析来确定。一般来讲，有实力参与投标竞争的企业，其劳动生产率要比社会平均劳动生产率要高。

2. 管理服务人员人均工资的计算与调整

一项物业一般需要管理员、保安员、楼管员、水电工、电梯维修工、环卫员等专业人员。各专业人员的月平均工资可按下列公式计算：

某类专业人员的月平均工资=$\sum$(本专业某种来源的人力资源月平均工资×构成比重)

【**例 7-1**】　某物业预计需环卫员 10 名，其中本企业职工 3 名，月人均工资 1 000 元，劳务市场招聘 7 人，月人均工资 500 元，则环卫员的月人均工资为：

$$1\ 000 \times 30\% + 500 \times 70\% = 650 （元）$$

通过计算，可以初步得出各类人员的人均工资水平，但是得出的单价是否有竞争力，以此报价是否能够中标，必须进行一系列的分析评估。

首先，对本企业以往投标的同类或类似物业的标书，按中标与未中标进行分类分析；其一，分析人工单价的计算方法和价格水平；其二，分析中标与未中标的原因，从中找出某些规律。

其次，进行市场调查，弄清现阶段物业服务企业各类工作人员的人均工资水平和劳务市场劳动力价格，并进一步对其价格水平，以及计划期内的变动趋势及变动幅度进行分析预测。

再次，对潜在的竞争对手进行分析预测，分析其可能采取的价格水平，以及其造成的影响（包括对其自身和其他投标单位及招标人的影响）。

最后，确定调整。通过上述分析，如果认为自己计算的价格过高，没有竞争力，可以对价格进行调整。

在调整价格时要注意：外聘技工和劳务工的工资水平是通过市场调查取得的，这两部分价格不能调整，只能对来源于本企业职工的价格进行调整，如可降低奖金标准。调整后的价格作为投标报价价格。

此外，还应对报价中所使用的各种基础数据和计算资料进行整理存档，以备以后投标使用。

（二）物业共用部位、共用设施设备日常运行、维护费用的计算

物业共用部位、共用设施设备日常运行和维护费用是指为保障物业管理区域内共用部位、共用设施设备的正常使用和运行、维护保养所需的费用。不包括保修期内应由建设单位履行保修责任而支出的维修费、应由住宅专项维修资金支出的维修和更新、改造费用。

物业共用部位的维修养护费用包括楼盖、层顶、外墙面、承重结构、楼梯间、走廊通道、门厅等维修养护。

共用设施的日常维护费用包括共用的上下水管道、落水管的维护费，中央空调维护费、高压水泵房维护费、室外道路维护费，化粪池维护费，污雨水检查及井清理养护费，游泳池维修养护费，网球场、羽毛球场维修养护费，共用照明及天线维护费，摩托车、自行车棚维护费，标示牌、宣传栏、围栏维护费，蓄水池维护、消毒等费用。

共用设备维护包括楼内电梯维修保养费、年检费，生活水泵（含水管、阀门）日常维护，消防设备的日常维护，园区变电配电设备维护，系统维护等。

共用水电费包括围墙灯、高杆灯、投光灯、彩灯，电梯运行用电，生活水泵运行用电，

智能系统运行用电，消防设备运行用电，其他设备运行用电，消防用水，绿化用水，其他用水等，其中不含经营性的清洁用水和游泳池等用水。

如果存在智能化管理还应包括智能网络运行维护费，闭路监控设备维护费，通信器材维护费，管理中心设备维护等智能化设备维护费用。

1. 共用水电费

共用水电费主要取决于不同物业的公共设备设施装置用水用电量及水电费的单价。用公式可表示为：

$$P_2 = \sum_{i=1}^{n} Q_{电i} \times P_{电} + \sum_{i=1}^{n} Q_{水i} \times P_{水} \quad (i = 1, \cdots, n)$$

式中： P_2——年共用设备用水用电费支出；

$Q_{电i}$——第 i 项共用设备设施用电量；

$Q_{水i}$——第 i 项共用设备设施用水量；

$P_{电}$——电费单价；

$P_{水}$——水费单价。

具体到各项公共设备设施的用电量，可根据实际使用情况测算。但有经验的物业服务企业可以根据报告期的用水用电情况和计划期要求节约降低的用电指标测算得到。下面举几个有代表性公共设备设施的用电量的计算方法[①]。

（1）公共照明设备系统用电量的计算

$$Q_{电1} = (W_1 \times T_1 + W_2 \times T_2 + \cdots) \times 30 \times 12$$

式中： $Q_{电1}$——公共照明设备系统年用电量；

W_1——每天开启时间为 T_1（小时）的照明电器总功率（千瓦/小时）；

T_1——每天开启时间（小时）；

W_2——每天开启时间为 T_2（小时）的照明电器总功率（千瓦/小时）；

T_2——每天开启时间（小时）。

（2）给排水设备系统用电量

$$Q_{电2} = W \times 24 \times \alpha \times 30 \times 12$$

式中： $Q_{电2}$——给排水设备系统年用电量；

W——给排水设备的功率；

α——使用系数，α = 平均每天开启时间/24 小时。

（3）电梯用电量

$$Q_{电3} = n \times W \times 24 \times \alpha \times 30 \times 12$$

---

① 方芳，吕萍. 物业管理. 上海：上海财经大学出版社，1997，119

式中： $Q_{电3}$——电梯年用电量；

　　　　n——电梯数量；

　　　　W——电梯的功率；

　　　　α——电梯使用系数，通过统计方法进行估算，α 大约在 0.3～0.6 之间。

（4）中央空调用电量

$$Q_{电4}=\left\{n_{主}\times W_{主}\times b_{主}+\left(n_{泵}\times W_{泵}+n_{塔}\times W_{塔}\right)\times b_{辅}\right\}\times T\times 30\times 12$$

式中： $Q_{电3}$——中央空调年用电量；

　　　　$n_{主}$、 $b_{主}$、 $W_{主}$——主机台数、主机的负荷系数、主机的功率；

　　　　$n_{泵}$、 $W_{泵}$——水泵台数、水泵的功率；

　　　　$n_{塔}$、 $b_{辅}$、 $W_{塔}$——冷却塔电机的台数、辅机的负荷系数、冷却塔电机的功率；

　　　　T——每天空调工作时间。

2. 共用部位、共用设备设施的日常维修养护费用

此项费用可以根据各地区政府规定的收费标准、各种不同物业的历史资料和经验数据测算取得。

北京市对普通居住小区物业管理收费标准执行的是 1977 年物价局和国土房管局 196 号文《北京市普通居住小区物业管理服务收费暂行办法》的标准：化粪池清掏费和小区共有设施维修费，甲类、乙类、一般住宅相同，分别为每年每平方米建筑面积 0.30 元和 1.00 元；房屋公共部分小修费，甲类、乙类、一般住宅分别为每年每建筑平方米 2.36 元、3.54 元和 4.72 元。

从 196 号文发布到现在，业主缴纳的物业费大多包含了业主自用部分的中、小修费，但却有为数不少的业主在自用部分进行维修时还要另行向物业服务企业缴纳维修费或所谓的"材料费"，如果按"政府指导价"，将不用缴纳这笔费用。1999 年 1 月 1 日以后购房的业主缴纳的公共维修基金已包含了共用部分的中修费，但仍有物业服务企业继续收取这部分费用，如果按"政府指导价"，将不用缴纳这笔费用。电梯、水泵的大、中修费、折旧费由于是按部、台计算，也有物业服务企业进行重复收费的，具体数字要根据各个小区的具体情况计算，如果按"政府指导价"，物业服务企业将无法再收取这笔费用。196 号文规定了物业服务企业可向每户每月收取 1 元的"各项费用统收服务费"，2003 年 9 月 1 日《物业管理条例》实行，该费用应停收，但很多物业服务企业仍然收取，如果按"政府指导价"，这笔费用将不能再收取。"政府指导价"将无人驾驶电梯收费单列，按此办法，使用无人驾驶电梯的小区业主，可比现在少缴 40%的电梯运行费。"政府指导价"的服务标准比 196 号文时有提高，增加了清洗外墙、物业服务企业统一着装、计算机管理等要求。

（三）物业管理区域清洁卫生费用的计算

物业管理区域清洁卫生费用是指保持物业管理区域内环境卫生所需的购置工具费、消杀防疫费、化粪池清理费、管道疏通费、清洁用料费、环卫所需费用等。可采用下式计算：

$$P_3 = \sum_{i=1}^{8} F_i$$

式中：P_3——物业管理区域年清洁卫生费用；

F_1——年垃圾处理费；

F_2——年化粪池、窨井清掏费；

F_3——年公共卫生间维护、管理费；

F_4——年垃圾袋、垃圾房及相应设备运行、维护费；

F_5——年保洁工具损耗、清洁用品消耗；

F_6——年除"四害"费用；

F_7——年水箱清洗消毒费；

F_8——其他费用。

（四）物业管理区域绿化养护费用的计算

绿化养护费是指管理、养护绿化所需的绿化工具购置费、绿化用水费、补苗费、农药化肥费等。不包括应由建设单位支付的种苗种植费和前期维护费。绿化养护费预算的测定，也是先将构成绿化养护费的各项费用支出依经验测算出来，然后加总。用公式可表示为：

$$P_4 = \sum_{i=1}^{5} F_i$$

式中：P_4——物业管理区域年绿化养护费用；

F_1——年绿化用树木、花种及材料费、工具费、补苗费；

F_2——年绿化用水电费（可列入共用水电费中）；

F_3——年园林绿化保养、修剪、施肥、喷药等费；

F_4——年机具维修、损耗、用油费；

F_5——年园林景观再造费。

（五）物业管理区域秩序维护费用的计算

秩序维护费是指维护物业管理区域秩序所需的器材装备费、安全防范人员的人身保险费及由物业服务企业支付的服装费等。其中，器材装备不包括共用设备中已包括的监控设备。用公式可表达如下：

$$P_5 = \sum_{i=1}^{4} F_i$$

式中：P_5——物业管理区域年秩序维护费用；

F_1——年保安置装费；

F_2——年保安设备系统维护费；

F_3——年日常保安工器具装备费（警棍、电池、电筒等购置费）；

F_4——年安全防范人员的人身保险费。

物业服务企业若将物业的保安服务任务分包给专业保安公司，此项费用为分包报价加上物业服务企业的管理服务费。

（六）办公费用的计算

办公费是指物业服务企业为维护管理区域正常的物业管理活动所需的办公用品费、交通费、房租、水电费、取暖费、通信费、书报费及其他费用。在核算办公费时，可采用如下公式计算：

$$P_6 = \sum_{i=1}^{9} F_i$$

式中：P_6——物业服务企业年办公费用；

F_1——办公用低值易耗品及办公设备保养费；

F_2——办公电话、手机等通信费；

F_3——车辆使用费，包括油费、维修费、折旧费；

F_4——公关交际费、接待费；

F_5——公益宣传广告费，广告栏及其维护费、广告宣传材料费；

F_6——人员培训教育费，人员专业培训、新设备应用培训费；

F_7——办公用水、用电费；

F_8——节日装点费；

F_9——其他业务费用。

（七）物业服务企业固定资产折旧费

物业服务固定资产指在物业服务小区内由物业服务企业拥有的、与物业服务直接相关的、使用年限在一年以上的资产。物业服务企业的固定资产分为办公用房、闭路监控等专用设备、家具设备、电器设备、一般设备等几大类。

物业服务企业固定资产折旧采用年限平均法，折旧年限根据固定资产的性质和使用情况合理确定。企业确定的固定资产折旧年限明显低于实际可使用年限的，应当按照实际可使用年限调整折旧年限。一般来说，办公设备 5 年，家具和装饰 5 年；机动车 8 年；砖混建筑 40 年；钢筋混凝土建筑 70 年。固定资产残值率按 3%～5%计算；个别固定资产残值较低或者较高的，按照实际情况合理确定残值率。此方法假设在固定资产的折旧年限期间每年的折旧额相等。其每年的折旧额的计算公式为：

$$D = \frac{C(1-R)}{N} \text{ 或 } D = \frac{C-S}{N}$$

式中：D——每年的折旧额；

C——建筑物的重新建造成本或设备的原值；

S——预计的建筑物或设备的残值；

R——建筑物或设备的残值率；

N——折旧年限。

【例 7-2】 物业服务企业办公用房建筑面积为 500 平方米，经过年限 10 年，单位建筑面积的重置成本为 500 元/平方米，折旧年限 30 年，残值率 5%。试用直线法计算办公用房的年折旧额。

已知：$C=500×500=250\,000$ 元

$R= 5\%$，$N = 30$，$t = 10$

则：年折旧额 $D = \frac{C(1-R)}{N} = 250\,000×(1-5\%)/30 = 7\,917$（元）

折旧总额 $E = \frac{C(1-R)t}{N} = 250\,000×(1-5\%)×10/30 = 79\,167$（元）

（八）物业共用部位、共用设施设备及公众责任保险费的计算

此费用是指物业服务企业购买物业共用部位、共用设施设备及公众责任保险所支付的保险费用，以物业服务企业与保险公司签订的保险单和所缴纳的保险费为准。

一般来说，物业类别可以分为居民住宅物业、商务写字楼物业及公共设施物业等三大类。其中，针对居民住宅物业、商务写字楼、公共设施物业的主推险种为物业管理责任险、办公室综合保险或财产保险；相关险种为公众责任险、雇主责任险、电梯责任险、餐饮场所责任保险、机动车辆停车场责任保险、现金保险、计算机保险、机动车辆险、团体人身意外伤害保险。但是面对众多保险，《物业服务收费管理办法》规定只能是物业共用部位、共用设施设备及公众责任保险费用可记入物业服务费用计算中。其中，物业共用部位、共用设施设备保险费用是指为了减少各种自然灾害和意外事故对物业共用部位、共用设施设备造成损害的风险由物业服务企业支付的保险费用；公众责任保险费用是指为了减少由物业服务企业负责管理、维护的公共设施及设备由于管理商的疏忽或过失造成第三者人身伤亡或财产损失的风险而支付的保险费用。如第三者在小区游泳池内溺水、物业区域内运动设施由于失修或其他原因伤人等。

物业共用部位、共用设施设备及公众责任保险费用，根据物业服务企业与保险公司签订的保险单和所缴纳的年保险费按照房屋建筑面积比例分摊。物业服务企业收费时，应将保险单和保险费发票公示。按照相关规定物业公司应代替业主缴纳上述保险。

物业服务企业在确定物业保险费用预算时，首先要选择好险种，险种的选择是由所接管物业的类型、使用性质决定的，同时也考虑业主的意愿和承受能力。业主如有异议，则必须经过业主管理委员会或业主大会讨论决定，并形成法律文件。保险费预算可按下列公式计算：

$$P_8 = \sum_{i=1}^{n}(M_i X_i) \qquad (i = 1, \cdots, n)$$

式中：P_8——保险费预算额；

M_i——投保的第 i 种保险种类的计费基数；

X_i——第 i 种保险种类的保险费费率。

（九）经业主同意的其他费用

此费用是指业主或者业主大会按规定同意由物业服务费开支的费用，主要包括社区文化支出、不可预见费等费用。

（十）法定税费

物业服务费中包含的法定税费主要包括营业税、城市维护建设税和教育费附加等。目前，此项费用的计算为前九项费用（物业服务企业的营业收入）与法定税率的乘积。法定税率总体上大约在 5%～6% 之间。

1．营业税

（1）计税依据

物业管理单位代有关部门收取的暖气费、水费、电费、燃（煤）气费、有线电视收视费、维修基金、房租的行为，属于营业税"服务业"税目中的"代理"业务，因此，对物业管理单位代有关部门收取的上述费用不计征营业税，对其从事此项代理业务取得的手续费收入应当征收营业税。对其从事物业服务取得的其他全部收入（含规定收费标准基础外各种加收金额），应按照服务业税目 5% 税率计算征收营业税。

（2）代收费用

① 对物业服务企业不征营业税的代收基金，系指原建设部、财政部《关于印发<住宅共用部位共用设施设备维修基金管理办法>的通知》（建住房[1998]213 号）中规定的"住宅共用部位共用设施设备维修基金"。

② 对物业服务企业不征收营业税的代收房租，凭其与代收房租委托方实际房租转交结算发生额认定。

③ 对物业服务企业超出上述认定范围的代收款项，一律视同其相关业务收入或价外收入，照章征收营业税。

④ 物业服务企业从事物业服务取得收入后，必须向付款方开具由地方税务机关统一印制的服务业专用发票。

（3）计算公式

$$年应纳税额 = 目标物业的年营业额 \times 税率$$

2. 城市维护建设税

城市维护建设税的计税依据是纳税人实际缴纳的营业税税额。按物业服务企业（纳税义务人）所在地区是市区、县镇、农村而有所不同，其税率分别为 7%、5%、1%。

计算公式：

$$年应纳税额 = 目标物业年应缴营业税税额 \times 税率$$

3. 教育费附加

教育费附加的计税依据是纳税人实际缴纳营业税的税额，附加率为 3%。

计算公式：

$$年应缴教育费附加额 = 目标物业年营业税税额 \times 费率$$

（十一）管理公司的利润

利润是物业服务企业完成招标文件和投标文件中规定的任务应收回的酬金。利润是企业最终的追求目标，企业的一切生产经营活动都是围绕着创造利润进行的。利润是企业扩大再生产、增添机械设备的基础，也是企业实行经济核算，使企业成为独立经营、自负盈亏的市场竞争主体的前提和保证。因此，对于物业服务企业来说，无论采用包干制还是酬金制，合理确定利润水平（利润率）对企业的生存和发展是至关重要的。

随着市场经济的发展，将给予企业利润计算更大的自主权，按目前国内的流行做法，利润率应是在实际发生服务费用的 5%～15%之间。在我国某些省份还规定了利润率的上限。例如，江西省规定，普通住宅最高不超过 10%，高级公寓、别墅区、写字楼、商住楼、营业楼和大型商品交易市场不超过 15%。

在投标报价时，企业可以根据自身的实力、投标策略，以发展的眼光来确定一个合适的利润水平，使本企业的投标报价既具有竞争力，又能保证其他各方面利益的实现。

五、物业服务报价的定价方法

目前，政府在确定公共性管理服务的价格时，通常采用三种分摊办法，即按户分摊（如南京市按户收取公共照明电费、装修管理费用）、按建筑面积分摊（如北京市按每平方米收取绿化费、化粪池清淘费、管理费）和按用水量分摊（如南京市按用水量收取二次加压供水水泵电费）。在市场经济条件下，物业服务企业应根据自己的经营战略目标和市场供求状况，及时调整自己的价格策略，确定自己的服务价格。通常，物业服务企业所定的服务价格，必定是介于两个极端（一端为低到没有利润的价格，另一端为高到无人问津的价格）之间。图 7-1 综合说明了物业服务定价的三个主要考虑因素。成本是定价的下限；消费者对物业服务价值的感受是定价的上限[①]；物业服务企业必须考虑竞争者的价格及其他内在和外在因素，在两个极端间找到最适当的价格[②]。

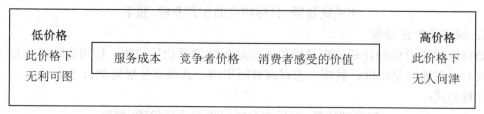

低价格			高价格
此价格下 无利可图	服务成本　竞争者价格　消费者感受的价值		此价格下 无人问津

图 7-1　定价过程中须考虑的三个因素

大体上，物业服务企业对物业服务的定价只侧重于其中某一方面，主要有以下几种常用的定价方法。

（一）成本加成定价法

所谓成本加成定价法，是指物业服务企业按市场行情在估算了平均成本的基础上，加上一定百分比的加成来制定服务商品价格的方法。加成的含义就是一定比率的利润，也就是管理酬金。这是最基本的定价方法。运用成本加成定价法可采用以下几个步骤：

（1）确定各项服务费用支出，这些费用可根据市场行情和实际发生的成本核定；

（2）把上述各项服务费用支出加总；

（3）求出每户每月的平均服务成本；

（4）通过平均服务成本加上目标利润来确定服务价格；

（5）对服务价格进行调整并进行报价决策。

用公式表示为：

$$P = AC(1+r)$$

式中：P——管理服务的价格；

　　　AC——平均服务成本；

　　　r——预定的目标利润率。

表 7-1 以某物业管理公司对某一高级住宅测算服务费用标准的过程为例加以说明。

[①] 此时物业服务的价格并不决定于成本，而是消费者心目中对物业服务价值的认知。品牌信誉便能影响消费者对物业服务价值的感受。

[②] 建筑业与房地产企业工商管理培训编审委员会. 建筑市场与房地产营销. 北京：中国建筑工业出版社，1998，311

【例 7-3】

表 7-1 住宅物业服务收费估算一览表

3 栋楼，3 条梯，6 个水池，12 个化粪池，6 部电梯，424 户，33 920 平方米，绿化面积 4 376 平方米			
1. 管理员	2 人	600 元/人	1 200 元
2. 保安员	3 人	500 元/人	1 500 元
3. 楼管员	3 人	350 元/人	1 050 元
4. 水电工	2 人	500 元/人	1 000 元
5. 电梯维修工	12 人	700 元/人	8 400 元
6. 环卫员	4 人	350 元/人	1 400 元
7. 绿化员	2 人	400 元/人	800 元
8. 垃圾清运	180 桶/月	5 元/桶	900 元
9. 垃圾袋	30 个/每户每月	0.25 元/个	3 180 元
10. 楼梯打扫	8 次/月	2.5 元/次	60 元
11. 水池清洗	3 次/12 月	100 元/次	150 元
12. 化粪池清洗	1 次/12 月	300 元/次	300 元
13. 绿化用水	131 吨/月	0.35 元/吨	45.85 元
14. 值班用水	405 吨/月	0.35 元/吨	141.75 元
15. 值班用电	810 度/月	0.4 元/度	324 元
16. 电梯日常维护	424 户	1 元/户	424 元
17. 市政维护	424 户	5 元/户	2 120 元
18. 公杂费（包括税费）	424 户	2.68 元/户	1 136.32 元
合计			24 131.93 元
每月每平米支出			0.71 元

表 7-1 中 18 项服务费用支出实际成本为 24 131.93 元，除以 33 920 平方米，每平米每月要承担服务费用支出为 0.71 元。物业管理公司若确定目标利润率为 10%，则每平米要承担服务费用的标准为：0.71 × (1+10%) = 0.78 元。

此时算出的数据不能做成物业管理最终的投标报价，还需进行审核和调整。审核主要从两个方面：一是计算过程中的问题，看有无错算、漏算的地方，二是将其与类似物业相比和分析，验证其合理性。调整就是再分析各个竞争对手的实力，对报价进行必要的调整。最后在充分考虑竞争对手可能采取的投标策略及其报价的基础上，制定本企业的投标策略和报价技巧，由企业的决策者作出最后的投标决策。

成本加成法有一些优点，可以说明它为什么受人欢迎：首先，它有利于价格稳定。这是人们所需要的，因为变动价格会很费钱，而且可能引发竞争者作出对自己不利的反应。

其次，成本加成法简便易行。最后，成本加成定价能为价格变动提供正当理由[①]。正因为如此，现在很多地方在确定物业服务的价格时，基本上都用成本加成法。

但是成本加成法也在许多方面受到批评：一是它是根据成本计算出来的，并没有考虑需求条件，这一缺点因所用的成本数据可能有误而加重。二是它使用的是历史或会计数据，不是增量或机会成本，这样就不可避免地会出现成本与价格失真的情况。三是在应用中，多数情况是把共同成本全部分摊给物业服务企业提供的各种服务。任何对共同成本的分摊都是武断的，分摊方案的选择会对价格的确定有重要影响，从而也会影响到企业所提供的服务的需求量。向一种服务分摊共同成本较少的方案，会导致低定价，而分摊较多的方案，则会导致高定价。但针对目前我国的物业管理市场的现状，成本加成法还不失为一个较好的定价方法。

（二）差别定价法

经济学家认为，当不同市场之间出现的价格差异并不反映提供商品或服务的成本差异时，这种做法就是差别定价（Price Discrimination），其目的是为了增加企业的总利润。有的差别价格是指对成本不同的产品定统一的价格，但更多的差别价格是指成本基本相同而价格不同。对物业服务来说，差别定价法是指对不同的物业，不同的市场采取不同的价格；或者对同一种物业中不同的顾客需求采取不同的价格。物业服务采用差别定价法确定的服务差别价格，按标准的分类方法把它分为一度差别价格、二度差别价格、三度差别价格。它们的共同特点是允许企业掠取统一定价本来能给予消费者的部分消费者剩余。

1. 一度差别价格

一度差别价格是差别价格最极端的形式，也是企业最能盈利的一种定价方法。在物业管理领域，是指具有垄断地位的物业服务企业在提供物业服务之前，根据不同消费者可以承受和接受的最高价格的情况，来确定的不同的服务价格。一度差别价格并不常见，因为它要求物业服务企业十分了解市场需求曲线和各个消费者的购买愿望。此外，还能够对市场进行细分隔绝，使消费者不能在两个市场之间进行倒买倒卖。

现实生活中，物业服务企业可以变通对一度差别定价的运用，即根据住户支付能力的差异性制定不同的物业服务的价格。如某小区住宅楼 10 座，其中 8 座为商品房，2 座为安居房。如果按统一的物业管理价格收费，则商品房住户的缴费率很高，而安居房住户的缴费率并不让人十分满意。为了解决这一问题，物业服务企业通过与业主管理委员会多次协商后，把对商品房住户的服务价格提高了 10%，把安居房的服务价格降低了 10%，同时在服务内容和质量上表现出差异性。实验证明，这种定价是成功的，既提高了物业服务企业的缴费率和利润，也未造成住户的不满。

---

① （美）H·克雷格·彼得森，W·克里斯·刘易斯. 管理经济学. 第 3 版. 吴德庆译. 北京：中国人民大学出版社，1998，328

2．二度差别价格

二度差别价格是指物业服务企业根据单个消费者消费服务的数量的大小来定价。就是我们常说的数量折扣。例如，在有偿服务中的价目表可按不同的消费量规定如下价格：

定点长期服务（1 小时/天·次） 300 元/月

定点长期服务（2 小时/天·次） 450 元/月

定点长期服务（3 小时/天·次） 600 元/月

虽然二度差别定价使物业服务企业降低价格，但并不一定会减少收益，因为增大服务的消费量一方面可以薄利多销，造成旺销局面；另一方面可以减少公司人员和机械的闲置，降低单位服务的成本和费用；同时还可以尽快收回资金，减少利息支出。

3．三度差别价格

三度差别价格是指物业服务企业以消费者的需求价格弹性的差别为基础索取不同的价格。通常，在需求弹性较小的市场上定价较高，在需求弹性较大的市场上则定价较低。

市场可以根据地理位置、服务用途或消费者个人特征的不同来划分。例如，物业服务企业按照居民和公司来划分用户，公司的供暖费通常会比居民的高一些。这是因为与居民对供暖的需求弹性相比，公司的需求弹性相对不足。暖气费用如果增高，居民可能会用电暖气、煤炉等替代品，造成需求量的降低，而公司对价格变动的敏感性一般较低，不会引起需求量很大的变动。又如，小区内的电影院儿童票价会低于成人票价，但是向这两类顾客提供服务的成本是绝对相同的——不管年龄大小，都需要一个座位。儿童票价之所以低是因为弹性上的差别，儿童对电影戏剧的需求比成人更为敏感一些。差别定价法主要适用于两种情况：

其一，适用于在同一种物业中住有不同国籍或不同地区的业主，经他们自己要求而提供不同标准的服务，收取不同价格的费用。

其二，适用于一个物业服务企业在其实行较高档次的物业服务项目周边进行辐射型扩散，针对那些分散型的小业主，或一些难以支付较高物业管理费的老居民小区，推行一种非完全意义上的物业管理，如提供清洁、收发等最低物业服务[①]。

（三）高峰定价法

与采用差别定价法提高利润水平的方法相似，高峰定价法是指物业服务企业向那些在高峰期内要求得到服务的顾客索取高价，而对那些在低峰期内消费的顾客索取低价。

例如，某商业物业 7 楼主要用于娱乐休闲，内设有游戏机、保龄球、卡拉 OK、儿童天地等设备设施。这些设施在开放的很长时间内，一直是固定价格，如保龄球馆定价为 10 元/人·小时。实际运营中发现，节假日顾客盈门，而平时却很冷清。结果一度经济效益不好，

---

① 谭善勇．物业管理市场——理论与实务．北京：首都经济贸易大学出版社，2001，190

并有一定程度的亏损。面对这种情况，物业服务企业采用了高峰定价法。经过研究，在不同时间分别制定了不同的价位。如保龄球馆在每天晚上和双休日定价为 15 元/人·小时，每天上午 7:00～9:00 定价为 5 元/人·小时，其余白天时间为 8 元/人·小时。调整价格后，黄金时间光顾的人减少了一些，但其余时间来的顾客却明显增多。总体核算起来，净收入增加。

能否采用高峰定价法需要物业服务企业具备三个条件：首先，服务是不能储存起来过后再使用的。其次，在不同时间内提供的服务必定要使用同一生产设施。第三，在不同的时间内，需求的特点具有显著的不同。

（四）对比定价法

对比定价法又称参照法，就是指同类物业中具有可比性的某一物业计费标准完善，执行效果好，其他物业管理费的计费标准就可通过逐项对比，逐一确定每项管理支出和收费的方法。具体而言，就是物业服务企业在确定物业服务价格时，与同一地区或经济发展水平接近地区的同类物业相比，如果发现两者的规模、服务水平、物业类型及规模等相当或类似，就可认为两者之间的服务价格应该相当或相似。如果发现两者之间的价格相差较大，就应在分析原因后适当加以调整。

（五）经验法

经验法是指在掌握不同类型物业管理费计费标准及执行效果后，根据以往经验确定目标物业的服务价格。该方法简单、实用，避免了其他物业服务定价方法的弊端。但我国目前可供参考的实例较少，再加上新的物业服务收费管理办法的出台，此法的应用受到了一定程度的限制。

（六）综合法

综合法是指综合上述诸方法的优点，对多种计费方案反复比较、修改，最后制定最佳服务价格的方法。因为该方法吸收了上述各种方法的优点，所以具有很强的实用性。

第二节　投标报价策略与决策

一、投标策略和投标决策的含义

策略，顾名思义是指计策谋略，即人们根据形势的发展而制定的行动方针和方式。所谓投标策略，是指物业服务企业在投标竞争中的指导思想、系统工作部署及其参加投标竞争的方式和手段。其中，投标报价的指导思想就是投标单位从自身的经营条件和优势出发，结合现阶段的业务状况，决定在何种方针的指引下参加投标，通过竞争所力求达到的利益目标。例如，通常情况下，企业是以获取利润的最大化为目标来定价，即当边际收益等于边际成本时确定自己的报价；但有的企业参加投标是为了维持企业的生产均衡，以减少因生产任务的不足所造成的规模不经济而导致生产成本的上升；有的企业是为了开拓市场，提高知名度；有的以竞争为手段，以低盈利为目标，不同的指导思想将导致不同的报价结果。所以说，指导思想是报价策略的核心要素和选择竞争对策、报价技巧的依据。系统工作部署主要指精心安排，制定实施计划；落实责任，强化监控；随时准备因情况的突变而采取应急措施。投标的方式和手段的范围比较广泛，如面对世界银行采购指南中对联合体给予 7.5% 的报价优惠的规定，采用联合体的投标方式以及各种报价技巧的运用。

决策是决策科学的基本概念，诺贝尔奖获得者赫伯特·西蒙（Herbert Simon）认为决策工作主要由四部分组成：一是寻找决策的时机；二是确定可能的行动方案；三是评价每个方案的收入和成本；四是从中选择最能满足企业目标（企业价值最大）的方案作为最优方案。所以说，决策是选择最佳的目标和行动方案而进行的活动，是一种有约束条件的最优化。投标决策是投标人选择和确定投标项目并制定投标行动方案的过程。

投标策略与投标决策经常容易被混为一谈，其实这是两个相互联系的不同的范畴。投标策略贯穿在投标决策之中；投标决策包含着投标策略的选择确定。在投标与否的决策、投标项目选择的决策、投标积极性的决策、投标报价、投标取胜等方面，都无不包含着投标策略。投标策略作为投标取胜的方式、手段和艺术，贯穿于投标决策的始终。

二、重视投标策略和投标决策的意义

随着物业管理市场的逐渐成熟，招投标方式将逐渐成为物业服务企业取得物业服务项目的主要手段。实践证明，投标的成功与否，不仅仅是建立在科学严谨的数学运算上，更多依赖于贯穿于投标始终的精明的投标决策与投标策略。它将使企业更好地运用自己的实力，在决定投标成功的各项关键因素上发挥相对于竞争对手的优势，从而取得投标的成功，最终夺标并盈利。

目前，国内物业管理市场是买方市场，竞争十分激烈。在这种情况下，制定正确的投标决策和投标策略便显得尤为重要，这主要表现在以下三个方面。

（一）获胜的依据

投标策略是物业服务企业在投标竞争中成败的关键。正确的投标策略，能够扬长避短，发挥自身优势，在竞争中立于不败之地。

（二）实现经营目标的保证

正确的投标决策和投标策略，能够保证物业服务企业实现发展战略，提高市场占有率，达到规模经济。

（三）获取利润的前提

投标决策和投标策略是影响物业服务企业经济效益的重要因素。物业服务企业需要据此找出一个既能中标又能获得利润的报价集，就是能够中标的报价集与能够获得利润的报价集的交集。理论上分析，既能中标又能获得利润的报价集中，一定存在一个最优的元素，这个最优的元素应为最理想的报价。

三、投标决策的内容

投标决策是物业服务企业经营决策的组成部分，指导投标全过程。物业服务市场的投标决策不是决策者一下子能够完成的，它通常都有一个过程。一般根据时间的先后，投标决策可以分为投标决策的前期阶段和投标决策的后期阶段。其中，投标决策的前期阶段在购买资格预审资料前后完成，其主要根据招标公告（或投标邀请书），以及本企业的实力、精力与经验，和本企业对招标物业、业主情况的调研和了解程度，决定是否投标。如果决定投标，就进入投标决策的后期阶段，具体是指从申报资格预审至封送投标文件前完成的决策研究阶段。这个阶段主要决定投什么性质的标，是风险标还是保险标？是盈利标、保本标还是亏损标？对报价方案作出分析，在投标竞争中采用何种对策等。影响投标决策的因素十分复杂，加之投标决策与物业服务企业的经济效益紧密相关，所以投标决策必须在"知己知彼"的基础上，及时、迅速、果断地完成。投标决策包括以下几个方面的内容。

（一）选择投标项目

由于物业管理市场是买方市场，物业服务企业选择投标与否的余地非常小，都或多或少地存在着经营状况不饱和的情况。一般情况下，只要接到业主委员会或开发商的投标邀请，物业服务企业都应积极响应参加投标。这主要是基于四种考虑：

第一，参加投标项目多，中标的机会也多。

第二，经常参加投标，在公众面前出现的机会也多，能起到广告宣传的作用。

第三，通过参加投标，可积累经验，掌握市场行情，收集信息，了解竞争对手的惯用策略。

第四，物业服务企业经常拒绝业主或开发商的投标邀请，有可能会破坏自身的信誉，从而失去以后收到投标邀请的机会。

但是，这是否意味着物业服务企业面对投标机会就饥不择食，毫无选择呢？一般来说，物业服务企业决定是否参加某项物业的投标，首先要考虑当前经营状况和长远经营目标，其次要明确参加投标的目的，然后分析中标可能性的影响因素。本章第三节将着重介绍几种投标项目和报价方案选择的定量分析方法。

（二）判断资源的投入量

前面已经讨论过，物业服务企业在收到业主委员会或开发商的投标邀请后，一般不采取拒绝投标的态度。但有时物业服务企业同时收到多个投标邀请，而投标资源（一般可以理解为投标人员和计算机等工具以及其他资源）有限，若不分轻重缓急把投标资源平均分配，则每一个项目中标的概率会很低。这时物业服务企业应针对各个项目的特点进行分析，合理分配投标资源。不同的项目需要的资源投入量不同；同样的资源在不同时期不同项目中的价值也不同，例如，同一个投标人员在目标物业为住宅小区物业时的投标价值较高，但在商业物业的投标中可能价值就较低，这是由每个人的业务专长和投标经验等因素所决定的。物业服务企业必须积累大量的经验资料，通过归纳总结和动态分析，才能判断不同物业的最小最优投标资源投入量。图 7-2 是依据经验数据绘出中标概率 P 和投标资源投入量 Q 之间存在的函数关系，然后用定量的方法作出投标资源投入量的决策。

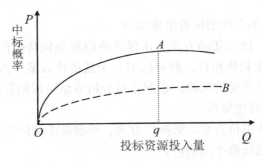

图 7-2　中标概率与投标资源投入量的关系

曲线 OA 上，上升缓慢的转折点 A 所对应的 q，即为最优的投标资源投入量。通过最小最优投标资源投入量，还可以取舍项目。如图中 OB 曲线所示，尽管投入大量的资源，但中标概率仍极低，应当及时放弃，以免投标资源的浪费。

（三）分析报价并进行决策

初步报价估算出来后，还需对初步报价进行分析。分析的目的是探讨这个初步报价的合理性以及带来的盈利和风险，从而作出最终报价的决策。分析可以从静态分析和动态分析两个方面进行。

1．报价的静态分析

假定初步报价的计算是正确的，应分析报价的各项组成及其合理性。分析步骤如下：

（1）分项统计经费收支预算书中的汇总数字，并计算其比例指标

统计人员费用、行政办公费用、物业共用部位、共用设施设备的日常运行维护费用、清洁卫生费用、绿化养护费用、秩序维护费用等各项公共服务性费用占总报价的百分比；

计算利润所占比例；如果标价人有意地增加了某些风险系数[①]，可以列为潜在利润或隐匿利润提出，以便研讨；统计包括物业项目的总价及各分包商的分包价，计算其占总报价的比例，计算各分包价的利润。

（2）从宏观方面分析报价结构的合理性

通过分析各部分报价的比例关系，判断报价的构成是否基本合理。如果发现有不够合理的部分，应该初步探索其原因。首先是研究本物业项目与其他类似物业项目是否存在某些不可比因素；如果扣掉不可比因素的影响后，仍然存在报价结构不合理的情况，就应当深入探索其原因，并考虑适当调整部分报价。

（3）探讨管理计划期与报价的关系

根据计划期内的分期管理计划，计算出服务费用、公共设施经营及有偿服务等年收入和各项成本的年支出，然后从物业正常管理的实践经验角度判断这一指标过高或者过低，从而调整各项报价。

（4）分析检查明显不合理的报价组成部分

重点是从提高工效、改变实施方案、压低供应商和分包商的价格、节约管理费用等方面提出可行措施，并修正初步报价，测算出另一个低报价方案。再结合计算利润和各种潜在利润以及投标企业所能承受的风险，根据定量分析方法可以测算出基础最优报价。

（5）向决策组提交对比资料

投标有关人员将初步报价方案、低报价方案、基础最优报价方案整理成对比分析资料，提交内部的报价决策人或决策小组研讨。

2．报价的动态分析

它是指通过假定某些因素的变化，来测算报价的变化幅度，特别是这些变化对计划利润的影响。通过动态分析，向决策人员提供准确的动态分析资料，以便使决策人员了解某些因素的变化所造成的影响，如物价和工资上涨以及利率变化对报价和利润的影响。

3．报价决策

报价决策，是指报价决策人召集算标的有关经济、财会人员共同研究，就上述报价计算结果和报价的静态、动态风险进行讨论，作出有关估算报价的最后决定。在报价决策中应当注意以下问题：

（1）报价决策的依据

作为决策的主要资料依据应当是自己估价人员的估算书和分析指标。至于其他途径获得的所谓招标人的"标底价格"或竞争对手的"报价情报"等，只能作为一般参考。

没有经验的报价决策人往往主次颠倒，过于相信来自各种渠道的情报，并用来作为决

[①] 对于采用一次包死方式的固定总价合同，在招标文件中须明确交代要考虑"风险系数"，以弥补管理期间工料、机械等涨价带来的亏损。

策报价的主要依据。有时，有些招标人有意利用中间人散布所谓"标底价格"，引诱投标人以更低的价格参加竞争，而实际计划期内物业服务成本却比这个所谓的"标底价格"高得多。还有的投标竞争对手在投标截止日前数日故意散布一个"报价"，实际上，它的真实价格却比这个"报价"低得多，或者它是在运用突然降价法，故意泄漏多人掌握的估算报价，然后在开标前数小时再降低报价。因此，如果投标企业一不小心就会落入圈套，从而高价中标或失标落败。

参加投标的物业服务企业当然希望自己中标，但是更为重要的是中标价格应当基本合理，不应导致亏损。以自己的报价估算为依据进行科学分析，而后作出恰当的投标报价决策，至少不会盲目地落入竞争的陷阱。

（2）报价差异的原因

一般来说，物业服务企业对投标报价的计算方法是大同小异的，估价目标项目时所获得的基础价格资料也是相似的。因此，从理论上分析，各物业服务企业的投标报价同招标业主或开发商的标底价格都应当相差不远。为什么在实际投标中却出现许多差异呢？除了明显的计算错误（如漏项、误解招标文件内容等）和有意放弃竞争而报高价外，出现投标价格差异的基本原因是：

① 追逐利润的高低不一。具体参见报价策略。

② 各自拥有的优势不同。物业服务企业中，有的拥有闲置的机具设备和材料；有的拥有雄厚的资金；有的拥有众多的优秀管理人员。

③ 选择的技术方案不同。对于大中型物业项目和一些特殊的物业项目，管理技术方案的选择对成本的影响较大。优良的技术方案，包括管理进度的合理安排、机械化程度的正确选择、管理的优化等，都可以明显降低成本，因而降低报价。

④ 形成的管理费用有差别。物业管理就是运用各种知识、技能、手段和方法去满足或超出业主或开发商的要求和愿望。各物业企业的管理和组织才能因管理人员的素质而体现出差异性，从而造成管理费用的差别。

（四）确定报价策略

投标时，根据物业服务企业的经营状况和经营目标，既要考虑物业服务企业自身的优势和劣势，也要考虑竞争的激烈程度，还要分析投标项目的整体特点，按照物业的类别、管理条件等确定报价策略。

1. 生存型报价策略

投标报价以克服生存危机为目标，争取中标可以不考虑各种利益。社会、政治、经济环境的变化和物业服务企业自身经营管理不善，都可能造成物业服务企业的生存危机。这种危机，首先，表现在由于经济原因，投标项目减少，所有的物业服务企业都将面临生存危机；其次，政府调整基建投资方向，使物业服务企业擅长的物业项目减少，这种危机常常是危害到营业范围单一的专业物业服务企业；第三，如果物业服务企业经营管理不善，便有投标邀请越来越少的危机，这时物业服务企业应以生存为重，采取不盈利甚至赔本也要夺标的态度，只要能暂时维持生存渡过难关，就会有东山再起的希望。

2．竞争型报价策略

投标报价以竞争为手段，以开拓市场、低盈利为目标，在精确计算成本的基础上，充分估计各竞争对手的报价目标，以有竞争力的报价达到中标的目的。物业服务企业出于以下几种情况下，应采取竞争性报价策略：经营状况不景气，近期接受到的投标邀请较少；竞争对手有威胁性；试图打入新的地区；开拓新的物业类型；投标项目风险小、技术要求不复杂、工作量大、社会效益好的项目；附近有本企业其他正在管理的物业项目。

3．盈利型报价策略

投标报价充分发挥自身优势，以实现最佳盈利为目标，对效益较小的项目热情不高，对盈利大的项目充满自信。在以下几种情况下，物业服务企业应采用盈利性的报价策略：物业服务企业在该地区已经打开局面，管理能力饱和；美誉度高，竞争对手少；具有技术优势并对招标人有较强的名牌效益，投标目标主要是扩大影响；管理条件差、难度高、服务费用支付条件不好、服务质量等要求苛刻；为联合伙伴陪标的项目。

（五）进行风险决策

所谓风险是指某一特定策略所带来的结果的变动性的大小。其中，策略是指物业服务企业为了获得利润所做出的若干可供选择的计划或行动方案。如果一个决策只有一个可能结果，就可认为没有什么风险；如果一项决策有许多个可能结果，且这些结果回报的收益差别很大，就可认为风险较大。当作决策时，为了补偿风险，最常见的方法是在对将来的利润进行折现的贴现率上加上一个风险补偿率，风险补偿率随决策风险的增加而增加。所以说，高回报是与高风险相伴的，任何决策都反映决策者对风险的态度（偏好）。据此一般把个人或组织分为三个不同的类型，即风险—厌恶型、风险—中立型和风险—寻求型。

风险和利润并存于物业管理投标中，当前物业服务企业面对投标中的风险有如下几种不良的处理方式："雨伞式"——考虑所有可能出现的情况，然后在报价中加入一笔高额的风险费用；"鸵鸟式"——把头埋进沙堆中，自以为一切会顺利，总能应付过去；"直觉式"——不相信任何对将来的分析，只相信自己的直觉；"蛮干式"——把精力花在对付不可控制的风险上，以为自己能控制一切，但实际上这是不可能的①。物业服务企业在招投标中应该做的是对风险做全面的分析和预测，并尽可能采取措施来转移和防范较大风险。决策者应从全面的角度来考虑期望的利润和承担风险的能力，在风险和利润之间进行权衡并作出选择。下面主要说明物业服务企业在投标决策中遇到风险时常采用的四种基本的处

---

① 王秀燕，李锦华．工程招标投标与合同管理．北京：机械工业出版社，2009，119

理方法：回避、降低、转移和自留。

1．回避风险

回避风险就是拒绝承担风险。在投标决策中，对于经核算明显亏损或业主执行条件不好难以继续合作的物业项目，有时不惜以放弃投标和拒签合约来解决。但风险回避更多是针对那些可以回避的特定风险[①]而言。

2．降低风险

所谓的降低风险就是采取有效的措施减轻预期风险发生的概率。人们可以采取多角化、获得更多的决策信息等措施来降低风险。

（1）多角化

物业服务企业在开展业务时，由于受管理能力和资金条件的限制，只能决定从事普通住宅小区或智能化商业大厦的某一类专一化物业管理，或者部分从事住宅小区管理，部分从事智能化商业大厦管理。但是，物业服务企业无法知道明年获得招标邀请的物业类型情况，为了使企业的经营风险降至最低，物业服务企业可能会通过多角化来降低风险，即把物业服务企业的物业服务范围拓展到两个以上的物业类型。下面举例说明。

【例7-4】　表7-2为某物业管理公司提供物业服务的年可能收益。如果只从事某一类专一化物业管理，可能收益为30 000元或12 000元。假定明年可能接到投标邀请的物业类型有一半是住宅小区、一半是智能商务大厦。期望收益为：

$$0.5 \times 30\,000 + 0.5 \times 12\,000 = 21\,000（元）$$

表7-2　提供物业服务的年收益

单位：元

经营的类型＼接到邀请情况	住 宅 小 区	智能商务大厦
住宅小区	30 000	12 000
智能商务大厦	12 000	30 000

如果现在把业务范围拓宽到两个，在不改变资金和管理人员的基础上，不管接到什么样的投标邀请，总收益将固定为21 000元。因为如果接到的投标邀请的物业类型为普通住宅小区，物业服务企业经营住宅小区的收益为15 000元，经营智能化商务大厦的收益为6 000元，如果为商务大厦，物业服务企业的总收益为6 000+15 000=21 000元。据此可以看到，多角化后的企业收入风险大大低于多角化前的收入风险，即使多角化不能使企业的期望收益增加，也能降低收入的变动范围，使企业能更稳定地获得这种收入，从而降低企业的经营风险。

[①] 物业管理中的特定风险主要有人才外流、队伍老化的人力资源风险和管理手段落后的技术风险等。

这一点可以从统计学角度来加以说明。假如有某个企业进行多角化经营，它进入两个期望收益规模和收益变动程度相同的行业（或业务类型），设 K 是每个行业（或业务类型）经营活动运用的资本，r_i 是第 i 个行业（或业务类型）的收益率，$r_i=R_i/K$，R_i 是第 i 个行业（或业务类型）的利润，且 r_i 是具有均值 μ 和方差 σ 的随机变量，则多角化后企业的收益率为：

$$r = (R_1 + R_2)/(2K) = (r_1 + r_2)/2$$

如果 ρ 是 r_1 和 r_2 的相关系数，那么根据统计理论，企业收益率的标准差为：

$$\sigma_x = \sigma\sqrt{(1+\rho)/2}$$

可见，r_1 和 r_2 独立时（$\rho=0$），即两行业（或业务类型）的收益率没有任何线性相关关系，$\sigma_r = \sigma\sqrt{1/2}$；完全正相关（$\rho=1$）时，$\sigma_r = \sigma$；完全负相关（$\rho=-1$）时，$\sigma_r = 0$。显然，相关系数 ρ 的值对降低风险的程度是至关重要的。例如，当两个行业（或业务类型）经营活动的收益率完全没有关系时，多角化后企业的收益率标准差可降至原来的 $\sqrt{1/2}$ 倍；而当两行业（或业务类型）收益率呈现负相关时，多角化后企业的收益率标准差能降得更低。不过在实际情况下，企业收益率的相关系数往往是正的，其主要原因可能是不同行业（或业务范围）面对的是同一宏观经济环境和受同一最高管理者的控制。但即使如此，多角化后企业的经营风险也大大降低了。

（2）获得更多的决策信息

当决策环境的信息不完全时，决策者由于对所掌握的决策的信息有限，决策将具有很大的风险，相应的收益可能较低。如果决策者能通过一定的手段获得更多的信息，使决策所需的信息增加，决策风险将因此而降低，相应的收益可能会提高。这种由于获得了更多的信息，而减少或消除了决策的不确定性所增加的收益，就是信息的价值。我们以著名的田忌赛马为例。在田忌不知道齐王的出马顺序时，他的期望收益为-1 000 金，但假如田忌通过某种方法获得了齐王出马次序的信息，田忌就可以根据这个信息，确定出相应的决策：当齐王出上马时，田忌出下马，田忌输 1 000 金；当齐王出中马，田忌出上马，田忌赢 1 000 金；当齐王出下马，田忌出中马，田忌赢 1 000 金；总的看起来，田忌赢 1 000 金。

从输 1 000 金到赢 1 000 金，则增加的 2 000 金对于田忌来说就是齐王出马次序这一信息的价值。如果获得齐王出马次序的代价低于 2 000 金，那么这种减少决策信息不确定性获取的行动，能提高收益水平。

为此物业服务企业应该在投标前加强各种信息的收集和调研，包括目标项目、业主的资信、宏观的政治、经济和市场环境等各个方面，详见第五章的相关论述。

3. 转移风险

转移风险就是将某些风险因素采取一定的措施转移给第三方。物业管理投标中常见的转移风险的形式主要是分包和保险。

分包除了可以弥补总包人技术、人力、设备、资金方面的不足，扩大总包人的经营范围外，对于有些分包项目，如果总包的物业服务企业自己承担会亏本，可以考虑将它分包出去，让报价低同时又有能力的分包商承担，总包的物业服务企业既能取得一定的经济效益，同时还可转嫁或减少风险。

保险是最普遍的转移风险的方式。保险市场的存在就是因为人们厌恶风险，物业服务企业如果属于风险厌恶者就可以放弃一部分收入来规避风险。从理论上讲，如果保险的费用正好等于期望的损失，风险规避者就愿意购买足够的保险，以使他从任何可能遭受的损失中得到全额的补偿。如果保险的赔偿是全额的，那么保险的购买者无论有无风险损失，其投保人的收入总是固定的。由于保险的支出等于预期损失，因此固定收入总是等于风险存在时的期望收入。对于一个风险规避者而言，确定收入给他带来的效用要高于其处在无损失高收入和有损失低收入的不稳定状态下所带来的效用。

4. 自留风险

物业服务合同双方当事人签订合同的一项基本原则就是利润共享、风险共担，所以说自留一部分风险也是合理的。另外，风险并非都是可以转移的，而且有些风险转移是不经济的。

四、投标技巧

对物业服务企业来说，经济效益是第一位的，企业的主旋律就是追求利润。但盈利有多种方式，掌握项目前期的报价技巧就非常重要。投标技巧是指在投标报价中采用一定的手段和技巧使业主或开发商可以接受，而中标后能获得更好的利润。物业服务企业在投标时，主要应该在先进合理的技术方案和较低的公共服务费的报价上下工夫，以争取中标。但是还有一些手段对中标有辅助性的作用，现介绍如下。

（一）不平衡报价法

不平衡报价法是国际工程投标报价常见的一种方法，现在已被广泛应用于各行业的投标报价中。它是指一个物业项目的投标报价，在总标价基本确定后，如何调整内部各个项目的报价，以期既不提高总价，不影响中标，又能在结算时得到更理想的经济效益。不平衡报价法归总起来有两个目的：一为早收钱，二为多收钱。下面举例说明。

【例7-5】 某房地产开发商欲通过招投标方式为 3 万平方米高层公寓寻找物业服务企业，在管理服务费报价时要求对已住房屋和空置房屋分别报价。房地产开发商估算空置率为 20%，但某投标企业估算到实际为 15%，物业管理公司预测和判断出这一失误后，采用了不平衡报价，使物业管理公司每年多赚取了 1.8 万元（见表 7-3 和表 7-4）。

表 7-3　平衡和不平衡报价表（报价时）

报价项目	房地产开发商的估算（万平方米）	平衡报价（万元）		不平衡报价（万元）	
		单价（元/（月·平方米））	合计（万元/年）	单价（元/（月·平方米））	合计（万元/年）
已住房屋	3×80%=2.4	2	57.60	2.2	63.36
空置房屋	3×20%=0.6	1	7.20	0.2	1.44
总计		64.80		64.80	

表 7-4　平衡和不平衡报价表（年终结算时）

报价项目	年终结算时实际的空置面积（万平方米）	平衡报价（万元）		不平衡报价（万元）	
		单价（元/（月·平方米））	合计（万元/年）	单价（元/（月·平方米））	合计（万元/年）
已住房屋	3×85%=2.55	2	61.20	2.2	67.32
空置房屋	3×15%=0.45	1	5.40	0.2	1.08
总计		66.6		68.4	

通常在物业服务项目报价时采用的“不平衡报价法”有下列几种：

（1）能够早日结账的项目可以报得高些，以利于资金周转，后期收费项目的报价可适当降低。例如，计划期内前一两年的报价高一些，后面年限的报价降低一些；开办费的报价报的高一些，收尾项目报的低一些。

（2）经过核算，预计今后工作量会增加的项目，单价适当提高，这样在最终结账时可多赚钱。

（3）暂定项目要视情况具体分析。因为这一类项目要在招标方就目标物业确定中标人并签订委托服务合同后，再由业主决定是否委托服务，以及由谁来进行管理。如果暂定项目不分包，继续由中标企业管理，则可对其报的价格高一些。如果暂定项目分包，则该暂定项目可能由其他的物业服务企业来管理，则不宜报高价，以免抬高总报价。

（4）在议标方式中，招标人（业主委员会或开发商）一般要压低标价。这时应该首先压低那些工作量小的单价，这样即使是压低了很多单价，总的标价也不会降低很多，而招标人的感觉却是单价大幅度下降，投标企业很有让利的诚意。

（5）在综合性物业服务项目的投标中，提高经营性物业服务（国家或地方有规定的除外）的价格，适当降低非经营性物业服务项目的收费标准（国家或地方有规定的除外）。以达到收入不减少又能提高中标概率。当然在某些情况下，采用该法也有较大的风险，特别是在写字楼等高档物业的管理中，如果完不成规定的管理经营指标，可能要承受较大的罚款风险等。

　　但不平衡报价一定要建立在对于报低单价的项目的工作量风险仔细核对的基础上，如工作量一旦增多，将造成物业服务企业的重大损失。同时，降低和提高报价一定要控制在合理幅度内，以免引起招标人的反对，甚至导致废标。如果不注意这一点，有时业主会挑选出报价过高的项目，要投标者进行单价分析，并针对单价分析中过高的内容压价，以致物业服务企业得不偿失。

（二）多方案报价法

　　这是利用招标文件或合同条款不够明确之处，以争取达到修改招标文件和合同为目的的一种报价方法。当招标文件或合同条款有某些不够明确之处时，往往投标企业承担着很大风险，为了减少风险就需增加"不可预见费"，这样又会因报价过高而增加了被淘汰的可能性。多方案报价法就是为了应付这种两难的局面而出现的。其具体做法是：在标书上报两个价，一是按招标文件或合同条款报一个价；二是加以解释："如招标文件或合同条款可作某些改变时，则可降低多少的费用……"，使报价成为最低的，以吸引业主修改招标文件或合同条款。还有一种办法是对物业服务项目中一部分没有把握的工作，注明按成本加若干酬金结算的方法。但如果招标文件中规定只能报一个报价或合同的文字是不准改动的，经过改动的报价单无效时，这个办法就不能用。

（三）突然降价法

　　报价是一件保密性很强的工作，但是对手往往会通过各种渠道、手段来刺探情报，因此在报价时可以采用迷惑对手的手法。即先按一般情况报价或表现出自己对该物业兴趣不大，到快要投标截止时，才突然降价。采用这种方法时，一定要在准备投标报价的过程中考虑好降价的幅度，在临近投标截止日期前，根据情报信息与分析判断，再作出最后决策。

　　采用突然降价法而中标，因为开标只降低总价，在签订合同后可采用不平衡报价的思想调整管理收支预算表内的各项单价或价格，以期取得更高的效益。

（四）增加推荐方案法

　　有时招标文件中规定，可以提出推荐方案，即投标者是可以修改原方案，提出投标者的方案。物业服务企业可以根据企业的管理经验，提出推荐方案，重点突出新方案在改善管理服务质量和节省费用等方面的优势，并列出总价和分项价，以吸引招标人，促成自己的方案中标。但要注意的是，对原招标方案一定要标价，以供业主比较。增加推荐方案时，不要将方案写得太具体，保留方案的技术关键，防止业主将此方案交给其他投标人。同时要强调的是，推荐方案一定要比较成熟，或过去有这方面的经验。因为投标时间不长，如果仅为中标而匆忙提出一些没有把握的推荐方案，可能引起很多后患。

（五）降价系数调整法

　　投标企业在填写管理经费收支预算报价单时，每一分项的报价都增加一定的降价系数，而在最后撰写投标致函中，根据最终决策，提出某一降价指标。例如，先确定降价系数为

10%，填写报价单时可将原标价除以（1-10%），得出填写价格，填入报价单并按此计算总价和编制投标文件。直至投标前数小时，才作出降价最终决定，并在投标致函内声明："出于友好的目的，本投标人决定将计算标价降低×%，即本投标报价的总价降为×××元，随同本投标文件递交的投标函的有效金额相应地降低为×××元。投标人愿意按本致函中的报价代替报价单中汇总的价格签订合同。"

采用这种办法的好处是：

（1）可以在递交投标文件的最后时刻之前，根据最后的情报信息和决心，确定最终的竞争价格，而用不着全部修改报价单。

（2）在最后审查已编好的投标文件时，如发现某些个别失误或计算错误，可以调整降低系数来进行弥补，而不必全部重新计算和修改。

（3）由于最终的降价由少数人在最后时刻决定，可以避免真实报价向外泄露。

（六）开口升级报价法

这种方法是将报价看成是协商的开始。首先对物业的图纸或说明书进行分析，把物业管理中的一些难题抛开作为活口，将标价降至无法与之竞争的数额（在报价单中应加以说明）。利用这种"最低标价"来吸引业主，从而取得与业主商谈的机会，利用活口进行升级加价，以达到最后盈利的目的。

（七）先亏后盈法

也称拼命报价法。采用这种方法必须要有十分雄厚的实力或有国家或大财团作后盾，即为了想占领某一市场或想在某一地区打开局面，为以后的公司发展打下基础而采取的一种不惜代价，只求中标的手段。应用这种方法的物业服务企业必须有较好的资信条件，并且提出的管理方案也先进可行，同时要加强对公司情况的宣传，否则即使标价低，也不一定会被业主选中。1999年11月中标的深圳长城物业管理有限公司，除确实具有管理实力和管理特色外，很重要的一个原因就是确定了0.5元/（月·平方米）服务费的优惠价，这样才得以进入北京市物业管理市场，取得管理目前全国最大的经济适用房项目——北京回龙观文化居住区（一期）3年的物业管理权。

采用此种报价法可通过分包一部分难度大、报价低的项目转嫁或减少风险。应当注意，分包企业在投标前可能同意接受总包的物业服务企业压低其报价的要求，但等到物业服务企业得标后，他们常以种种理由提高分包价格，这将使物业服务企业常常处于十分被动的地位。解决的办法是：物业服务企业在投标前找两三家分包企业分别报价，而后选择其中一家信誉较好、实力较强和报价合理的分包企业签订协议，同意该分包商作为本分包项目的唯一合作者，并将分包商的名称列入投标文件中，同时要求该分包商相应地提交投标保函。这种分包企业的利益同投标人捆在一起的做法，不但可以防止分包商事后反悔和涨价，还可能迫使分包商报出较合理的价格，以便共同争取中标。

（八）附带优惠法

投标报价附带优惠条件是行之有效的一种手段。招标者评标时，除了考虑报价和管理水平外，还要分析其他条件，如投标企业是否提供某种优惠服务等。所以在投标时主动提出优惠条件，均是吸引招标人、利于中标的辅助手段。

（九）争取评标奖励法

有时招标文件规定，对于某些技术规格指标的评标，投标人提供优于规定指标值时，给予适当的评标奖励，如评标加上或减去一定百分比的评标价格。投标人应该使业主比较注重的指标适当地优于规定标准，可以获得适当的评标奖励，有利于在竞争中取胜。但要注意技术性能优于招标规定，将导致报价相应上涨，如果投标报价过高，即使获得评标奖励，也难以与报价上涨的部分相抵，这样评标奖励也就失去了意义。

（十）联合保标法

即在竞争对手众多的情况下，由几家实力雄厚的承包商联合起来控制标价，大家保一家先中标；随后在第二次、第三次招标中，再用同样的办法保第二家、第三家中标；也可以由中标者将部分物业分包给参加联合的其他物业服务企业。不过这种做法在我国属于串标行为，法律明文禁止使用，如被发现将取消投标资格。

第三节　投标项目与投标方案的优选方法

一、投标项目的优选方法

（一）评分法

拟投标的物业服务企业在投标前首先应该对自己企业的客观条件进行认真的分析，列出若干项需要考虑的指标，在每次投标前都围绕这些指标进行分析，并客观地作出决策。这种分析方法叫评分法。常用的有单纯评分法和加权评分法两种，这两种评分法的区别在于价值系数的确定方法上。

1. 单纯评分法

使用单纯评分法的分析步骤如下：

第一，物业服务企业针对自己企业的客观条件列出若干项投标时需要考虑的指标。

第二，按照指标对物业服务企业完成该项目的相对重要性，分别为其确定权数。

第三，用指标对投标项目进行衡量，按照模糊数学概念，将各项指标分为好、较好、一般、较差、差 5 个等级，给各等级赋予定量实质，如以 1.0、0.8、0.6、0.4、0.2 打分。例如，某物业服务企业的管理条件足以满足目标物业项目的需要，则将标准条件打为 1.0 分；

若管理条件几乎超负荷，则将标准打为 0.2 分。

第四，将各项指标权数与等级相乘，求出该指标得分。

第五，将总得分与过去其他投标情况进行比较或和物业服务企业事先确定的准备接受的最低分数线比较。表 7-5 所示为用单纯评分比较法选择投标项目。

表 7-5　用单纯评分比较法选择投标项目

投标考虑的指标	权数（w）	等级 c					指标得分 w×c
		好	较好	一般	较差	差	
		1.0	0.8	0.6	0.4	0.2	
技术水平	0.15	√					0.15
物质装备实力	0.15	√					0.15
管理的条件	0.25		√				0.20
对风险的控制能力	0.10			√			0.06
与竞争对手实力比较	0.10				√		0.04
今后的机会	0.05				√		0.02
劳务和材料条件	0.05	√					0.05
智能化管理水平	0.15			√			0.12
∑w×c							0.79

表 7-5 是一个应用例子，它有两个作用：一是对某一个招标项目投标机会作出评价，即利用本公司过去的经验，确定一个 $\sum$w×c 值，如 0.75 以上即可投标；二是可用以比较若干个同时可以考虑投标的项目，选择 $\sum$w×c 值最高的一项或几项作为重点，投入足够的投标资源。

在选择投标项目时应注意不能单纯看 $\sum$w×c 值，还要分析一下权数大的几个项目，也就是要分析重要指标的等级，如果太低，也不宜投标，否则可能无法圆满完成投标项目的管理。

2．加权评分法

用加权评分法选择投标项目的分析步骤如下：

（1）设 8 条标准的理论总价值为 100，按照 8 条标准各自对于物业管理的相对重要性，分 4 级确定权数（r_i）；即 5、10、15、20，总和为 100。

（2）根据物业服务企业的现状和可能采取的措施，对照招标项目，看物业服务企业能达到 8 条评价标准的水平，确定出各条标准的价值系数（P_i），使其值 $0 \leqslant P_i \leqslant 1$。

$$V_i = P_i R_i$$
$$V = \sum V_i = \sum P_i R_i$$

（3）事先决定出物业服务企业可以参加投标的价值标准，若投标机会价值大于可投标价值标准，则可以参加投标。

（4）作出评价结果。因该物业投标的实际价值 74.5 大于可投标价值标准 70.0，所以，可以参加投标。如表 7-6 所示为用加权评分法选择投标项目。

表 7-6　用加权评分法选择投标项目

投标考虑的指标	权数 R_i	价值系数 P_i	实际价值 $V_i=P_iR_i$
1. 技术水平	15	1.0	15.0
2. 物质装备实力	15	0.9	13.5
3. 管理的条件	25	0.7	17.5
4. 对风险的控制能力	10	0.6	6.0
5. 与竞争对手实力比较	10	0.3	3.0
6. 今后的机会	5	0.5	2.5
7. 劳务和材料条件	5	1.0	5.0
8. 智能化管理水平	15	0.8	12.0
$\sum V_i = P_iR_i$			74.5

（二）决策树法

决策树（decision tree）是模仿树木生枝成长过程，以方框和圆圈为节点，并由直线连接而成的一种树枝形状的结构，其中方框代表决策点，圆圈代表机会点；从决策点画出的每条直线代表一个方案，叫做方案枝，从机会点画出的每条直线代表一种自然状态，叫做概率枝。决策树的画法如图 7-3 所示。

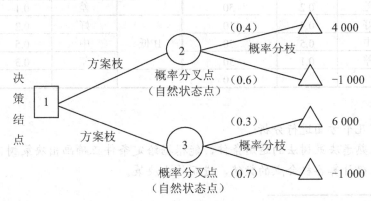

图 7-3　决策树

（1）先画一个方框作为出发点，又称决策结点。

（2）从决策结点向右引出若干条直（折）线，每条线代表一个方案，叫方案枝。

（3）每个方案枝末端，画一个圆圈，叫概率分叉点，又称自然状态点。

（4）从自然状态点引出代表各自然状态的直线称概率分枝。在括弧中注明各自然状态发生的概率。

（5）如果问题只需要一级决策，则概率分枝末端画一个"Δ"，表示终点。终点右侧写上各该自然状态的损益值。如果还需第二阶段决策，则用决策结点"□"代替终点"Δ"，再重复上述步骤画出决策树。

决策树法是适用于风险型决策分析的一种简便易行的使用方法，其特点是用一种树状图表示决策的过程，通过事件出现的概率和随意期望值的计算比较，可帮助决策者对行动方案作出选择。当物业服务企业不考虑竞争对手的情况，仅根据自己的实力决定某些招标物业是否投标及如何报价时，则适用于决策树法进行分析①。

下面举例说明决策树方法在物业管理投标决策中的应用。

【例 7-6】 某物业管理公司面临 A、B 两项物业投标，因受本单位资源条件的限制，只能选择其中一项物业投标，或者两项物业均不投标。根据过去类似物业投标的经验数据，A 物业投高标的中标概率为 0.3，投低标的中标概率为 0.6，编制招标文件的费用为 3 万元；B 物业投高标的中标概率为 0.4，投低标的中标概率为 0.7，编制招标文件的费用为 2 万元。各方案管理的效果、概率及损益情况如表 7-7 所示。问题：试运用决策树法进行投标决策。

表 7-7 各投标方案概率及损益表

方　案	效　果	概　率	损益值（万元）	方　案	效　果	概　率	损益值（万元）
A 高	好	0.3	150	A 低	好	0.2	110
	中	0.5	100		中	0.7	60
	差	0.2	50		差	0.1	0
B 高	好	0.4	110	B 低	好	0.2	70
	中	0.5	70		中	0.5	30
	差	0.1	30		差	0.3	−10
不投标			0				

解答：

1. 从以下几个方面进行分析：

（1）要求熟悉决策树法的适用条件，能根据给定条件正确画出决策树。

（2）能正确计算各机会点的数值，进而作出决策。

---

① 决策树法因属于风险型决策方法的一种，所以它的使用必须具备风险型决策的五个条件：一、存在着决策者希望达到的目标（利润最大或亏损最小）；二、存在可供决策者选择的两个或两个以上的行动方案，如投标、不投标；三、存在着两个或两个以上不以人的意志为转移的自然状态，如效益的好、中、差；四、不同的行动方案在不同的自然状态下的相应损益值可以计算出来；五、各种自然状态出现的概率，决策者可以预先估算或计算出来。

（3）不中标情况下的损失费用为编制投标文件的费用。

（4）决策树的绘制是由左向右，而计算是自右向左，最后将决策方案以外的方案枝用两短线排除。

2. 画出决策树，标明各方案的概率和损益值，如图 7-4 所示。

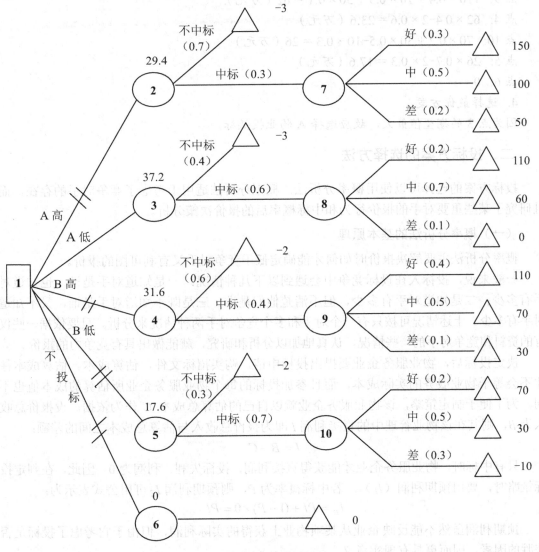

图 7-4 决策树解题

3. 计算图中各机会点的期望值（将计算结果标在各机会点上方）。

点 7: $150 \times 0.3 + 100 \times 0.5 + 50 \times 0.2 = 105$（万元）

点 2: $105 \times 0.3 - 3 \times 0.7 = 29.4$（万元）

点 8: $110 \times 0.2 + 60 \times 0.7 + 0 \times 0.1 = 64$（万元）

点 3: $64 \times 0.6 - 3 \times 0.4 = 37.2$（万元）

点 9: $110 \times 0.4 + 70 \times 0.5 + 30 \times 0.1 = 62$（万元）

点 4: $62 \times 0.4 - 2 \times 0.6 = 23.6$（万元）

点 10: $70 \times 0.2 + 30 \times 0.5 - 10 \times 0.3 = 26$（万元）

点 5: $26 \times 0.7 - 2 \times 0.3 = 17.6$（万元）

点 6: 0

4. 选择最优方案。

因为点 3 的期望值最大，故应选择 A 物业投低标。

二、投标方案的选择方法

投标方案的选择可以使用概率分析法。概率分析法适用于考虑了竞争对手的存在，而且研究了某些重要对手的报价行为和中标概率后的报价决策分析。

（一）概率分析法的基本原理

概率分析法主要解决报价时如何才能确定低于竞争对手又有利可图的报价。

一般来说，投标人在投标竞争中会遇到以下几种情况：一是知道对手是谁，也知道对手有多少；二是知道对手有多少，但不清楚他们是谁；三是既不知道对手是谁，又不知道对手有多少。上述情况可按只有一个对手和多个竞争对手两种情况来分析。只要依据一些仅有的资料和竞争对手的一些情况，认真地加以分析和研究，就能做出具有竞争力的报价。

决定投标后，物业服务企业要提出投标申请，购买招标文件，估算成本。估算成本往往不会等于物业服务的实际成本，而且参加投标的每个物业服务企业所估算的成本值也不同。为了便于制定策略，该物业服务企业就以自己的估算总成本 C 作为依据。设报价总收入为 B，则其在该物业管理中的直接利润 I 即为报价总收入与估算总成本之间的差额：

$$I = B - C$$

只有中标时，物业服务企业才能获得直接利润，投标失利，利润为 0。因此，在判定投标策略时，要用预期利润（I_E）。若中标概率为 P，则预期利润 I_E 可用公式表示为：

$$I_E = PI + (1 - P) \times 0 = PI$$

预期利润虽然不能反映企业从某项物业上获得的实际利润，但由于它考虑了投标是否获胜的因素，因而更具有现实意义。

概率分析法能否行之有效，取决于投标人在以往竞争中对其竞争对手的信息掌握的程度。通过分析研究，把竞争对手过去投标的实际资料公式化，建成不同的投标模型。在投标竞争中，物业服务企业可根据竞争对手的多少、确定与否、投标策略模型，选出最优的投标方案。

（二）概率分析法的具体适用

1. 只有一个竞争对手的情况

如果物业服务企业在投标竞争中已经知道潜在的对手只有一个，这时就要仔细分析平时掌握到的关于这个对手的各种信息，以便准确作出报价决策。首先，平时在各种物业项目开标时，注意收集各竞争对手的报价资料，用以与自己的标价或估价进行比较，以便为今后的投标提供信息。其次，从自身直接和他人间接的历史经验数据收集各类物业服务项目的成本资料。第三，投标物业服务企业还应了解竞争对手投标时获取物业项目的缓急等情况。投标人掌握的资料越详细、越准确，投标成功的机会也越多。

如果已经知道一个确定的对手，并且掌握了他以往足够的投标报价信息，那么根据这些信息，就可求出其在历次投标中的报价与估算成本的比值及其出现的概率；而后，可计算出本单位不同报价低于对手的不同报价的概率；随后即可通过计算和比较预期利润，来选择最为可取的报价方案。下面举例说明概率分析法的应用。

【例 7-7】[①]　某住宅小区物业管理招标，甲单位打算投标，估算物业服务成本为 400 万元。假设报价最低者为中标单位。在不考虑竞争对手时，考虑四个报价方案。计算结果如表 7-8 所示。

表 7-8　甲不考虑竞争对手的报价方案

报价方案（万元）	估计成本（万元）	可能利润（万元）	中标概率 P	预期利润 PI
550	400	150	0.1	15
500	400	100	0.3	30
480	400	80	0.6	48
450	400	50	0.8	40

甲单位积累的对手乙的投标报价情况，如表 7-9 所示。

表 7-9　对手乙的投标报价信息

乙的报价 B/估计成本 C	频率 f	概率 $P_b = f / \sum f$
0.8	1	0.01
0.9	2	0.03
1.0	8	0.10

① 王俊安. 招标投标与合同管理. 北京：中国建材工业出版社，2003，123

续表

乙的报价 B/估计成本 C	频率 f	概率 $P_b = f / \sum f$
1.1	14	0.19
1.2	22	0.30
1.3	19	0.26
1.4	6	0.08
1.5	2	0.03
合计	74	1.00

计算甲的不同报价 A_i 低于乙的不同报价 B_i 的概率，列于表 7-10 中。

表 7-10　报价概率计算

甲的报价 A/估计成本 C	$A_i < B_i$ 的概率 P	备　注
0.75	1.00	
0.85	0.99	
0.95	0.96	
1.05	0.86	概率 P 为大于 A/C 值的 B/C 值的概率 P_b
1.15	0.67	之和。即 A/C 值均小于 B/C 值的情况，概
1.25	0.37	率 P_b 之和为中标概率；A/C<1 的报价，都
1.35	0.11	会亏本
1.45	0.03	
1.55	0.00	

计算和比较预期利润，选择最可取的报价方案，计算结果如表 7-11 所示。

表 7-11　预期利润计算表

报价方案 A/C	可能利润 I	中标概率 P	预期利润 PI	选择报价方案
1.05C	0.05C	0.86	0.04C	报价为估计成本 1.15 倍的方案预
1.15C	0.15C	0.67	0.10C	期利润最高，应该是最可取的报价
1.25C	0.25C	0.37	0.09C	方案；
1.35C	0.35C	0.11	0.04C	本例估计成本为 400 万元，投标可
1.45C	0.45C	0.03	0.01C	报价 460 万元，中标概率 0.67，预
1.55C	0.55C	0.00	0.00C	期利润 40 万元

2. 有多（n）个具体对手竞争的情况

物业服务企业在投标时知道具体的竞争对手，并掌握了这些对手过去的投标规律。那么它可以把竞争对手看作单独存在的对手，根据已经掌握的资料，用上述只有一个对手情况下的分析方法，分别求出自己的报价低于每个对手报价的概率。由于每个对手的投标报价是互不相干的独立事件，根据概率论，它们同时发生的概率等于它们各自概率的乘积，用公式表示为：

$$P = P_1 \cdot P_2 \cdot P_3 \cdots P_n = \prod P_i$$

求出 P 之后，按只有一个对手的情况分析即可。

【例 7-8】　甲物业管理公司在一项物业的投标中，要与乙、丙、丁三个对手竞争（$n=3$）。根据所掌握的资料，分析得出对三个对手单独投标取胜的概率，如表 7-12 所示。

表 7-12　三个对手单独投标取胜的概率计算

A/C	投标单位对其对手投标取胜的概率			
	$P_乙$	$P_丙$	$P_丁$	$P = \prod P_i$
0.75	1.00	1.00	1.00	1.00
0.85	0.99	0.99	1.00	0.96
0.95	0.96	0.96	0.98	0.90
1.05	0.86	0.86	0.80	0.59
1.15	0.67	0.69	0.70	0.32
1.25	0.37	0.36	0.60	0.08
1.35	0.11	0.16	0.27	0.01
1.45	0.03	0.03	0.09	0.00
1.55	0.00	0.00	0.00	0.00

预期利润计算和报价方案选择，如表 7-13 所示。

表 7-13　甲与三个对手竞争的预期利润

报价方案	可能利润 I	$P = \prod P_i$	PI	选择报价方案
1.05C	0.05C	0.59	0.03C	报价为估计成本 1.15 倍的方案预期利润最高，应该是最可取的报价方案；由于竞争对手的增加，中标概率和预期利润都会降低
1.15C	0.15C	0.32	0.05C	
1.25C	0.25C	0.08	0.02C	
1.35C	0.35C	0.01	0.004C	
1.45C	0.45C	0.00	0.00C	
1.55C	0.55C	0.00	0.00C	

3. 有多（n）个不具体对手竞争的情况

如果投标人知道竞争者的数量，但不知道对手是谁时，就必须将其投标策略做一些调整。在这种情况下，投标人最好的办法是假设在这些竞争者中有一个平均值，先从这些对手那里收集他们的信息，并且将这些信息汇集起来，得出想象的"平均对手"的概率。也可以利用已收集到的具有一定代表性单位的资料，不论这个单位是否参加投标，只要它能代表"平均对手"，均可以拿来分析研究。这样，投标人就可以按照前述的方法求出报价能击败这个平均对手的概率，然后再计算出战胜所有对手的概率和预期利润率并最终求得最佳报价。此法称为"平均对手法"。由于 n 个具体的对手，变成了 n 个平均竞争对手，则报价低于 n 个对手的概率 P 等于 n 个平均对手的概率 P_0 的乘积，即

$$P = (P_0)^n$$

求出了 P，就可以按不同报价方案分析、确定最佳的投标策略。

4. 既不知道对手数量，也不知对手是谁的情况

在投标竞争中，投标人如果既不知道对手的数量，也不知道对手是谁时，就会处于很被动的位置。为了尽可能掌握主动，这种情况下必须预先估计对手的数量，还要顾及每个对手可能参加投标的概率，然后按照平均对手法，计算参加投标的最佳报价。

在此需特别强调的是，用定量分析方法时，必须结合实际情况，根据主观判断，做一些必要的调整。因为数量分析的基础大多是建立在过去的统计数据之上，且影响投标的许多主观因素并非数量分析所能包括的，而投标市场并非千篇一律，经常受到当时具体情况的影响。这就客观上要求投标企业在运用量化分析时，借助依经验形成的科学的主观判断。

第四节　如何避免报价失误

一、防止标书中制约条款方面的计价失误

物业服务企业如果对标书中的制约条款研究不透彻，就盲目地决定参加投标，必然会加大中标后的风险，并在今后执行过程中，由于合同条款等因素会造成不可避免的经济损失。

因为招标方会聘请有经验的代理公司编制严密的招标文件，对物业服务企业的制约条款几乎达到无所不包的地步，物业服务企业基本上是受限制的一方，招标书中关于投标人的责任肯定会十分苛刻。但是有经验的物业服务企业并不完全是束手无策的，我们应当懂得，招标人与投标人之间始终存在着制约和反制约的斗争，这就要求我们要认真研究招标文件，弄清标书的具体内容和条件，物业服务企业的责任和报价范围，理顺招标书中的问题，并通晓其内容，以便在投标竞争中做到报价得体恰当，即应当接受哪些基本合理的限制，同时，对那些明显不合理的制约条款，可以在投标报价中埋下某些伏笔，索取应得的赔款，并能依据合同条文避免不应有的损失，使物业服务企业取得满意理想的经营效果。

所以，报价时物业服务企业必须充分理解并"吃透"招标文件的内容，不放过任何一个细节。下面是应当特别予以注意的对标价计算可能产生重大影响的因素。

（一）管理期限

因为管理期限对设计方案、物资设备的配备、管理服务人员的数量等均有影响，在计算报价时应分情况充分考虑。

（二）维修基金的使用方式

维修基金是由每位业主每月或每季度按照约定的标准，拿出一定数额的资金，交给业主委员会或指定的资金管理人保管，并设立专门的维修基金账户，专款专用。维修基金的所有权归属于全体业主，在使用时，物业服务企业提出计划和预算，经业主委员会批准，委托物业服务企业实际操作使用。如果物业维修基金留存计划有出入，维修基金的支付方式不利于物业服务企业，造成维修基金常常不到位，就意味着物业服务企业垫支运作，这些垫付的周转金的利息也要计入成本。

（三）保函的要求

保函包括投标保函、履约保函、维修保函等。保函值的要求、允许开保函的银行的限制、保函有效期的规定等对物业服务企业计算保函手续费用和用于银行开保函所需抵押资金的占用有重要关系。

（四）保险

是否指定了保险公司、保险种类、保险最低金额等，与计算保险费用有关。

（五）物业服务费收取的方式和条件

业主或开发商每次缴纳管理服务费用的时间规定，是否有付款回扣，其回扣方法如何，拖延付款的滞纳金计算，这些都是影响物业服务企业在投标报价时计算其流动资金及利息费用的重要因素。

（六）货币

如果业主属于外国企业或居民，支付或结算的货币种类、外汇兑换方式等规定对报价有一定的影响。

（七）不可抗力因素

地震、火灾等不可抗力因素造成的损害，将涉及公共部位、公共设施维修和养护问题。招标文件中是否有相应的补偿办法和规定。

（八）评标奖励和管理考核惩罚的规定

如果招标文件中设有评标奖励，达到要求将会使报价降低，物业服务企业应充分考虑这种奖励与为获得奖励所支出成本之间的差额；在投标中所做出的承诺，如果考核不合格将会在中标后遭遇怎样的惩罚，其对利润的影响又会是多少。

（九）各项费用价格的调整条件、范围、方法

由于物价上涨、汇率变化、法律变化等会对各项费用的数额产生很大的影响，在招标文件中这些方面的规定如果不利于投标企业，在计算报价时都必须考虑增加总报价，否则会因此增加风险造成报价失误。

二、防范忽视报价和服务范围要求造成的失误

（一）不要忽视标书中规定的分包计价方法

物业服务企业须注意对某些专业项目是由物业服务企业自己指定分包商还是必须由业主指定的企业进行分包。如果属于后者，一般招标文件将规定物业服务企业对这些企业应提供何种条件，承担何种责任，以及文件规定的分包商计价方法，应仔细研究。

（二）防止项目漏报

一般来说，新的物业服务企业接管物业后，需对物业进行整治。例如，对新建的物业，可能要进行垃圾清理、道路清扫、环境绿化等；对原有物业，则可能要拆除违章建筑、维修路面等。所以，物业服务企业可根据招标文件和拟管物业的实际情况把一切费用计入总报价中，不得有任何遗漏或归类的错误。

三、避免忽视材料、设备和物业管理标准造成的失误

（一）防止材料、设备采购订货方面的失误

仔细审核招标文件中的材料设备是由谁来提供，如纯净水供水系统、控制中心的设施设备等。如需由物业服务企业提供，则依据物业服务的标准或招标文件的规定编制出细目表。归类说明材料设备的规格、型号、技术数据、技术标准并估算出需求量，以便及时向国内外询价，以保证其准确性。

（二）防止不符合物业服务标准造成的失误

招标文件中一般都有物业服务标准的条款，如委托房屋、设施设备应达到国家验收标准或物业服务标准必须执行《全国城市物业管理优秀小区（大厦）考评标准》，或在几年内达到国家物业管理优秀小区标准。实践中有些企业为了中标而压低报价，如果造成服务质量不符合招标文件中规定的标准，无异于舍本逐末，只能造成失标或承担违约责任。

四、重视物业服务企业获得补偿的权利

搞清楚有关补偿的权利，可使物业服务企业正确估计执行合同的风险。按照一般惯例，

合同文件均有这样的条款，即如果遇到各种不可预见的情况而导致费用增加时，物业管理公司可以援引合同条款而得到合理的补偿。但是某些招标项目的合同文件，往往故意删去这一类条款，甚至写明物业服务企业不得以任何理由索取合同价标以外的补偿，这就意味着物业服务企业要承担很大的风险。

在这种情况下，物业服务企业投标时不得不增大不可预见费用，而且应当在投标致函中适当提出，以便在今后投标和商签合同时争取修订。除索取补偿外，物业服务企业也要承担违约罚款，损害赔偿等责任。搞清楚责任及赔偿限度等规定，也是估计风险的一个重要方面，物业服务企业必须在投标前充分注意和估量。

五、进行充分的可行性论证，避免盲目决策

许多物业服务企业在项目的选择上盲目性很大，有的未经充分的市场调查和项目论证即仓促决策，有的对项目背景和咨询单位以及各种风险预测和管理条件缺乏客观的正反两方面的科学分析，甚至有的对该项目的概况尚不清楚，单凭臆断拍板定案轻易成交，这类盲目决策的大型项目都会造成重大经济损失。

六、提高投标报价时的严肃性

大型的物业服务项目普遍存在着不同程度的投标报价的失误现象，一是漏报、错报、计价失误；二是询价不准确，管理服务人员的人工费，材料设备的交货价与做标价误差很大；三是物业服务费计算失误，有的项目虽经过专业报价，精心做标，但投标时多次大幅度压低价格，致使签字成交时与报价基数差异很大。

七、注重利用合同条款保护自己

在招投标中，许多物业服务企业在合同条款中不注意列入保护自己的内容，重口头承诺，轻法律依据，最终酿成苦果的不乏其例。因此应防止下列情形发生：对合理的条款如人工费用上涨和物价上涨因素缺乏力争到手的招数；除关键性条款失误外，还对潜伏性的破坏性损失、有名无实的条款等不注意研究对策；在执行合同中缺乏索赔意识和索赔能力；对分包商管理不严等。

八、提高报价人员的素质

由于招投标体制的建立在我国时间不长，且立法和行政监督的力度长时间停留在强制招标的工程建设及材料、设备的采购方面，致使物业管理招投标的发育还不是很成熟，还存在许多不规范。许多报价人员不掌握招投标的基本知识，不掌握物业管理报价的基本方

法和报价技巧，没有编报价的实践经验，分析不出标底价格，使报价心中无底，具有很大的盲目性，报价不稳定、大起大落，这样必然会出现不同程度的做标报价失误现象。所以，今后报价工作必须有长期稳定的专职人员参加，组成有物业管理报价经验的固定班子，不断总结经验，提高报价水平适应物业管理投标工作的需要。

【案例7-1】

附条件报价怎样才能被认可？[①]

2006年10月9日，广东××职业技术学院发布了采购公告，欲通过竞争性谈判采购方式采购物业管理服务。2006年10月19日，竞争性谈判采购活动如期进行。

根据竞争性谈判文件，此次采购活动只有两轮报价。谈判采购活动开始后，在供应商第二次报价环节，3家参与谈判的供应商分别递交了书面第二次报价，其中北京A公司第二次报价178 000元，同时承诺如果此报价不是最低报价，将比最低报价再降1 000元。而在3家公司报价中，北京B公司的145 000元报价是最低报价。基于该公司的这个报价，此项目谈判小组便按北京A公司的承诺计算，认定北京A公司的第二次报价为144 000元。

10月24日，广东××职业技术学院发布了中标公告："广东××职业技术学院物业管理采购项目的评标工作已圆满结束，现将中标人名单公告如下：中标单位是北京A公司，中标价为144 000.00元。"

北京B公司对采购结果不满，遂对评标过程中的"问题报价"提出了质疑，但却没得到满意的答复。最终，北京B公司提起了投诉。

[分析] 业内专家分析认为，根据竞争性谈判文件的规定，在最终报价阶段，各报价人应在规定的时间内统一密封提交最终报价，且采购人提供的最终报价表"报价总计"栏只有填写大写、小写报价金额的内容。这就表明在最终报价过程中，各报价人应自主确定最后的报价金额。而在具体的竞争性谈判采购活动中，北京A公司的最后报价是附有条件的、有选择的报价，并未确定最终报价金额，该公司的报价必须在其他报价人完成最后报价后才能最终进行确定。因此，北京A公司的这轮报价显然是不符合竞争性谈判文件要求的，也违背了《政府采购法》规定的"公平原则"，其他供应商都在同一时间确定了自己的最终报价，北京A公司的报价却要建立在其他供应商完成最终报价后才能最终确定，这种附条件的报价显然不应该被认可。否则，对其他供应商是绝对不公平的。

业界人士指出，如果允许如此附条件的报价，竞争性谈判活动的秩序将被扰乱，"A供应商可以报出"如果还不是最低报价，将比最低报价少于1 000元"的最终报价，那B

---

① 中国物业管理师网，www.wygls.com/CallForBid/200809/5514.html

供应商为什么不可以报这样的价呢？同样地，C、D 等供应商也一样可以如法炮制，那最终报价报到何时才能终止，又如何确定谁的报价更低呢？"

专家提醒，在竞争性谈判活动中的报价是确定的、唯一的报价，绝对不能是有选择的报价，更不应该是建立在其他供应商报价结果出来后才能确定的报价。政府采购活动必须建立在公开、公平、公正、诚实信用的基础之上。案例中，这种有选择的报价会直接影响对各报价人的价格评分，并最终影响成交结果。而这样的采购结果一旦被认可，就是对中标供应商"投机取巧"行为的一种鼓励，会助长其在今后市场竞争中的"投机"欲望，而忽略了完善自己产品，真正提升自身实力；同时，还会打击其他供应商参与政府采购活动的积极性，给阳光采购活动蒙上"阴影"。

本 章 小 结

物业服务收费是物业服务企业接受物业产权人、使用人委托对目标物业的房屋建筑及其设备、共用设施、绿化、卫生、交通、治安和环境容貌等项目开展日常维护、修缮、整治服务以及提供其他相关服务所收取的费用。物业服务费测算要有依据和原则；物业服务计费方式有包干制和酬金制。物业服务费用的构成包括物业服务成本、法定税费和物业服务企业的利润。

物业费计算一般是采用成本加成定价法，将人员费用，物业共用部位、共用设施设备的日常运行、维护费用，物业管理区域清洁卫生费用，物业管理区域绿化养护费用，物业管理区域秩序维护费用，办公费用、物业服务企业固定资产折旧费用，物业共用部位、共用设施设备及公众责任保险费用，经业主同意的其他费用，法定税费等项费用分别计算，再根据企业和市场情况计算利润。报价的定价方法还有差别定价法、高峰定价法、对比定价法经验法、综合分析法。

投标策略与投标决策是两个相互联系的不同的范畴。投标决策包括投标与否、投标项目选择、判断投标资源的投入量、确定报价策略、报价决策、风险决策等内容。投标策略中的不平衡报价法、突然降价法、增加建议方案法等多种投标技巧的有效利用可辅助中标。评分法、决策树法、概率分析法等量化分析法有助于优选投标项目与投标方案。

报价时要防止标书中制约条款方面的计价失误，防范忽视报价和服务范围要求造成的失误，避免忽视材料、设备和物业管理标准造成的失误，重视物业服务企业获得补偿的权利。此外，报价时还需进行充分的可行性论证，避免盲目决策，提高投标报价时的严肃性，注重利用合同条款保护自己，提高报价人员的素质。

思考与讨论

1．归纳出各类物业服务项目公共服务费用的组成，并用成本加成法列出计算公共服务费标准的表格。

2．对比列出几种物业服务费定价法的适用范围和优缺点。

3．不平衡报价法的含义是什么？如何运用这一方法？

4．试论物业服务企业应如何进行投标报价决策？

5．物业服务企业降低风险的方法有哪些？

6．某物业管理公司经研究决定参与某物业管理的投标。经估算，该物业5年的管理成本为150万元，其中人工费占40%。拟制订高、中、低三个报价方案的利润率分别为10%、7%、4%，根据类似物业的投标经验，相应的中标概率分别为0.3、0.6、0.9。编制投标文件的费用为2万元。该物业开发商在招标文件中明确规定采用总价合同。据估计，在管理过程中人工费可能平均上涨3%，其发生概率为0.4。

问：用决策树法算出该物业管理公司应按哪个方案投标？相应的报价为多少？

第八章 物业管理的开标、评标与定标

本章学习要点

1. 开标的时间、开标的程序和废标的处理
2. 评标程序、评标报告的编写
3. 定标和授标的程序
4. 物业服务合同的订立与管理

本章基本概念

公开开标　废标　评标委员会　技术评估　商务评估　最低投标价法　综合评估法
两阶段评标法　重新招标　中标人　中标通知书　转包　分包　物业服务合同

导入案例

评分报价相同，中标人如何选择？

2007 年，A 市政府采购中心受该市卫生局委托，公开招标采购物业管理项目。开标当天，共有 5 家供应商前来投标，经过紧张而漫长的评标，最后的评分终于确定。让评标委员会惊讶的是，在采用综合评分法的情况下，位居前两名的 B 公司和 C 公司不仅得分相同，总报价也相同。此时，评标委员会中的采购人代表提出，在 C 公司的招标文件中未标明可视设备的单项报价，应启动澄清程序由 C 公司派代表对此进行说明。此提议得到了评标委员会的默许，C 公司的技术代表在澄清中表示，其所投的可视设备为进口产品，技术当属国际领先。

最后，评标委员会决议，在总报价相同情况下，B 公司所投可视设备为国产，技术指标和单价都明显低于 C 公司，由此可认为 B 公司的报价实际上高于 C 公司，推荐 C 公司为中标候选排序中的第一名。但是，中标通知书发出后，立刻引起了 B 公司的强烈不满，在质疑未取得满意答复后，他们向监管部门提起了投诉。

［评析］此案例有两点值得关注：

一、评标委员会认为 C 公司未标明某项设备的单项报价，要求投标人进行澄清，这种做法是否合法，即澄清程序在何种情况下才能启动？

二、采用综合评分法进行评标，在评标得分和报价均相同的情况下，应如何确定中标候选人的最终排序？

对于案例中评标委员会要求投标人进行澄清的做法是典型的"滥用澄清"。法律在政府采购的程序中设定了澄清环节，实际上是为方便评标专家更准确地对投标人进行评价，一旦被滥用，反而成为采购人借以达成私利的工具。对澄清的错误使用，在当今的政府采购评标中具有共性，应引起业内人士的注意。

既然案例中评标委员会要求 C 公司进行澄清的做法不妥，那么遇到评标得分和报价均相同的情况，应该如何确定中标候选人排序呢？财政部第 18 号令《政府采购货物和服务招标投标管理办法》第五十四条的第四款第 2 项对此予以解答："采用综合评分法的，按评审后得分由高到低顺序排列。得分相同的，按投标报价由低到高顺序排列。得分且投标报价相同的，按技术指标优劣顺序排列。"

开标、评标是决定中标人的关键环节，不同的评标方法推荐（确定）的候选人或中标人可能截然不同。该阶段的工作包括开标、评标、定标和签订物业服务合同几项内容。其中开标阶段程序的规范与否、废标的规定，评委会组建的合理性和评标的公正性、技术性、委托服务合同的完善与否等，都将直接影响到招投标的成败和招投标各方主体的切身利益。

第一节 开 标

一、开标的时间与参加人员

开标，就是招标人依据招标文件规定的时间和地点，开启投标人提交的投标文件，公开宣布投标人的名称、投标价格和投标文件中的其他主要内容。如果投标截止日期之后与开标之前有一段时间间隔，就会给不端行为造成可乘之机。因此，《招标投标法》第三十四条规定，"开标应当在招标文件确定的提交投标文件截止时间的同一时间公开进行；开标地点应当为招标文件中预先确定的地点。"

如遇有特殊情况，招标人可以推迟开标，但必须事先书面通知各投标人。严格地说，一般要求这个通知时间是在招标文件要求提交投标文件截止时间至少 15 日前。

在招标文件规定的日期、时间和地点，由招标单位（开发商或业主管理委员会）的法人代表或其指定的代理人主持开标仪式。届时所有投标人参加，并邀请有关主管部门、经办银行代表和公证机关出席。开标会议可邀请公证部门对开标全过程进行公证。

二、开标的程序

　　根据投标人是否参加，开标方式可以分为秘密开标和公开开标。开标应公开进行，在符合平等竞争的原则下进行，使每位投标的物业服务企业都知道自己的报价处于何种位置，其他人的报价有何优势条件。《招标投标法》第三十四条的规定实际上是对非公开开标的禁止。按照惯例，公开开标一般按以下程序进行：

　　（1）招标人宣布开标会议开始，并由招标单位工作人员介绍各方到会人员，宣读会议主持人及招标单位法定代表证件或法定代表人委托书。

　　（2）会议主持人检验投标物业服务企业法定代表人或其指定代理人证件、委托书。

　　（3）主持人重申招标文件要点，宣布评标标准与办法。

　　（4）开标。由投标人或者其推选的代表检查投标文件的密封情况，也可以由招标人委托的公证机构检查并公正；经确认无误后，由工作人员当众拆封，招标人根据招标文件的要求，核查投标文件的完整性、文件的签署、投标保证金等。其中属于无效标书，须经评标小组半数以上成员确认，并当众宣布。但提交合格的"撤回通知"和逾期送达的投标文件不予启封。

　　（5）开始唱标。招标人在招标文件要求提交投标文件的截止时间前收到的所有投标文件，开标时都应当众予以拆封、宣读。唱标顺序应按各投标人报送投标文件的先后逆顺序或以抽签方式进行。由唱标人逐一宣读开标一览表中的有关要点，并由记录人在预先准备好的表册上逐一登记。表册的内容一般包括投标单位、投标报价、物业服务的质量等级、投标保证金、附加条件、补充说明、优惠条件，以及招标人或投标人认为有必要的其他内容。登记表册由读标人、记录人、公证人和投标企业的法人代表或其指定的代理人签名后作为开标的正式记录，由招标单位保存备查。

　　（6）当众启封公布标底。招标人编制标底的，开标时必须公布标底，以使每位投标人知道自己标价的位置。开标时是否公布标底，要根据招标文件中说明的评标原则而定。一般来说，当各投标书的报价均属无效报价时，标底价应暂不公布，并宣布招标失败。

三、废标的处理

　　开标时如果有下列情况之一，即视为废标：

　　（1）标书未密封。合格的密封标书，应将标书装入公文袋内，除袋口粘贴外，在缝口处用白纸条粘贴并加盖骑缝章。

　　（2）投标书（包括标书情况汇总表、密封签）未加盖法人印章和法定代表人或其委托代理人的签字（或印鉴）。

　　（3）标书未按规定的时间、地点送达。

（4）未按规定格式填写，内容不全或关键字迹模糊辨认不清，无法评估。

（5）标书情况汇总表与标书相关内容不符。

（6）标书情况汇总表经涂改后未在涂改处加盖法定代表人或其委托代理人签字（或印鉴）。

（7）招标文件要求提交投标保证金，但在开标前没有递交或投标保证金的金额、有效期少于招标文件规定的标书。

（8）投标人递交两份或多份内容不同的投标文件，或在一份投标文件中对同一招标项目报两个或多个报价，且未声明哪一个有效，按招标文件规定提交备选投标方案的除外。

（9）投标人名称或组织机构与资格预审时不一致的。

（10）联合体投标未附联合体各方共同投标协议的。

第二节 评 标

一、评标活动和评标委员会的组建

开标后进入评标阶段。评标即是采用统一的标准和方法，对符合要求的投标文件进行评比，最后选出中标候选人或中标人。评标是招投标活动的重要环节，是招标能否成功的关键，是确定最佳中标人的必要前提。

由于评标工作是人为因素影响最大的一个环节，因此评标委员会必须依法组建。我国《招标投标法》第三十七条规定，"评标由招标人依法组建的评标委员会负责。依法必须进行招标的项目，其评标委员会的成员由招标人的代表和有关技术、经济等方面的专家组成，成员人数为五人以上的单数，其中技术、经济等方面的专家不得少于成员总数的三分之二。……评标委员会成员的名单在中标结果确定前应当保密。"

《前期物业管理招标投标管理暂行办法》第二十八条规定，"评标由招标人依法组建的评标委员会负责。评标委员会由招标人代表和物业管理方面的专家组成，成员为 5 人以上单数，其中招标人代表以外的物业管理方面的专家不得少于成员总数的三分之二。"

为防止招标人在选定评标专家时的主观随意性，评标委员会的专家成员应当从省级以上人民政府有关部门提供的专家名册或者招标代理机构的专家库内的相关专家名单中确定。确定评标专家，可以采取随机抽取或者直接确定的方式。一般项目，可以采取随机抽取的方式；技术特别复杂、专业性要求特别高或者国家有特殊要求的招标项目，采取随机抽取方式确定的专家难以胜任的，可以由招标人直接确定。

与投标的物业服务企业有利害关系的人不得进入相关项目的评标委员会，已经进入的应当更换。

二、评标办法和原则

评标委员会应当按照招标文件确定的评标标准和方法，对投标文件进行评审和比较，设有标底的，应当参考标底。招标文件中没规定的标准和方法不得作为评标的依据。招标文件中规定的评标标准和评标办法应当合理，不得含有倾向或者排斥潜在投标人的内容，不得妨碍或者限制投标人之间的竞争。

评标活动应遵循公平、公正、科学、择优的原则。任何单位和个人不得非法干预、影响评标的过程和结果。如果投标人试图对评标过程或授标决定施加影响，则会导致其投标被拒绝；如果投标人以他人名义投标、串通投标、以行贿手段中标或者以其他弄虚作假方式投标的，该投标人的投标应作为废标处理。招标人应当采取必要的措施，保证评标秘密进行，在宣布授予中标人合同之前，凡属于投标书的审查、澄清、评价和比较及有关授予合同的信息，都不得向投标人或与该过程无关的其他人透露。

三、评标程序

评标的过程一般要经过初评、详评和现场答辩评审三个阶段。初评又称作投标文件的符合性鉴定，详评主要是对标书进行技术评估和商务评估，现场答辩阶段是在评标委员会对各投标单位送交的标书评议以后进行的，答辩的目的一是进一步了解标书的真实性、可操作性、客观性；二是对标书里的一些提法专家有疑问，甚至发现有错误，有必要对一些疑问进一步澄清。根据物业管理的特点以及当前我国物业管理市场化情况，决定评标的项目为投标书、物业现场答辩、企业信誉三大项，现在又有将公共服务费报价列入评标项目的趋势。

（一）初步评审

即投标文件的符合性审查。初审的目的，是为了从所有标书内筛选出符合最低要求的合格标书，淘汰那些基本不合格的标书，以免在详评阶段浪费时间和精力。初审的内容，是检查投标文件是否实质上响应招标文件的要求，评审标准是投标文件应该与招标文件的所有条款、条件规定相符，无显著差异或保留。初审一般包括如下内容：

1. 投标人投标资格审查

投标资格审查分为资格预审和资格后审两种。若采用资格预审，最终参加开标的投标人都是符合招标条件的；若采用资格后审，则应按预审标准审查投标人随投标书递交的资格预审申请书，判断投标人是否符合投标条件。如果投标人符合条件，则可进入评标，投标人资格条件不符合国家有关规定和招标文件要求的，评标委员会可以否决其投标。

2. 投标文件的完整性

投标文件是否包括了招标文件中规定应递交的全部文件，如是否按要求提交了整体策划、管理方式计划、人员配备、管理规章制度、各项指标承诺、社区文化、经费收支预算、职能管理、维修养护等招标文件要求的所有内容和相应的资料。如果缺少一项内容，则无法进行客观、公正的评价，只能按废标处理。另外，如果招标文件要求提交必要的支持文件和资料的，应按要求提供。

3．投标文件的有效性

评标过程中，投标文件涉及以下情况的为废标：

（1）评标委员会发现投标人以他人的名义投标、串通投标、以行贿手段谋取中标或者其他弄虚作假方式投标的，该投标人的投标应作废标处理。

（2）在评标过程中，评标委员会发现投标人的公共服务费用报价明显低于其他投标报价或者在设有标底时明显低于标底，使得其报价可能低于其成本的，应当要求该投标人做出书面说明并提供相关证明材料。投标人不能合理说明或者不能提供相关证明材料的，由评标委员会认定该投标人以低于成本报价竞标，其投标应作废标处理。

（3）评标委员会应当审查每一投标文件是否对招标文件提出的所有实质性要求和条件作出响应。未能在实质上响应的投标，应作废标处理。评标委员会应当根据招标文件，审查并逐项列出投标文件的全部投标偏差。

评标委员会可以书面方式要求投标人对投标文件含义不明确、对同类问题表述不一致或者有明显文字和计算错误的内容作必要的澄清、说明或者补正。举行澄清会有利于加快评标进程，是常采用的方法。在开澄清会时，评审人员应向投标人代表提出主谈人签字的完整的问题清单。经过口头澄清后，投标人代表应正式提出书面答复，并由授权代表正式签字。这些问题清单与书面答复均作为正式文件，并具有与投标文件同等的效力。

澄清、说明或者补正应以书面方式进行，不得超出投标文件的范围或者改变投标文件的实质性内容。评标委员会不得向投标人提出带有暗示性或诱导性的问题，或向其明确投标文件中的遗漏和错误。投标人拒不按照要求对投标文件进行澄清、说明或者补正的，评标委员会可以否决其投标。

评标委员会根据规定否决不合格投标或者界定为废标后，因有效投标不足三个使得投标明显缺乏竞争的，评标委员会可以否决全部投标。

投标人少于三个；或者有效投标不足三个使得投标明显缺乏竞争的；或者最低评标价大大超过标底或合同估价，招标人无力接受，评标委员会决定否决所有投标的，应当宣布此次招标失败，招标人可以选择依法重新招标、调整招标方式或不再进行招标。因招标人的原因使投标人蒙受损失的，招标人应当承担缔约过失责任。

4．报价计算的正确性

由于只是初步评审，不详细研究目标物业各部分报价金额是否合理、准确，仅审核报价是否有计算或累计上的算术错误。若出现的错误在规定的允许范围内，由评标委员会予以改正，并请投标人签字确认。经投标人确认同意后，改正后的报价对投标人起约束作用。如果投标人不接受改正后的投标报价，其投标将被拒绝，其投标保证金将被没收。当错误值超过允许范围时，按废标对待。修正计算错误的原则如下：投标文件中的用数字表示的数额和用文字表示的数额不一致的，以文字数额为准；总价金额与单价金额不一致的，以单价金额为准，但单价金额小数点有明显错误的，应以总价为准，并修改单价。对不同文字文本投标文件的解释发生异议的，以中文文本为准；副本与正本不一致的，以正本为准。

经过初审，只有合格的投标文件才有资格进入下一轮的详评。评标委员会应当按照投标报价的高低或者招标文件规定的其他方法对投标文件排序。以多种货币报价的，应当按照中国银行在开标日公布的汇率中间价换算成人民币。招标文件应当对汇率标准和汇率风险作出规定。未做规定的，汇率风险由投标人承担。一般情况下，评标委员会将对新名单中的前几名作为初步备选的潜在中标人和详评阶段的重点考虑对象。

（二）详细评审

经初步评审合格的投标文件，评标委员会应当根据招标文件确定的评标标准和方法，对其技术部分和商务部分作进一步评审、比较。详评的重点，是评定投标人准备如何管理目标物业，因此应该围绕投标文件中有关管理方案、管理质量、人员素质、报价的合理性等方面进行详细评定和比较。

1. 技术评估

技术评估的目的，是确定和比较投标人完成目标物业服务的技术能力，以及它的可靠性。技术评估的主要内容可以归纳为以下几个方面：

（1）管理方案的合理性

物业管理最重要的就是管理水平，因此在评标时应着重考虑投标企业的管理计划与措施是否恰当，管理机构的设置是否合理、技术力量的拥有程度、规章制度的完善程度、管理标准的定位准确与否、物业维修养护计划制定的是否先进可行等，这些都直接影响到服务费用和工作效率的高低以及物业管理的质量的优劣。

（2）服务质量的优劣性

目前，物业服务企业是否通过 ISO9000 或 ISO9002 族标准已成为评价一个物业服务企业管理服务水平高低的重要标志。为了全面了解物业服务企业的服务质量，评委可以通过物业服务企业以前管理水平和业绩资料来考察。即通过对物业服务企业正在管理的物业服务质量加以考察，通过对标书中的各项指标的承诺及为完成承诺指标采取的措施、对房屋和设备设施的保养和检修水平、技术力量的配备等方面加以分析。

（3）人员素质的高低

物业管理作为服务性行业的特质就对从事物业管理工作的管理者和操作者的素质提出了一定的要求。物业服务企业要想提供完善的服务，除具有良好的运作体系外，还需拥有足够数量的具有相应专业物业管理经验的经理、工程师、培训人员、质检员、维修人员等各类配套的专业技术人才。物业服务企业人员的素质具体体现在其业务水平、敬业精神和精神风貌几个方面。

（4）企业信誉的高低

企业信誉的高低对于物业服务企业中标后是否毁约、能否适当履行合同和管理好物业有很大关系，所以它已经成为各类物业管理评标中的一个十分重要的因素。

一个具有良好社会信誉的物业服务企业具有以下几个特征：① 无投诉记录；② 所管住宅小区被评为全国或省市优秀物业管理小区；③ 所管出租物业的租金和出租率高于同类物业同期水平；④ 接受某物业的管理后一直未被解聘；⑤ 社会反应良好。

招标单位可以通过以下两种途径来得到评委判断物业服务企业信誉的资料。

一是开标前，招标单位到投标企业目前所开展的物业服务项目，采用问卷的形式随机调查一定户数，以各户答卷分汇总平均分作为投标单位该项得分。问卷分项内容与招标文件中的评分办法规定的内容相一致，一般包括安全保卫、环境绿化、卫生保洁、维修维护、便民服务、服务质量、社区文化、综合评价等项内容。

二是招标单位通过主管物业管理行业的政府有关部门，如房地局、物价局、工商局等对某一物业服务企业的评价来判断该公司的企业信誉。

2．商务评估

商务评估不仅是从服务成本和经验等方面对各标书进行报价数额的比较，还要对价格组成各部分比例的合理性进行评价。分析投标报价的目的在于鉴定各投标价的合理性、准确性、经济效益和风险等，并找出报价高与低的主要原因，比较授标给不同的投标人产生的不同后果。商务评审还需考虑保函接受情况、财务实力、资信程度、财务和付款方面建议的合理性等问题。

3．其他评审

（1）审查优惠条件的实用价值

分析如从优惠条件方面考虑授标给该投标单位，在其他方面可能存在的风险。对于划分有多个单项合同的招标物业项目，招标文件允许投标人为获得整个项目合同而提出优惠条件的，评标委员会可以对投标人提出的优惠进行审查，以决定是否将招标项目作为一个整体合同授予中标人。将招标项目作为一个整体合同授予的，整个合同中标人的投标应当最有利于招标人。投标文件中没有列入的价格和优惠条件在评标时不予以考虑。

（2）对合同文件某些条款修改建议的采用价值

当物业服务企业采用多方案报价时，审查采用投标人提出修改双方某些权利义务条款后，能降低报价的经济价值和可能带来的风险。

（三）现场答辩评审

在评标过程中召开现场答辩会的，应当事先在招标文件中说明，并注明所占的评分比重。一般来说各投标单位答辩人限于经理、管理处主任两人。答辩时由投标企业答辩人介绍本公司的基本情况、管理业绩及投标书的主要内容，再由评委进行提问，提问内容限于标书和拟管理物业的管理事项。根据答辩评分标准，以及答辩人的仪容仪表、时间掌握、语言简洁、逻辑性强、回答准确、情况熟悉、工作思路及综合印象等项内容由评委评出答辩分。

四、详细评审的方法

评标的方法很多，有简有繁，究竟采用哪种方法应根据招标项目的复杂程度、专业特点等来决定。目前，物业管理的评标多采用以下几种方法。

（一）最低投标价法

最低投标价法也称合理最低投标价法。此方法一般适用于管理技术、性能标准较简单或者招标人对其管理技术、性能标准没有特殊要求的招标物业项目。根据最低投标价法，能够满足招标文件的实质性要求，并且经评审的最低投标价的投标，应当推荐为中标候选人。采用此法有一个基本原则，即在当地政府物业服务收费指导价的限度内，在符合物业服务定位的前提下，要保证服务质量优良，收费合理，业主满意接受的标准。

（二）综合评估法

不宜采用最低投标价法的招标物业项目，一般应当采取综合评估法进行评审。根据综合评估法，最大限度地满足招标文件中规定的各项综合评价标准的投标，应当推荐为中标候选人。衡量投标文件是否最大限度地满足招标文件中规定的各项评价标准，最常用的是百分制的打分方法，需量化的因素及其加权应当在招标文件中明确规定。评标委员会对各个评审因素进行量化时，应当将量化指标建立在同一基础或者同一标准上，使各投标文件具有可比性。对技术部分和商务部分进行量化后，评标委员会应当对这两部分的量化结果进行加权，计算出每一投标的综合评估价或者综合评估分。根据综合评估法完成评标后，评标委员会应当拟定一份"综合评估比较表"，连同书面评标报告提交招标人。

（三）两阶段评标法

所谓两阶段评标法，就是把物业服务分两次开标、两次筛选、两次竞争。在投标时物业服务企业将技术标与商务标分两袋密封包装，评标时先评技术标，进行服务质量的比较，即各物业服务企业根据目标物业的定位而制定的管理服务方案，由评委会对其进行评定、打分。技术标没通过者，商务标原封不动的退还给投标人；技术标合格者，再打开并评定商务标，即评管理服务收费的标准。对商务标（报价）的评定方法，应事先在招标文件中确定，通常有三种方法：第一种是以最低收费标准者为商务标得分最高者；第二种是把进入第二轮角逐的所有物业服务企业报价的算术平均数作为基准价，报价越接近基准价者商务标得分最高；第三种是把进入第二轮角逐的所有物业服务企业有效报价的算术平均数与标底依照招标文件中确定的权重比例计算出标底合成价，报价越接近标底合成价者，商务标得分最高。

虽然评标分为两个阶段进行，但二者又是不可分割的整体，一般确定技术标和商务标的总分为 100 分。如何在技术水平与报价之间权衡，通过评标选出满意的物业管理者，主要体现在招标文件中确定的技术标和商务标的权重，这主要由招标人依据目标物业的特点和招标人自身的偏好来确定。

两阶段评标法对那些把价格压得很低，服务管理质量措施不到位，策划不合理的物业服务企业，在开技术标时就淘汰了，从而有效地找到了招标人在高水平服务与低收费标准这一对"宠儿"之间的艰难抉择的最佳切入点。两阶段评标法比一次评标法更科学，它将引导物业服务企业首先把目标定在管理服务的水平和质量上，然后再考虑收费标准，这样做一方面更有利于招标人择优，另一方面对推动物业管理健康发展更为合适、合理、科学。

五、评标报告的编写

评标委员会完成评标后，应当向招标人提出书面评标报告，并推荐合格的中标候选人。评标报告是指评标委员会经过对各投标书评审后向招标人提出的结论性报告，作为定标的主要依据。

评标报告应当如实记载以下内容：（1）基本情况和数据表；（2）评标委员会成员名单；（3）开标记录；（4）符合要求的投标一览表；（5）废标情况说明；（6）评标标准、评标方法或者评标因素一览表；（7）经评审的评分比较一览表；（8）经评审的投标人排序；（9）推荐的中标候选人名单与签订合同前要处理的事宜；（10）澄清、说明、补正事项纪要。

评标报告由评标委员会全体成员签字。对评标结论持有异议的评标委员会成员可以书面方式阐述其不同意见和理由。一般来说，评标委员会成员拒绝在评标报告上签字且不陈述不同意见和其理由的，视为同意评标结论。评标委员会应当对此做出书面记录。向招标人提交书面评标报告后，评标委员会即告解散。评标过程中使用的文件、表格以及其他资料应当即日归还招标人。评标委员会推荐的中标候选人应当限定在 1～3 人，并标明排列顺序。

招标文件应当载明投标有效期。投标有效期从提交投标文件截止日期计算。评标和定标应当在投标有效期结束日 30 个工作日前完成。不能在投标有效期结束日 30 个工作日前完成评标定标的，招标人应当通知所有投标人延长有效期。拒绝延长投标有效期的投标人有权收回投标保证金。同意延长投标有效期的投标人应当相应延长其投标担保的有效期，但不得修改投标文件的实质性内容。因延长投标有效期造成投标人损失的，招标人应当给予补偿，但因不可抗力因素需延长投标有效期的除外。

六、评标示例

【示例一】

某居住区物业管理评分标准细则

一、评标项目

评标项目分为投标标书、现场答辩、企业信誉三大项，分别按百分制计分，前两项由评委评分，第三项由招标办公室负责到投标单位受托物业现场问卷计分。

（一）投标书评分细则（总分100分）

1. 企业基本情况（10分）

（1）企业所管的普通居住小区规模较大，有资质证书（2分）；

（2）企业从业人员知识层次较高（2分）；

（3）企业有合理的机构设置（1分）；

（4）企业经营管理运作有特点（2分）；

（5）历年获奖情况及管理的业绩（2分）；

（6）企业发展的后劲和发展方向（1分）。

2. 提高物业服务水平的整体设想及策划（10分）

根据有关法规、政策、标准及小区的特点提出整体设想及策划。

（1）采用合理的管理体制、管理机制（2分）；

（2）有明确可行的管理思路（1分）；

（3）有高标准、高水平的管理措施（2分）；

（4）有超前性、创造性、全方位服务的意识（1分）；

（5）有创造优美舒适、安全文明、突出社区文化工作的设想（1分）；

（6）对该区有充分的市场调查与分析（1分）；

（7）体现出特色的物业管理模式（1分）；

（8）有现代化科技手段的设想和管理学前沿理论的运用（1分）。

3. 拟采取的管理方式、工作计划和物质装备情况（10分）

（1）管理方式，包括清晰的业务流程和管理运作机制、明确的管理构想和各部门职责（3分）；

（2）工作计划，包括有各阶段的工作计划及详细的工作项目、工作内容、完成时间（3分）；

（3）物质装备，包括管理用房的合理分配（办公用房、后勤用房）、固定资产和低值易耗品的投入（4分）。

4. 管理人员的配备、培训、管理（10分）

（1）管理人员的配备，包括合理配备各岗位管理人员的人数、主要管理人员的简历、各类人员的专业素质要求（4分）；

（2）管理人员的培训，包括对各类人员各阶段的培训计划、方式、内容和目标（3分）；

（3）管理人员的管理，包括录用与考核办法、激励机制、淘汰机制及奖罚措施等（3分）。

5. 管理规章制度和住宅小区档案的建立与管理（10分）

（1）管理规章制度，包括公众制度、内部岗位责任制、管理运作制度及标准、管理人员考核制度及标准，要求条例规范，体现高标准、高档次，科学管理、详细完备（5分）；

（2）居住区档案的建立与管理，包括档案的建立、归档，要求分类合理、规范，档案管理制度完善，利用计算机对档案进行管理，档案的建立能密切配合管理工作（5分）。

6. 经营管理指标的承诺及采取的措施（10分）

这项内容包括（以下各项指标均有预测依据及采取的措施，各项1分，若超出10项不另加分）：

（1）房屋及配套设施完好率；

（2）房屋零修、急修及时率；

（3）保洁率；

（4）维修工程质量合格及回访率；

（5）小区内治安案件发生率；

（6）住户有效投诉率与处理率；

（7）居民对物业管理满意率；

（8）绿化完好率；

（9）道路、车场完好率；

（10）管理费收缴率。

7. 社区文化活动的设想（10分）

（1）社区文化，包括根据居住区的特点和居民特点提出社区文化活动的设想及活动的计划，活动制度的建立和场所的安排（5分）；

（2）环境文化，包括小区文明、环境管理落实、环境设施完备、防治设施完备、防止各类污染、倡导环境观念等。要求有特色、有深度、有影响（5分）。

8. 便民服务和经费收支预算（10分）

（1）便民服务措施，包括有较完善的便民服务措施；便民服务必须按有偿服务和无偿服务逐项分列。有偿服务项目及标准应符合有关规定，价格合理优惠，体现便捷；无偿服务应详细可行（3分）；

（2）经费收支预算，包括列明收入项目和支出项目预算，有文件规定的按规定测算，无文件规定的按市场价格测定。应列出收支盈亏情况测算和增收节支措施，体现该项目管理经营可持续发展（7分）。

① 有明确的经营收支原则（1分）；

② 收支项目合理（2分）；

③ 经费收支预算准确（2分）；

④ 对经费预算结果有分析（1分）；

⑤ 有维修基金的管理及使用方案（1分）。

9. 日常管理（10分）

（1）住户入住期间的管理方案，包括入住仪式，办理有关手续，便民服务，为住户排忧解难的措施（2分）；

（2）房屋装修的监管方案、方式，措施有效并有创新（2分）；

（3）根据入住前后及各阶段的特点，采取相应的安全防范措施（1分）；

（4）有独立采暖系统的使用维护及安全防范措施（2分）；

（5）有居民投诉及处理的管理机制（1分）；

（6）有日常主要服务项目的运作措施（2分）。

10. 物业维修养护计划和实施（10分）

（1）根据房屋本体的使用年限，提出对房屋本体各部分的定期维护和日常养护的计划及实施效果（5分）；

（2）根据共用设施的使用年限，提出居住区公共设施的定期维护和日常养护的计划、方案、标准和实施效果（5分）。

（二）现场答辩评分细则（总分100分）

答辩时，先由投标单位答辩人介绍本公司基本情况、管理业绩及投标书主要内容（限20分钟），再回答评委的提问。

1. 答辩人的仪容仪表（10分）；

2. 时间掌握（10分）；

3. 语言简洁（10分）；

4. 逻辑性强（10分）；

5. 回答准确（20分）；

6. 情况熟悉（15分）；

7. 工作思路（15分）；

8. 语言印象（10分）。

（三）企业信誉（总分100分）

（1）企业信誉分由招标领导小组办公室组织调查小组，对投标单位现托管的两个小区（大厦）住户采取问卷形式，随机调查20户，以20户答卷汇总平均分作为投标单位该项总分；

（2）问卷分项内容计分标准为：安全保卫（15分）、环境绿化（15分）、卫生保洁（12分）、维修维护（15分）、便民服务（8分）、服务质量（15分）、社区文化（10分）、综合评价（10分）。

二、计分方法及定标原则

（一）计分方法

评标按标书、答辩、信誉三大项分别以百分制评分，权重系数为 55∶30∶15。记分时，按各大项中的分项得分从 7 位评委所评分中去掉一个最高分，去掉一个最低分后取平均值计算，得出分项分值；分项分值之和为该大项总分；大项总分乘以对应的权数后汇总，得出投标单位总分（精确到小数点后第二位）。

（二）定标原则

（1）定标以总分最高者为中标单位；若出现多家相同最高分，则抽签确定中标单位。

（2）在投标过程中有违法违纪，或采取任何不正当竞争手段的，一经查实，由招标领导小组取消其本次投标资格。

附件：系列表格

尊敬的用户：

为帮助我们了解本小区（大厦）物业管理状况，请您对本小区（大厦）物业服务企业做一客观评价（在您选定的表8-1～表8-8的等级空格内画"√"）。非常感谢您的合作。

表8-1　物业服务企业信誉评价调查表

调查物业		被评公司		
评价项目	评价等级			
	差	一　般	较　好	很　好
1. 安全保卫				
2. 环境绿化				
3. 卫生保洁				
4. 维修维护				
5. 便民服务				
6. 服务质量				
7. 社区文化				
8. 综合评价				

表 8-2 标书评分标准

标 准 分		评 分 等 级			
项 目	满 分	差	一 般	较 好	很 好
1. 企业情况	10 分	4～5.9 分	6～7.9 分	8～9.4 分	9.5～10 分
2. 整体策划	10 分	4～5.9 分	6～7.9 分	8～9.4 分	9.5～10 分
3. 方式计划	10 分	4～5.9 分	6～7.9 分	8～9.4 分	9.5～10 分
4. 人员配备	10 分	4～5.9 分	6～7.9 分	8～9.4 分	9.5～10 分
5. 制度档案	10 分	4～5.9 分	6～7.9 分	8～9.4 分	9.5～10 分
6. 各项指标	10 分	4～5.9 分	6～7.9 分	8～9.4 分	9.5～10 分
7. 社区文化	10 分	4～5.9 分	6～7.9 分	8～9.4 分	9.5～10 分
8. 经费支出	10 分	4～5.9 分	6～7.9 分	8～9.4 分	9.5～10 分
9. 日常管理	10 分	4～5.9 分	6～7.9 分	8～9.4 分	9.5～10 分
10. 维修养护	10 分	4～5.9 分	6～7.9 分	8～9.4 分	9.5～10 分
合计分值	100 分	40～59 分	60～79 分	80～94 分	95～100 分

表 8-3 现场答辩评分标准

标 准 分		评 分 等 级			
项 目	满 分	差	一 般	较 好	很 好
1. 仪容仪表	10 分	4～5.9 分	6～7.9 分	8～9.4 分	9.5～10 分
2. 时间掌握	10 分	±5 分钟以上 4～5.9 分	±3～±4 分钟 6～7.9 分	±1～±2 分钟 8～9.4 分	按时 9.5～10 分
3. 语言简洁	10 分	4～5.9 分	6～7.9 分	8～9.4 分	9.5～10 分
4. 逻辑性强	10 分	4～5.9 分	6～7.9 分	8～9.4 分	9.5～10 分
5. 回答准确	20 分	8～11.9 分	12～15.9 分	16～19.9 分	19～20 分
6. 情况熟悉	15 分	6～8.9 分	9～11.9 分	12～13.9 分	14～15 分
7. 工作思路	15 分	6～8.9 分	9～11.9 分	12～13.9 分	14～15 分
8. 综合印象	10 分	4～5.9 分	6～7.9 分	8～9.4 分	9.5～10 分
合计分值	100 分	40～59.2 分	60～79.2 分	80～93.7 分	94.5～100 分

表 8-4 信誉调查评分标准

标 准 分		评 分 等 级			
项 目	满 分	差	一 般	较 好	很 好
1. 安全保卫	15 分	6.8 分	9.8 分	12.8 分	14.6 分
2. 环境绿化	15 分	6.8 分	9.8 分	12.8 分	14.6 分
3. 卫生保洁	12 分	5 分	7.8 分	10.2 分	11.7 分

续表

标 准 分		评 分 等 级			
项 目	满 分	差	一 般	较 好	很 好
4. 维修维护	15分	6.8分	9.8分	12.8分	14.6分
5. 便民服务	8分	4分	5.2分	6.8分	7.8分
6. 服务质量	15分	6.8分	9.8分	12.8分	14.6分
7. 社区文化	10分	4.5分	6.5分	8.5分	9.8分
8. 综合评价	10分	4.5分	6.5分	8.5分	9.8分
合计分值	100分	45.2分	65.2分	85.2分	97.5分

表 8-5 投标标书评分汇总表

得分 投标单位 项目						
1. 企业情况（10分）						
2. 整体策划（10分）						
3. 方式计划（10分）						
4. 人员配备（10分）						
5. 制度档案（10分）						
6. 各项指标（10分）						
7. 社区文化（10分）						
8. 经费支出（10分）						
9. 日常管理（10分）						
10. 维修养护（10分）						
合计得分						

表 8-6 现场答辩评分汇总表

得分 投标单位 项目						
1. 仪容仪表（10分）						
2. 时间掌握（10分）						
3. 语言简洁（10分）						
4. 逻辑性强（10分）						
5. 回答准确（20分）						

续表

得分 投标单位 项　目								
6. 情况熟悉（15 分）								
7. 工作思路（15 分）								
8. 综合印象（10 分）								
合计得分								

表 8-7　信誉调查评分汇总表

得分 投标单位 项　目								
1. 安全保卫（15 分）								
2. 环境绿化（15 分）								
3. 卫生保洁（12 分）								
4. 维修维护（15 分）								
5. 便民服务（8 分）								
6. 服务质量（15 分）								
7. 社区文化（10 分）								
8. 综合评价（10 分）								
合计得分								

表 8-8　综合得分汇总表

投标单位 项　目								
标书得分								
占总分 55%								
答辩得分								
占总分 30%								
信誉得分								
占总分 15%								
综合得分								

备注：综合得分=标书平均分×55%+答辩平均分×30%+信誉平均分×15%

【示例二】

物业管理两阶段评标

某住宅小区物业采用公开招标方式，有A、B、C、D、E、F共6家投标单位参加投标，经资格预审该6家投标单位均满足业主要求。该项目采用两阶段评标法评标，评标委员会由7名委员组成，评标的具体办法如下。

1. 第一阶段评技术标

技术标共计70分，其中投标标书占45分，企业信誉占15分，现场答辩占10分。技术标各项内容的得分为各评委评分去掉一个最高分和一个最低分后的算术平均数。技术标合计得分不满55分者，不再评其商务标。

表8-9所示为各评委对6家投标单位标书评分的汇总表。

表8-9　评委对投标标书打分汇总表

投标单位 \ 评委	一	二	三	四	五	六	七	平均得分
A	40.0	38.5	39.0	38.0	38.0	39.5	39.5	38.9
B	41.5	40.5	41.5	40.0	40.5	41.5	41.5	41.1
C	39.0	37.0	38.5	38.0	37.5	38.5	38.5	38.2
D	41.0	40.5	40.5	40.0	40.5	41.0	41.5	40.7
E	39.5	38.5	39.0	38.0	38.5	39.5	39.5	39.0
F	37.5	37.5	37.5	37.0	36.5	38.0	37.5	37.4

表8-10所示为各评委对6家投标单位标书、企业信誉、现场答辩得分汇总表。

表8-10　各投标单位技术得分表

投标单位	投标标书	企业信誉	现场答辩	合　计
A	38.9	12.0	7.5	58.4
B	41.1	13.5	8.5	63.1
C	38.2	11.5	7.0	56.7
D	40.7	12.5	8.0	61.2
E	39.0	11.0	8.5	58.5
F	37.4	9.5	6.0	52.9

由于投标单位F的技术标得分为52.9分，小于55分的最低限，按规定，不再评其商务

标，实际上已作为废标处理。

2．第二阶段评商务标

商务标共计 30 分。招标文件中规定以标底的 50% 与投标单位有效报价算术平均数的 50% 之和为标底合成价，以标底合成价为满分（30 分），报价比标底合成价每降价 1%，扣 1 分，最多扣 10 分；报价比标底合成价每增加 1%，扣 2 分，扣分不保底。投标单位报价和标底汇总表，如表 8-11 所示。

表 8-11　投标单位报价和标底汇总表

投标单位	A	B	C	D	E	F	标　底
公共服务费报价（元/（月·平方米））	0.50	0.60	0.60	0.55	0.65	0.40	0.60

由于 F 已作为废标处理，故其不属于有效标价，在计算标底合成价时不再考虑其报价。

标底合成价 = $0.6 \times 50\% + [(0.50+0.60+0.60+0.55+0.65) \div 5] \times 50\% = 0.59$

则各投标单位的商务标得分，如表 8-12 所示。

表 8-12　各投标单位的商务标得分

投标单位	报价（元/（月·平方米））	报价与标底合成价的比例	扣　　分	得　　分
A	0.50	(0.50/0.59) × 100 = 84.7	(100−84.7) × 1=15.3 最多扣 10 分	20
B	0.60	(0.60/0.59) × 100 = 101.7	(101.7−100) × 2=3.4	26.6
C	0.60	(0.60/0.59) × 100 = 101.7	(101.7−100) × 2=3.4	26.6
D	0.55	(0.55/0.59) × 100 = 93.2	(100−93.2) × 1=6.8	23.2
E	0.65	(0.65/0.59) × 100 = 110.2	(110.2−100) × 2=20.4	9.6

最后，计算各投标单位的综合得分，如表 8-13 所示。

表 8-13　各投标单位综合得分表

投标单位	技术标得分	商务标得分	综合得分
A	58.4	20	78.4
B	63.1	26.6	89.7
C	56.7	26.6	83.3
D	61.2	23.2	84.4
E	58.5	9.6	68.1

因此，评标委员会确定的前 3 名中标候选人的排序为：B、D、C。

第三节　定标和授标

一、定标和授标的程序

（一）进行决标前谈判

在评标委员会提交评标报告后，招标人通常还要与评标报告推荐的几名潜在中标人就目标物业管理过程中的有关问题谈判，然后再决定将合同授给哪位投标人。虽然招标文件已经对投标文件内容作了明确规定，投标人也在投标文件中表示愿意遵守，但双方都愿意有个谈判的过程来进一步阐述各自的观点。从招标人方面看，一般出于两个原因希望谈判：一是发现标书中某些建议（包括技术建议和商务建议）是可以采纳的，有些也可能是其他投标人的建议，招标人希望备选的中标人也能接受，需要同他讨论这些建议的实施方案；二是为进一步了解和审查备选中标人的管理策划和各项技术措施是否科学、可行。在实践中，有些招标人认为总体上可以接受投标报价，但仍发现有不够合理的地方，希望通过谈判来压低报价额使之成为正式的合同报价。但是，根据《招标投标法》第四十三条的规定，"在确定中标人前，招标人不得与投标人就投标价格、投标方案等实质性内容进行谈判。"因此，这种谈判是不允许的。

（二）确定中标人

招标人应当依据招标文件中的定标原则确定中标人。严格来说，招标人应当确定排名第一的中标候选人为中标人。排名第一的中标候选人放弃中标，因不可抗力因素提出不能履行合同，或者招标文件规定应当提交履约保证金而在规定的期限内未能提交的，招标人可以确定排名第二的中标候选人为中标人。排名第二的中标候选人因上述的同样原因不能签订合同的，招标人可以确定排名第三的中标候选人为中标人。国家对中标人的确定另有规定的，从其规定。

（三）发出中标通知书

中标人确定后，招标人应当向中标人发出中标通知书，同时将中标结果通知所有未中标的投标人。中标通知书表明招标人对中标人就物业服务的要约（投标行为）做出了承诺，因此它对招标人和中标人都有法律效力，中标通知书发出后，招标人改变中标结果的，或者中标人放弃中标项目的，应当依法承担法律责任。

【案例 8-1】

签订中标通知书后可以擅自撤标吗？

已经收到某市一住宅建设项目中标通知书的 A 物业企业还没有来得及品尝喜悦，却又接到这个项目招标人——某房产公司的口头通知：原先发出的中标通知书无效。项目已发包给 B 企业。已经按规定要求向招标人支付了 5 万元投标保证金的物业企业对此怎么也想不通，程序完全合法的招投标结果，这家房产公司怎么可以擅自撤标？

后来该物业企业了解到，另一家物业企业是以比他们中标价低的价格签订这个项目合同的。经多次交涉无果后，物业企业委托律师向当地法院起诉，要求判决被告某房产公司与他人签订的合同无效，并要求该房产公司以合同价款 5% 的比例向其赔偿利润损失。其理由是，根据我国法律，招投标项目发出中标通知书后的一定期限内，发包人必须按招标文件规定与中标人签订正式合同，反之则要承担违约责任。但是，这家房产公司则辩称：原、被告没有签订合同，招投标有关文件只是意向书，对双方并无约束力，因此原告要求被告赔偿的诉讼要求没有法律依据，请求法院驳回原告的诉讼主张。

[评析] 当事双方争议的焦点是招投标过程中，在签订正式合同之前，相关的招标文件在中标通知书发出后对招投标双方有无约束力的问题。

法院在审理后认为，招投标活动受国家法律保护，双方必须遵循公开、公正和诚实信用的原则在中标通知发出后的规定期限内签订承包合同。本案被告在发出中标通知后未按规定期限与原告而是与其他人签订承包合同，属于单方废标，应予适当赔偿。

法院判决被告败诉是毫无疑问的。原因在于，被告为了追求最大的"利益"，错误地把招标文件看作为没有约束力的"意向"了，对擅自废标的法律后果缺乏了解。值得一提的是，《招标投标法》做出了更加明确、细致的规定，根据该法有关规定，招投标文件的主要内容要在最后签订的合同中体现。招标人不仅不能在中标通知发出后与其他未中标者签订合同，与中标者所签的合同也不能任意改变，即使双方协商一致也不可以，因为这对其他投标人是不公平的。

（四）招标人与中标人签订合同

中标人接到中标通知书后，就成为该物业管理的受托人，应在自中标通知书发出之日后 30 日内，按照招标文件和中标人的投标文件订立书面物业服务合同，不得再行订立背离合同实质内容的其他协议。招标文件要求中标人提交履约保证金的，中标人应当提交。招标人与中标人签订合同后，应当向中标人和未中标人退还投标保证金。招标人全部或者部分使用非中标单位投标文件中的技术成果或技术方案时，须征得其书面同意，并给予一定的经济补偿。招标人无正当理由不与中标人签订合同，给中标人造成损失的，招标人应当给予赔偿。

【案例 8-2】

签订合同时，缺陷招标的责任界定

某城市 A 房地产公司对其开发的小区进行了物业管理公开招标。当时离该小区竣工入住尚需半年之遥，房地产公司对物业管理的内容和标准在招标文件中作了明确的要求，要求投标单位进行物业管理报价。5 家物业管理公司参加投标。开标后经过评比，A 房地产公司认为 B 物业管理公司的 0.52 元/平方米的报价合理，决定让 B 物业管理公司中标，并发出了中标通知书。但是，到了签订合同时，双方发现对竣工入住后的空置房的物业管理费用的负担有不同的理解（在招标时无法对入住时的空置房数量和空置的时间进行准确估计）。招标文件对此没有作出明确的规定，投标文件对此也没有涉及。B 物业管理公司认为他们的投标是按照全部房屋物业管理计算的价格，空置房的物业管理费用应当由开发商承担，并有该城市房管局的规定为依据。A 房地产公司则认为物业管理费应当由物业管理公司向住户（业主）直接收取，开发商不应当承担这一费用。双方的合同迟迟没有签订，由此形成争议。

特别需要说明的是，如果最终没有签订合同，双方都会有一些损失，则必须明确法律责任的承担问题。

[评析] 物业管理招标的中标通知书发出后，双方应当按照招标文件和中标人的投标文件订立书面合同。这就要求在招标文件中明确所有订立合同时所需要的内容（包括要求投标文件确定的内容）。当出现有缺陷的招标而发生争议时，首先考虑的是应当弥补缺陷，此时的处理原则可以按照"合同生效后发现没有约定的内容"，适用我国《合同法》第六十一条和第六十二条的规定：第一，双方协议补充；第二，按照合同有关条款或者交易习惯确定。就本案而言，双方首先可以协议补偿，达成补充协议。如果无法达成补充协议，市房管局的规定可以视为交易习惯，因此，空置房的物业管理费用应当按照市房管局的规定确定。如果 A 房地产公司拒绝签订合同则应当承担法律责任。如果没有市房管局的规定，也没有其他交易习惯，也不能按照其他方式达成合意，应当按照格式条款的规定来理解这一内容。因为除了招标文件中要求投标人明确的内容，合同其他内容都可以认为是招标人拟定的。一般情况下，合同文本应当作为招标文件的组成部分，当然，要求投标人明确的内容应当是空缺的。并且招标文件确实有可能重复使用，因为对于房地产开发商而言，有可能开发多处项目，此时的物业管理招标完全可能采用同一合同文本。因此，双方对条款内容的理解发生争议的，应当按照通常理解予以解释；如果有两种以上解释的，应当做出

不利于提供条款内容一方的解释。因此，如果因为双方在这一条款的理解上发生争议而致合同无法订立，应当做出不利于房地产开发商的解释，最终由房地产开发商承担法律责任。

（五）提交书面报告

《前期物业管理招标投标管理暂行办法》第三十七条规定，"招标人应当自确定中标人之日起 15 日内，向物业项目所在地的县级以上地方人民政府房地产行政主管部门备案。备案资料应当包括开标评标过程、确定中标人的方式及理由、评标委员会的评标报告、中标人的投标文件等资料。委托代理招标的，还应当附招标代理委托合同。"

二、中标人的法定义务

（一）按照合同的约定履行义务，完成中标项目

这是与我国《合同法》第六十条关于"当事人应当按照约定全面履行自己的义务"的规定是一致的。根据这一要求，中标人必须全面履行合同，不得部分履行、拒绝履行、履行延迟、瑕疵履行，不得撕毁合同。

（二）不得向他人转让中标项目，也不得将中标项目肢解后分别向他人转让

广义的转包合同，包括债权让与、债务承担、债权债务的概括移转。此处所指的转让中标项目，仅指全部债权债务的概括移转，是指当事人一方将自己在合同中的权利和义务一并转让归第三人，其实质为转包。根据《合同法》的有关规定，转让合同须经对方当事人同意，但有下列情形之一的，不得转让合同：（1）根据合同性质不得转让；（2）按照当事人约定不得转让；（3）按照法律规定不得转让。由于招标人通过招标方式确定中标人时，除价格因素外，主要考虑的是中标人的个人履约能力，同时为了防止中标人通过层层转让合同坐收渔利，确保项目服务质量，因而作此规定。将中标项目肢解成小部分后分别向他人转让，只是转包的一种"零售"形式，本质上仍属转包，因而也在禁止之列。

（三）应遵守中标项目分包的限制性规定

所谓分包，是指当事人一方将自己在合同中的一部分权利义务转让给第三人，即部分债权债务的概括转移。由于中标人并不一定对完成某部分工作具有一定优势，如将该部分分包给有优势的第三人，对招标人不仅无害反而有利，所以法律一般不禁止经招标人同意或者按照合同约定的分包合同。不过，对中标人的分包合同作了如下一些限制：

（1）中标人按照合同约定或者经招标人同意，只能将中标项目的部分非主体、非关键性工作分包给他人完成。

（2）接受分包的人应当具备相应的资格条件。

（3）接受分包的人不得再次分包。

（4）接受分包的人应就分包项目承担连带责任。

第四节 物业服务合同的订立与管理

一、物业服务合同的含义和主要类型

（一）含义

物业服务合同有广义和狭义之分。狭义物业服务合同是物业服务企业与业主（或业主大会授权的业主委员会，下同）之间就物业管理服务及相关的物业管理活动所达成的权利、义务关系的协议。广义物业服务合同是物业管理的各有关当事人（物业服务企业、开发建设单位或业主管理委员会、专业分包公司等）相互之间签订的一系列物业服务合同。物业服务合同既是一种劳务合同，又是一种诺成性的双务合同①。

我国《物业管理条例》作出了明确规定，将业主或业主委员会与物业服务企业所签订的合同称为物业服务合同，将开发建设单位与物业服务企业就前期物业管理阶段双方的权利义务所达成的协议称为前期物业服务合同。前期物业服务合同的期限虽然可以约定，但是期限未满、业主委员会与物业服务企业签订的物业服务合同又开始生效的，前期物业服务合同将会终止。物业服务合同期限则由订立合同双方约定，与前期物业服务合同相比，具有期限明确、稳定性强等特点。

（二）主要类型

1. 物业服务企业与开发建设单位（或业主委员会）签订的服务合同

对于比较大型的目标物业，开发建设单位（或业主委员会）在招标前的合同总体策划中就应该决定与其签约的物业管理服务的数量，从而决定是分散平行招投标，各中标物业服务企业分别与开发建设单位（或业主委员会）签订合同，还是通过招投标方式选择一家物业服务企业，只签订一个总包合同。

在前一种情况下，各物业服务企业与开发建设单位（或业主委员会）之间均有合同法律关系，而各物业服务企业之间没有合同关系。这种合同方式对开发建设单位（或业主委员会）的管理协调和计划控制能力提出了较高的要求。如果管理协调不善，将会导致合同争执较多和总支出的增加。

在后一种情况下，由一个物业服务企业管理物业的全部工作，可以减少开发建设单位（或业主委员会）面对的物业服务企业的数量，合同争执和索赔很少；从物业服务企业的角度来看，这使物业服务企业能将整个物业管理作为一个统一的系统，避免多头领导，降低了管理费用，方便协调和控制，减少了大量的重复管理工作。但是全包对物业服务企业

---

① 诺成性合同，是指当事人各方的意思表示一致即成立的合同。双务合同，是双方当事人互付对等给付义务的合同。

的要求很高，对开发建设单位（或业主委员会）来说，物业服务企业的资信风险很大，开发商（业主委员会）可以让几个物业服务企业联合投标，通过法律规定联营成员之间的连带责任"抓住"联营各方。

2．物业服务企业与专业服务企业签订的分包合同

物业服务企业采用分包的合作方式，有三个目的：一是技术上的需要。通过分包的形式可以弥补总包的物业服务企业在技术、人力、设备、资金等方面的不足，并以此扩大经营范围，承担自己不能独立承担的项目。二是经济上的目的。对于有些分包项目，如果总包的物业服务企业自己承担会亏本，而将它分包出去，让报价低同时又有能力的分包物业服务企业承担，总包物业服务企业不仅可以避免损失，而且可以创造一定的经济效益。三是转嫁或减少风险。

这些专业分包合同一般包括：与清扫保洁企业签订的"清扫保洁合同"，与园林绿化企业签订的"园林绿化承包合同"，与保安企业签订的"保安护卫承包合同"，与房屋修缮企业签订的"房屋修缮承包合同"，与市政管理企业签订物业管辖范围内的市政管道、设施的修缮和养护合同，与电梯、空调等设备的修理企业签订高层楼宇的电梯及其他设备维修、养护承包合同等。

3．业主或住户与物业服务企业或专业服务企业签订的单项合同

这类合同与物业服务企业和专业服务企业签订的分包合同的根本不同在于后者侧重于对公共物业的管理与服务，而这类合同则侧重于对个人物业的管理与服务，如室内装修、室内美化等单项服务。

二、物业服务合同的主要内容

（一）合同的组成

通过招投标签订的合同，一般由三部分组成。

1．合同首部

合同首部要写明订立合同的双方当事人（招标人与投标人）的法定名称和地址。甲方为开发建设单位或业主委员会；乙方为中标的物业服务企业。

2．合同内容

合同内容就是合同的条款，是合同对当事人权利义务的具体规定。它是合同最主要的组成部分，一般包括技术性条款、财务条款和法律条款三类。

3．合同结尾

结尾部分要写明签订合同的日期、地点以及拟订合同的语言文字，最后还要写明合同生效日期，以及双方当事人或代理人签字盖章。

采用示范文本或其他书面形式订立的物业服务合同，在组成上并不是单一的。通常情

况下，招标方式成交的合同，其形式是一份简单的协议书，合同的内容都分散在招投标文件中，以及商谈过程中对招投标文件的修改、补充所形成的书面材料中。合同一般分为两部分：一部分是不变的，包括投标须知和合同一般条款等；另一部分是合同特殊条款、投标文件、技术规格说明及补充修改文件等。订立物业服务合同时，所有合同文件应能互相解释，互为说明，保持一致。应当注意明确合同文件的组成及其解释顺序。

（二）合同的主要内容

物业服务合同的内容就是通过合同条款反映合同当事人间的权利义务关系，包含以下几个主要部分。

1．总则

总则，是对物业管理市场委托合同的总说明。在总则中，一般应当载明合同当事人、签订合同的依据、物业基本情况等内容。

2．服务内容与质量

不同物业其委托服务的事项不一定相同；同一类物业，不同建设年代、不同等级或类型，其委托服务的事项也不一定相同。例如，同是新建住宅小区，多层的与高层的，配套设施齐全的与配套设施不齐全的，高档的与普通的，都存在服务内容或委托事项的区别。因此在物业服务合同中，应详细阐述服务项目的组成，以便合同各方正确及时地行使权利和履行义务，防止合同纠纷的发生。

前期物业服务合同服务内容主要包括：物业共用部位及共用设施设备的运行、维修、养护和管理；物业共用部位和相关场地环境管理；车辆停放管理；公共秩序维护、安全防范的协助管理；物业装饰装修管理服务；物业档案管理及双方约定的其他管理服务内容等。业主委员会和物业服务企业签订合同的服务内容还强调公共绿地、景观的养护、清洁服务等内容。

物业管理服务应达到约定的质量标准。物业服务的质量制定，与物业的配套设施、设备状况、使用者层次结构及素质状况、业主心理期望值、管理费收入状况等因素密切相关。因此制定此条款，一定要结合目标物业的实际情况，在满足业主要求的同时，又要实事求是、客观科学。业主与物业服务企业可以参照我国物业管理协会印发的《普通住宅小区物业服务等级标准》，结合物业项目情况、物业收费标准以及物业管理项目的具体情况，协商确定物业服务质量要求。

3．服务费用

服务费用包括：物业服务费用的收取标准、收费约定的方式（包干制或酬金制）；物业服务费用开支项目；物业服务费用的缴纳；酬金制条件下，酬金计提方式、服务资金收支情况的公布及其争议的处理等。

4．委托服务期限

委托服务期限既涉及物业服务企业的收费问题，也涉及物业服务企业以后的工作安排、资金投入问题，同时也间接影响着业主或使用人的经济利益、学习、生活和工作。所以，在合同中一定要明确合同的具体起止时间。从物业管理运作的连续性以及物业服务质量来看，合作期不能太短，否则不利于物业服务企业在目标物业管理运作中去贯彻本企业的管理理念，形成与目标物业相适应的管理模式和特色，也难以体现其专业水平。一般合同期限以三年或三年以上为宜。在此期间业主将观察物业服务企业的现实工作表现，合同期满表现不错的，再续签合同。

5．合同双方的权利与义务

双方的权利和义务是合同的核心内容。它们主要由合同条款加以确定，有些则由法律规定而产生，如附随义务。对于不同类型的物业，合同双方要根据该物业的性质与特点，在物业服务合同中体现出有针对性地、适宜的权利与义务关系来。

6．物业的经营与管理

物业的经营与管理包括：停车场和会所的收费标准、管理方式、收入分配办法；物业其他共用部位、共用设施设备经营与管理、收益及分配。

7．承接查验和使用维护

前期物业服务合同中承接查验和使用维护的主要内容包括：说明查验的共用部位、共用设施设备的内容；双方确认共用部位、共同设施设备存在的问题；开发建设单位应承担的责任和解决办法；开发建设单位应向物业服务企业移交的资料；开发建设单位的保修责任等。同时对使用过程中双方的责任义务进行约定。

物业服务合同甲乙双方和原物业服务企业应当在新的物业服务合同生效之前，就交接时间、交接内容、交接查验、交接前后的责任等事项进行约定。

8．专项维修资金

专项维修资金的主要内容包括这部分资金的缴存、使用、续筹和管理。在国家规定基础上，合同应当约定业主对物业服务企业使用专向维修资金的申请、审议程序和监督方式等内容。

9．违约责任

这部分内容主要包括违约责任的约定和处理、免责条款的约定等。违约责任是促使当事人履行合同义务，使守约方免受或少受损失的法律措施，对当事人的利益关系重大，物业服务合同对此应予以明确。例如，继续履行、赔偿损失、支付违约金和定金罚则等承担违约责任形式的选择和并用，明确规定违约致损的计算方法、赔偿范围等，对将来及时地解决违约问题很有意义。

10．其他事项

其他事项主要包括合同履行期限、合同生效条件、合同争议处理、物业管理用房、物业管理相关资料归属以及双方认为需要约定的其他事项等。

三、物业服务合同的订立与生效

物业服务合同的订立，是指开发商（业主委员会）与物业服务企业之间，在平等自愿的基础上，就物业服务合同的主要条款经过协商一致，最终达成协议的法律行为。开发商（业主委员会）与物业服务企业订立合同的目的，就是要使合同生效，产生约束力，从而实现合同所规定的权利和利益，如果合同不能生效，则合同等于一纸空文，当事人也就不能实现订约目的。从实践来看，如果当事人依据法律的规定订立合同，合同的内容和形式都符合法律规定，则这些合同一旦成立便能生效，正如我国《合同法》第四十四条的规定，"依法成立的合同，自成立时生效"。但也有不一致的情况，通常物业服务合同是附延缓期限的合同，即合同虽然已经成立，但在所附期限到来之前不发生效力，待期限到来时，双方当事人的权利和义务才发生法律效力。区分物业服务合同的成立与生效很有意义，它们的区别主要表现在以下几个方面。

（一）二者的构成条件不同

合同成立的条件包括：订约主体存在双方或多方当事人，合同的成立应具备要约和承诺阶段，订约当事人就合同的主要条款达成合意。至于当事人意思表示是否真实，则在所不问。而合同生效的条件主要有：行为人具有相应的民事行为能力；意思表示真实；不违反法律或者社会公共利益以及符合法定形式。

（二）二者的法律意义不同

合同成立与否基本上取决于当事人双方的意志，体现的是合同自由原则，合同成立的意义在于表明当事人双方已就特定的权利义务关系取得共识。而合同能否生效则要取决于是否符合国家法律的要求，体现的是合同守法原则，合同生效的意义在于表明当事人的意志已与国家意志和社会利益实现了统一，合同内容有了法律的强制保障。

（三）二者作用的阶段不同

合同成立标志着当事人双方经过协商一致达成协议，合同内容所反映的当事人双方的权利义务关系已经明确。而合同生效表明合同已获得国家法律的确认和保障，当事人应全面履行合同，以实现缔约目的。简单地说，合同的成立标志着合同订立阶段的结束，合同的生效则表明合同履行阶段即将开始。

（四）二者的法律后果不同

如果物业服务合同在订立的过程中，一方当事人因违背诚实信用原则的行为给对方当事人造成损失，如招标人泄露标底，导致招投标失败，给投标的物业服务企业造成了损失；或者物业服务合同已经成立但由于一方过错导致合同无效或被撤销，过错方承担的是缔约过失责任。而如果合同成立并生效，一方当事人因不履行合同义务或者履行合同义务不符合约定，承担的是违约责任。

四、订立物业服务合同应遵循的原则

（一）自愿原则

自愿原则是指物业服务合同的当事人依法享有在缔结合同、选择交易伙伴、决定合同内容以及在变更和解除合同、选择合同补救方式等方面的自由。合同自愿原则是合同法的最基本的原则，是合同法律关系的本质体现。

合同自愿原则不仅表现在明确了"当事人依法享有自愿订立合同的权利"，而且在一般情况下，有约定时依约定，无约定时才依法律规定，即当事人的约定要优先于法律的规定。当然，任何自由都是法律允许范围内的自由，绝对的、不受约束的自由是不存在的，这里所指的合同自愿也是一种相对的自由，而非绝对的自由。

（二）诚实信用原则

诚实信用原则在物业服务合同中一方面表现在开发商（业主管理委员会）与物业服务企业订立、履行委托合同时，均应诚实，不作假，不欺诈，不损害他人利益和社会利益；另一方面表现在当事人应恪守信用，履行义务，不履行义务使他人受到损害时，应自觉承担责任。

（三）合法原则

合法原则的含义主要是要求物业服务合同订立的程序、主体以及内容都必须遵守全国性的法律和行政法规。合法原则的含义也包括当事人必须遵守社会公德，不得违背社会公共利益，违背公序良俗。只有遵循合法原则，委托合同才能得到国家的认可和具有法律效力，当事人的权益才能得到保护。

（四）平等互利、协商一致原则

所谓平等，就是指物业服务合同的当事人，无论是开发商、业主管理委员会还是物业服务企业，无论其级别大小，所有制形式如何，也不论其经济条件如何优越，只要他们以合同主体的身份参加到合同关系当中来，他们之间就处于平等的法律地位，彼此的权利和义务对等，法律给予他们一视同仁的保护，不应该出现"霸王合同"、"不平等条约"等。签订物业服务合同的双方都应平等享受权利和承担义务，一方在从对方得到利益的同时，要付给对方相应的代价，而不能只享受权利而不承担义务。

所谓互利，是指物业服务合同的签订，应当在不违背国家利益和社会公共利益的基础

上，使当事人各方获得对等的经济利益，不允许签订一方得利而另一方受损的委托合同。例如，物业服务企业通过合同得到了利润，而广大业主通过合同获得相应标准的物业服务。

所谓协商一致，是指物业服务合同的当事人在平等自愿的基础上就合同主要条款进行充分协商，充分表达了意见，并最终做出意思表示一致的表示。不允许任何一方把自己的意志强加于对方，凡通过欺诈、胁迫等手段使对方做出虚假意思表示的，即使签订了合同，也是无效的。

五、物业服务合同的变更、解除与续约

（一）物业服务合同的变更

物业服务合同的变更有广义与狭义之分。广义的合同变更，包括合同内容的变更与合同主体的变更。此处仅讨论物业服务合同内容的变更，即狭义上的合同变更。

物业服务合同的变更，从其原因与程序上着眼，可有以下类型：

（1）基于法律的直接规定变更合同，如物业服务企业违约致使合同不能履行，履行合同的债务变为赔偿损失债务。

（2）在合同因重大误解而成立的情况下，当事人可诉请变更或撤销合同，法院裁决变更合同。

（3）在情事变更使合同履行显失公平的情况下当事人诉请变更合同，法院依职权裁决变更合同。

（4）当事人各方协商同意变更合同。

物业服务合同的变更部分原则上是将来发生效力，未变更的权利义务继续有效，已经履行的合同部分不因合同的变更而失去法律根据。

（二）物业服务合同的解除

物业服务合同的解除，是指在合同有效成立以后，当解除的条件具备时，因当事人一方或双方的意思表示，使合同自始或仅向将来消灭的行为。合同解除制度是要解决有效成立的合同提前消灭的问题，这是它与无效、撤销、履行、撤回等诸制度的不同之处。

物业服务合同解除的类型有单方解除和协议解除，法定解除与约定解除。

物业服务合同解除的条件因成因不同而有不同的规定：

（1）约定解除的条件

约定解除的条件，是当事人双方在合同中约定的或在其后另订的合同中约定的解除权产生的条件。只要不违反法律的强行性规定，当事人可以约定任何会产生解除权的条件。物业服务企业、开发商或业主委员会作为一个市场主体，为了适应复杂多变的市场情况，有必要把合同条款规定得更细致、更灵活、更有策略性，其中应包括保留解除权的条款，它使当事人在主客观上的各种障碍出现时，可以从合同的约束下解脱出来，给解除合同留

有余地，从而使自己处于主动而有利的地位。

（2）协议解除的条件

协议解除的条件，是当事人双方协商一致（是将原合同加以解除的协商一致），也就是在双方之间又重新成立了一个合同，其内容主要是把原来的合同废弃，使基于原合同发生的权利义务归于消灭。在用合同形式把原订的合同加以解除这一点上，协议解除与约定解除相似，但两者更有不同：约定解除是以合同来规定当事人一方或双方有解除权，而协议解除是以一个新合同来解除原订的合同，与解除权无关。协议解除是采取合同的形式，因此它要具备合同的有效要件。

（3）不可抗力致使不能履行合同的解除条件

不可抗力致使不能实现合同目的，该合同失去积极意义，失去价值，应予以消灭，如由于地震使目标物业被摧毁。我国《合同法》允许当事人通过行使解除权的方式将合同解除。由于有了解除程序，当事人双方能够互通情况，互相配合，积极采取救济措施，因此具有优越性。

（4）违约行为发生的合同解除条件

在延迟履行中，一般根据物业服务合同的性质和当事人意思表示，看履行期限在合同的内容上是否特别重要来分别对待。如果履行期限在合同的内容上不是特别重要，在履行期限届满后履行，也不至于使合同目的落空，在这种情况下，原则上不允许立即解除合同，而由债权人向债务人发出履行催告，给他规定一个宽限期。债务人在该宽限期届满时仍未履行的，债权人有权解除合同。例如，业主不按期向物业服务企业缴纳物业服务费。如果履行期限在合同的内容上特别重要，债务人不于此期内履行，就达不到合同目的。在这种情况下，债务人未在履行期限内履行的，债权人可以不经催告而径直解除合同。

在拒绝履行中，它作为合同解除的条件，一是要求债务人有过错，二是拒绝行为违法，三是有履行能力。我国法律规定，只要解除条件符合，不要求债权人做出履行催告，可径直解除合同。

在不完全履行中，分为量的不完全履行和质的不完全履行两种情况。属于量的不完全履行的，如物业服务企业未能完全遵守委托合同的规定，收费但减少服务，这时可以由物业服务企业补充履行，使之符合合同目的。但在某些情况下，如果物业服务企业不进行补充履行，或者补充履行也不能达到合同目的，债权人就有权解除合同。属于质的不完全履行的，如物业服务企业未能实现合同约定的管理目标，在此情形下，应多给物业服务企业一定的宽限期，使之消除缺陷。如果在此期限内未能消除缺陷，解除权产生，开发商（业主管理委员会）可解除合同。

总之，自始不能履行是合同的无效原因，嗣后不能履行是合同解除的条件。另外，不可抗力或其他意外事故造成合同不能履行，或当事人一方的过错造成合同不能履行也是合同解除的条件。

（三）物业服务合同的续约

开发建设单位（或业主委员会）通过招投标的方式选择了物业服务企业，并签订了物业服务合同，将管理权在一定期限内交给了物业服务企业。一旦合同期满，就出现了业主是续聘原物业服务企业还是另聘新管家的问题。通常由业主委员会牵头召开会议，听取物业管理负责人对前期工作情况汇报，并回答广大业主的咨询。然后由业主委员会讨论、评议物业服务企业在合同期内的工作表现从而作出是否续聘的决定。

值得注意的是，如果原合同是建设单位与物业服务企业签订的，一般当物业区域内入住率达到 50%时，开发建设单位与物业服务企业就有责任牵头召集全体业主大会，如果出席大会的业主人数达到全体业主的半数以上时，即可成立业主委员会。业主委员会有权决定是否继续聘任和撤换原物业服务企业。由于签订委托合同的主体发生变化，利益角度也随之发生变化，合同相应的内容将会发生变动和调整。总之，合同续签的过程，也就是重新确定双方权利与义务关系的过程。

六、物业服务合同示范文本

为了贯彻《物业管理条例》，规范物业管理活动，引导物业管理活动当事人通过合同明确各自的权利与义务，减少物业管理纠纷，原建设部于 2004 年 9 月制定了《前期物业服务合同（示范文本）》，各地区纷纷制定了《×市物业服务合同示范文本》，供物业服务企业与建设单位、业主或业主委员会签约参考使用。下面是 2008 年 5 月 1 日起正式实施的《北京市物业服务合同》示范文本。

【示例三】

北京市物业服务合同示范文本

委托方（甲方）：_____[业主委员会][业主]

委托方登记号（身份证号）：_____

通信地址：_____ 联系电话：_____

邮政编码：_____

物业服务企业（乙方）：_____

营业执照注册号：_____

企业资质证书号：_____

组织机构代码：_____

法定代表人：＿＿＿＿＿＿＿＿＿＿＿＿＿＿＿ 联系电话：＿＿＿＿＿＿＿＿＿＿

委托代理人：＿＿＿＿＿＿＿＿＿＿＿＿＿＿ 联系电话：＿＿＿＿＿＿＿＿＿＿

通信地址：＿＿＿＿＿＿＿＿＿＿＿＿＿＿＿

邮政编码：＿＿＿＿＿

根据《中华人民共和国合同法》、《中华人民共和国物权法》、《物业管理条例》等有关法律、法规的规定，甲乙双方在自愿、平等、公平、诚实信用的基础上，就物业服务有关事宜，协商订立本合同。

第一部分 物业项目基本情况

第一条 本物业项目（以下简称"本物业"）基本情况如下：

名称：[地名核准名称][暂定名]＿＿＿＿＿＿＿。

类型：[普通住宅][经济适用住房][公寓][别墅][办公][商业]＿＿＿＿＿＿。

坐落位置：＿＿＿＿＿＿＿区（县）＿＿＿＿＿＿路（街）＿＿＿＿＿＿

建筑面积：[预测面积][实测面积][房屋所有权证记载面积]＿＿＿＿＿＿平方米。

区域四至：

东至：＿＿＿＿＿＿＿；   南至：＿＿＿＿＿＿＿；

西至：＿＿＿＿＿＿＿；   北至：＿＿＿＿＿＿＿。

规划平面图和委托的物业构成明细见附件一、二（以实际验收清单为准）。

第二部分 物业服务内容

第二条 物业交接

1. 甲乙双方和原物业服务企业应当在新的物业服务合同生效之前，就交接时间、交接内容、交接查验、交接前后的责任等事项进行约定。交接时间应当确定具体时点，时点前责任由原物业服务企业承担，时点后责任由乙方承担。

2. 原物业服务企业应当在约定时点将物业区域内的档案资料（见附件六）、物业服务用房及属于本物业区域内的物业共用设施设备、公共区域移交给乙方，由甲方、乙方和原物业服务企业进行逐项查验接收，并由三方签字确认。

3. 甲乙双方和原物业服务企业对查验结果存在争议的，应当在查验记录中载明，并明确解决办法。

第三条 乙方应当提供的物业服务包括以下内容：

1. 制定物业服务工作计划并组织实施；管理相关的工程图纸、档案与竣工验收资料等；根据法律、法规和《管理规约》的授权制定物业服务的有关制度。

2. 物业共用部位的日常维修、养护和管理。共用部位明细见附件三。

3. 物业共用设施设备的日常维修养护、运行和管理。共用设施设备明细见附件四。

4. 公共绿地、景观的养护。

5. 清洁服务，包括物业共用部位、公共区域的清洁卫生，垃圾的收集等。

6. 协助维护秩序，对车辆（包括自行车）停放进行管理。

7. 协助做好安全防范工作。发生安全事故，及时向有关部门报告，采取相应措施，协助做好救助工作。

8. 消防服务，包括公共区域消防设施的维护以及消防管理制度的建立等。

9. 负责编制物业共用部位、共用设施设备、绿化的年度维修养护方案。

10. 按照法律、法规和有关约定对物业装饰装修提供服务。

11. 对物业区域内违反有关治安、环保、物业装饰装修和使用等方面法律、法规、规章的行为，应当及时告知、建议、劝阻，并向有关部门报告。

12. 制定预防火灾、水灾等应急突发事件的工作预案，明确妥善处置应急事件或急迫性维修的具体内容。

13. 设立服务监督电话，并在物业区域内公示。

14. 其他服务事项：＿＿＿＿＿＿＿＿＿＿＿＿＿＿。

第三部分　物业服务标准

第四条　乙方按照双方约定的物业服务标准（见附件五）提供服务。

双方约定的住宅物业的服务标准不得低于《住宅物业服务等级规范（一级）（试行）》中规定的相应要求。

第四部分　物业服务期限

第五条　物业服务期限为＿＿＿＿＿年，自＿＿＿＿年＿＿＿月＿＿＿日至＿＿＿＿年＿＿＿月＿＿＿日。

第五部分　物业服务相关费用

第六条　本物业区域物业服务收费方式为：[包干制][酬金制]

第七条　包干制

1. 物业服务费用由业主按其拥有物业的建筑面积缴纳，具体标准如下：

[多层住宅]：＿＿＿＿＿＿＿元/（月·平方米）；[高层住宅]：＿＿＿＿＿＿＿元/（月·平方米）；

[别墅]：＿＿＿＿＿＿＿元/（月·平方米）；[办公楼]：＿＿＿＿＿＿＿元/（月·平方米）；

[商业物业]：＿＿＿＿＿＿＿元/（月·平方米）；[会所]：＿＿＿＿＿＿＿元/（月·平方米）；

物业：＿＿＿＿＿＿＿元/（月·平方米）。

2. 实行包干制的，盈余或者亏损均由乙方享有或者承担；乙方不得以亏损为由要求增加费用、降低服务标准或减少服务项目。

3. 乙方应当定期向业主公布公共服务收支情况。

第八条　酬金制

1. 物业服务资金由业主按其拥有物业的建筑面积预先缴纳，具体标准如下：

[多层住宅]: _____ 元/（月·平方米）；[高层住宅]: _____ 元/（月·平方米）；

[别墅]: _____ 元/（月·平方米）；[办公楼]: _____ 元/（月·平方米）；

[商业物业]: _____ 元/（月·平方米）；[会所]: _____ 元/（月·平方米）；

物业: _____ 元/（月·平方米）。

2. 物业服务资金为缴纳的业主共同所有，由乙方代管，其构成包括物业服务支出和物业服务企业的酬金。

物业服务支出包括以下部分：

（1）乙方员工的工资、社会保险和按规定提取的福利费等；

（2）物业共用部位、共用设施设备的日常运行、维护费用；

（3）物业区域内清洁卫生费用；

（4）物业区域内绿化养护费用；

（5）物业区域内秩序维护费用；

（6）乙方办公费用；

（7）乙方企业固定资产折旧；

（8）物业共用部位、共用设施设备及公众责任保险费用；

（9）业主同意的其他费用: _____。

3. 乙方采取以下第_____种方式提取酬金：

（1）[每季] [每半年] [每年]_____ ，计_____元的标准从预收的物业服务资金中提取。

（2）[每季] [每半年] [每年]_____，从预收的物业服务资金中按_____ %的比例提取。

4. 物业服务支出应当全部用于本合同约定的支出，年度结算后结余部分，转入下一年度继续使用，年度结算后不足部分，由全体业主承担，另行缴纳。

5. 乙方应当向全体业主公布物业服务年度计划和支出年度预决算，并按[季] [半年]_____向全体业主公布物业服务资金的收支情况；同时，双方按照约定每年聘请专业机构对物业服务资金年度预决算和物业服务费收支情况进行审计，聘请费用由[甲方承担] [乙方承担] [甲乙共同承担]_____。

第九条　业主应当按[季度] [半年]_____缴纳物业服务费，每次缴费的具体时间为_____。

物业区域内已竣工但尚未出售的物业、因开发建设单位原因未能按时缴付物业买受人的物业及开发建设单位的自有物业，乙方应当按前款规定向开发建设单位收取物业服务费。

第十条 业主或物业使用人申请装饰装修时，乙方应当告知相关的禁止行为和注意事项，与其订立书面的装饰装修服务协议。除约定收取装饰装修服务费外，乙方不得另行收取装修垃圾清运费、施工人员管理费、门卡工本费、开工证费、管线图费等与装饰装修有关的费用。

如收取装饰装修押金的，未造成共用部位、共用设施设备和承重结构损坏，乙方应当在完工后 7 日内将押金全额退还。

第十一条 停车服务费按露天停车场车位＿＿＿＿＿＿元/（个·月）、地下停车库、停车楼车位＿＿＿＿ 元/（个·月）的标准收取。

乙方应当与停车场车位使用人签订书面的停车服务协议，明确双方在车位使用及停车服务等方面的权利义务。

第十二条 乙方对业主自有物业提供维修养护或其他特约服务的，按乙方在物业区域内公示的收费标准或按双方的约定收取费用。

业主、物业使用人在符合相关法律规定的前提下，利用住宅物业从事经营活动的，乙方可以参照商业物业标准收取相应的物业服务费。

第十三条 物业区域内，乙方接受供水、供电、供气、供热、通信、有线电视等公用事业服务单位委托代收使用费用的，不得向业主收取手续费等额外费用，不得限制或变相限制业主或物业使用人购买或使用。

第六部分 共用部位、共用设施收益及分配

第十四条 乙方经营归业主所有的共用部位、共用设施设备用于广告、房屋租赁、会所经营、商业促销等活动，应当在符合有关法律规定并征得相关业主、业主大会的同意后，按照规定办理有关手续，并每半年向甲方公布收益情况，接受甲方监督。

第十五条 乙方经营归业主所有的共用部位、共用设施设备所得收益归业主所有，可按下列第＿＿＿＿＿＿种方式使用：

1. 补充专项维修资金，分摊到户；

2. 抵减下一年度物业服务费，分摊到户；

3. 业主大会表决。

第七部分 双方权利与义务

第十六条 甲方的权利义务

1. 有权审定乙方制定的物业服务方案，并监督实施。

2. 对本物业区域内的物业服务事项有知情权。

3. 对乙方提供的物业服务有建议、督促的权利。

4. 有权监督本物业区域内共用部位、共用设施的收益使用情况。

5. 有权组织物业服务满意度调查。

6. 在乙方办理入住_____日前，提供符合办公要求的物业服务用房，建筑面积约_____平方米，位置为_____。

7. 负责协调、处理、解决本合同生效前发生的遗留问题，不因此影响乙方工作。

8. 配合乙方做好物业区域内的物业服务工作。

9. 按照相关规定缴存、使用和续缴专项维修资金。

10. 按照约定缴纳物业服务费与特约服务费；对违反物业服务合同约定、逾期不缴纳物业服务费的业主或物业使用人，督促其缴纳。

11. 有关法律规定和当事人约定的其他权利义务。

第十七条　乙方的权利义务

1. 根据有关法律、法规及本合同的约定，按照物业服务标准和内容提供物业服务，收取物业服务费、特约服务费。

2. 可以选聘专业性服务企业承担物业区域内的专项服务项目，但不得将本物业区域内的全部物业服务委托给第三方；乙方应当将委托事项及受托企业的信息在物业区域内公示；乙方与受托企业签订的合同中约定的服务标准，不得低于本合同约定；乙方应当对受托企业的服务行为进行监督，并对受托企业的服务行为承担责任。

3. 妥善保管和正确使用本物业的档案资料，及时记载有关变更信息，并为业主的个人资料信息保密。

4. 及时向全体业主和物业使用人通报本物业区域内有关物业服务的重大事项，接受甲方、业主和物业使用人的监督。

5. 对业主和物业使用人违反本合同和《管理规约》的行为，采取告知、劝说和建议等方式督促业主和物业使用人改正。

6. 不得擅自占用本物业区域内的共用部位、共用设施设备或改变用途，不得擅自占用、挖掘本物业区域内的道路、场地。

确需临时占用、挖掘本物业区域内道路、场地的，应当按规定办理相关手续，制定施工方案，开工前要在物业区域内公示，施工过程中尽可能减少对业主的影响，并及时恢复原状。

7. 本物业区域内需另行配备相关设施设备的，应当与甲方协商解决。

8. 有关法律规定和当事人约定的其他权利义务。

第八部分　合同终止

第十八条　甲乙双方中任何一方决定在服务期限届满后不再续约的，均应当在期满 3 个月前书面通知对方。

第十九条　服务期限届满前，甲方决定继续聘用乙方的，应当在期满前 3 个月书面通知乙方；乙方自接到续约通知 1 个月内回复甲方。

双方同意续签，应当在服务期限届满前＿＿＿＿＿日内签订新的物业服务合同。

第二十条　服务期限届满前 3 个月，甲方未将续聘或解聘意见通知乙方的，视为甲方同意续聘，服务期限自动延续 1 年。

第二十一条　本合同终止后，新的物业服务企业接管本物业前，应甲方的要求乙方应当暂时继续提供物业服务，一般不超过 3 个月；双方的权利义务继续按本合同执行。

第二十二条　本合同终止后，甲乙双方应当共同做好债权债务处理事宜，包括物业服务费用的清算、对外签订的各种协议的执行等；甲乙双方应当相互配合，做好物业服务的交接和善后工作。

第九部分　违约责任

第二十三条　业主逾期未缴纳物业服务费的，应当按照＿＿＿＿＿＿[逾期每日万分之五]的标准承担相应的滞纳金。

第二十四条　乙方在服务期限内擅自撤出的，应当按照＿＿＿＿＿＿[剩余期限物业服务总费用]的标准向业主支付违约金；乙方在本合同终止后拒不撤出本物业区域的，应当按照＿＿＿＿＿＿＿＿＿＿[延迟撤出期间物业服务总费用]的标准向业主支付违约金。前述行为给业主造成损失的，乙方应当承担相应的赔偿责任。

除不可预见的情况外，乙方擅自停水、停电的，甲方有权要求乙方限期解决，乙方应当承担相应的违约责任；给业主造成损失的，乙方应当承担相应的赔偿责任。

第二十五条　除本合同第八部分规定的合同终止情形外，甲乙双方均不得提前解除本合同，否则解约方应当承担相应的违约责任；造成损失的，解约方应当承担相应的赔偿责任。

第二十六条　除本合同另有约定外，甲乙双方可以结合本物业的具体情况和服务需求以附件的形式对违约责任进行详细约定。违约行为给他方造成损失的，均应当承担相应的赔偿责任。

第二十七条　因不可抗力致使合同部分或全部无法履行的，根据不可抗力的影响，部分或全部免除责任。

第二十八条　为维护公共利益，在不可预见情况下，如发生煤气泄露、漏电、火灾、暖气管、水管破裂、救助人命、协助公安机关执行任务等突发事件，乙方因采取紧急避险措施造成损失的，当事人应当按有关规定处理。

第二十九条　乙方有确切证据证明属于以下情况的，可不承担违约责任：

1. 由于甲方、业主或物业使用人的自身责任导致乙方的服务无法达到合同要求的。

2. 因维修养护本物业区域内的物业共用部位、共用设施设备需要且事先已告知业主和物业使用人，暂时停水、停电、停止共用设施设备使用等造成损失的。

3. 非乙方责任出现供水、供电、供气、供热、通信、有线电视及其他共用设施设备运行障碍造成损失的。

第十部分 争议解决

第三十条 合同履行过程中发生争议的，双方可以通过友好协商或者向物业所在地物业纠纷人民调解委员会申请调解的方式解决；不愿协商、调解或者协商、调解不成的，可以按照以下方式解决：

1. 向有管辖权的人民法院提起诉讼。
2. 向[北京仲裁委员会][中国国际经济贸易仲裁委员会] 或_____申请仲裁。

第十一部分 附 则

第三十一条 对需进入物业区域内的执法活动和救援等公共事务，各方应当配合，不得阻挠。

第三十二条 对本合同的任何修改、补充须经双方书面确认，与本合同具有同等的法律效力。修改、补充的内容不得与本合同文本和《管理规约》的内容相抵触。

第三十三条 本合同正本连同附件一式_____份，甲方、乙方、_____各执一份，具有同等法律效力。

第三十四条 本合同经甲乙双方签字并签章后生效，效力同时及于本物业区域的全体业主。

第三十五条 其他约定：

_____

_____

_____

甲方： 乙方：

授权代表： 授权代表：

签订日期： 年 月 日 年 月 日

附件：

一、规划平面图（略）

二、物业构成明细（略）

三、物业共用部位明细（略）

四、物业共用设施设备明细（略）

　　五、物业服务标准（略）

　　六、移交资料清单（略）

　　七、违约责任约定（略）

本 章 小 结

　　开标评标是定标的关键环节，我国《招标投标法》要求在招标文件规定的时间和地点，采用公开招标。开标时废标的判定就是将一些不合格的标书排除在评标之外，减少评标的工作量。

　　开标之后就进入评标阶段，为了保证评标的公平、公正，我国法律对评标委员会的组建有明确的规定。评标活动应遵循公平、公正、科学、择优的原则。评标程序有：初步评审；详细评审；现场答辩评审。详细评审的方法有最低投标价法、综合评估法、两阶段评标法。不同的评标方法推荐的中标候选人可能完全不同。

　　定标和授标的程序是：进行决标前谈判、确定中标人、发出中标通知书、招标人与中标人签订合同。对于中标人，我国《招标投标法》规定中标人的投标应当符合下列两个条件之一：一是能够最大限度地满足招标文件中规定的各项综合评标标准；二是能够满足招标文件的实质性要求，并且经评审的投标价格最低；但是投标价格低于成本的除外。中标人的法定义务包括：按照合同的约定履行义务，完成中标项目；不得向他人转让中标项目，也不得将中标项目肢解后分别向他人转让；应遵守中标项目分包的限制性规定。

　　物业服务合同有狭义和广义之分。主要分为物业服务企业与开发建设单位（或业主委员会）签订的服务合同、物业服务企业与专业服务企业签订的分包合同、业主或住户与物业服务企业或专业服务企业签订的单项合同三大类。物业服务合同一般由首部、内容、结尾三部分组成。合同的主要内容分十部分，具体参考相应的合同示范文本。订立物业服务合同还需掌握合同的订立与生效、遵循原则、变更、解除与续约等问题。

思考与讨论

　　1. 开标时，在哪些情况下标书算是废标？评标时，在哪些情况下标书算是废标？

　　2. 案例分析：

　　某投标物业管理公司将技术标和商务标分别封装，在封口处加盖本单位公章和某管理处主任签字后，在投标截止日期前 1 天上午将投标文件报送业主。次日（即投标截止日当天）下午，在规定的开标时间前 1 小时，该投标单位又递交了一份补充材料，其中声明将原报价降低 4%。但是，招标单位的有关工作人员认为，根据国际上"一标一投"的惯例，一个投标单位不得递交两份投标文件，因而拒收投标单位的补充材料。

开标会由市招投标办的工作人员主持，市公证处有关人员到会，各投标单位代表均到场。开标前，市公证处人员对各投标单位的资质进行审查，并对所有投标文件进行审查，确认所有投标文件均有效后，正式开标。主持人宣读投标单位名称、投标价格、投标质量等级和有关投标文件的重要说明。

从所介绍的背景资料来看，该物业项目招标程序中存在哪些问题？请分别作简单说明。

3．评标和授标的程序各是什么？如何确定中标人？

4．中标人的法定义务是什么？

5．物业服务合同成立与生效的区别包括哪些？

6．试述物业服务合同变更、解除、终止和续签的具体内容以及相互间的区别与联系。

第九章 信息技术在物业管理招投标中的应用

导入案例

网上招投标系统成功运行

2002 年 3 月 12 日,北京铁路局首次通过自己的网上采购平台购进了一批水泥枕和木枕,共节支 620 万元。本次网上招标采购历时 6 天,经过了网上发布标书、网上投标、网上报价、网上开标、在线评标和网上授标的全过程。

2007 年 12 月 25 日,江苏省省级机关政府采购中心组织召开了首个网上招投标项目现场开标会。该中心多年来以"一个门户网站、两个应用系统、三个服务平台"为主要建设内容,逐步推进政府采购信息化工作。其组织开发的网上招投标系统所包括的招标文件编制系统、投标文件编制系统和电子评标系统三个子系统在本项目的实施过程中得到了成功的应用,以其先进的设计理念和人性化的操作界面得到了投标供应商和评标专家的充分认可。

2008 年 3 月,焦作市建设工程招标办公室、市建设工程交易中心与中国联通焦作分公司联合研发并启用了网上招投标系统、计算机辅助评标系统和电子监控系统,率先在全省实现了手机投标报名和利用电子监控系统异地监督开标、评标。

　　2009 年 11 月 5 日，绵阳市首个面向全国进行网上公开招投标项目——绵阳日报社采编业务用房灾后重建项目施工招标在市招标投标交易服务中心顺利开标。开标时间一到，投标大厅的电脑迅速启动"资格后审"程序，自动"筛选"出 6 家合格投标人入围。经评标专家评定，绵阳市鸣州建筑工程有限公司以 1 993.8 万元的报价取得中标排序第一名，低于控制价 356.9 万余元。

　　2008 年 4 月，呼和浩特市首次物业管理工作会议提出从 2008 年开始，该市将对建筑面积在 2 万平方米以上的项目全部在网上公示物业招投标信息。该市物业管理面积达到 3 046 万平方米，物业覆盖面积达到 65%，物业服务企业 187 家；共组建业主大会、业主委员会 182 家；产生了国家级优秀示范项目 12 个、自治区级优秀示范项目 33 个；物业维修基金金额达到 1.5 亿元。

　　[评析] 随着科技的进步，网络办公日益临近，各行各业已逐渐推进网络招投标。网络化可以充分体现招投标工作的"透明"特征，贯彻公开、公平、公正的原则。网络招标最大的优势在于覆盖面广，没有时空限制，并且费用低廉，同时又能极大地提高工作效率。另外，物业管理市场竞争日趋激烈，物业管理企业为了谋求生存和发展，在参加投标时，每一环节都拿到高分才更容易取得竞争的成功。但投标工作的准备时间往往很短，在很短的时间内以手工方法编制出精美的、全面符合招标要求的标书是较为困难的。因此，掌握信息技术和运用物业管理软件来编标书、做标底和报价将更能增强企业的优势和竞争力。

第一节　网络招标

一、网络招标的含义

　　网络招标，也称网上招标采购，是在互联网上利用电子商务基础平台提供的安全通道进行招标信息的传递和处理，包括招标信息的公布、标书的下载与发放、应标书的收集、在线的竞价投标、投标结果的通知以及项目合同或协议的签订的完整过程。

　　建立这样一整套功能完备的 B2B（企业-企业）、B2G（企业-政府）的网上招标采购系统，不仅能够满足市场的需求，而且将有力地推动电子商务向深度和广度发展，大大提高工作效率，进一步建立公平、公开、公正的招标体系。

二、网络招标的特点

（一）三公开

　　（1）企业情况公开，即招标人可在网上查询企业的业绩、信用等基本情况，能在最大范围内选择好的投标人。

（2）招标公告及资格预审条件公开，即投标人可在网上查询招标信息及投标条件，以确定是否参加投标。

（3）预中标人及中标信息公开，即任何人可在网上查询预中标人及中标信息，使交易主体双方接受社会的监督。

（二）三公平

（1）公平地对待投标人，即不设地方保护及门槛，只要达到资质要求的投标人均可在网上报名参加投标。

（2）公平地解答招标疑问，即招标人可在网上解答投标人疑问，并及时发放至所有投标人。

（3）公平地抽取评标专家，即在专家库中设立了回避规则，随机抽取与招标人和投标人没有任何利害关系或利益关系的专家。

（三）三公正

（1）公正地收标，即采取计算机系统划卡收标，只要时间一到，计算机自动停止收标，杜绝任何人为因素。

（2）公正地评标，即通过计算机评标系统隐藏投标人的名称，统一投标格式，使专家不带偏向，公正客观地评分。

（3）公正地建立企业库，即利用计算机能有效地防止企业人员多头挂靠的现象，保证企业资料的真实性。

（四）三择优

（1）通过资格预审择优系统选择出业主满意的投标人。

（2）通过专家库系统选择出能胜任评标工作的专家。

（3）通过评标系统选择出业主满意的中标人。

三、网络招标的优势与局限性

事实上，网上招标采购与传统招标采购在流程上十分相似，网上招标的起点是从编制招标文件起始的，经过在线销售标书、网上投标、开标、计算机评标、决标、网上公布评标结果，最终结束于项目的归档保存。尽管网上网下的招标流程相似，但网络招标的便捷与传统招标比存在以下几个方面的优势：

（1）计算机的信息保存可以极大地方便信息的录入和修改，把相关的物业管理信息通过一次性的录入数据库，从而实现在文件编制、评标汇总、合同执行等阶段中反复调用，避免了劳动的重复和差错的产生。

（2）网络招标打破了时间和地域上的限制，扩大了招标的影响范围，有利于所有潜在的投标人获得知情权，了解招标人的采购预算和采购计划，更好地选择中标人。

（3）利用网络可以有效克服人为因素障碍，从根本上克服"地方保护主义"以及"贿标"等不正之风。

（4）电子评标可以极大地提高效率，使招标方确定中标更加准确合理。由此可见，利用互联网招标，加强了信息沟通，提高了运作效率，降低了运作成本。

（5）网络招标投标能为监管部门提供高效优质的监管手段，监管部门可实时为企业办理工程登记手续、审批招标公告、审查中标公示、打印中标通知书，监管部门还可以通过网络来综合查询、统计汇总及分析所有工程招标投标办理情况，并可通过内部管理程序以地域、时间、企业、工程等多种参数进行数据整合，大大提高了统计的速度和精度。

网络招标毕竟还是新事物，在看到其便利、高效的同时，必须看到其局限性，由于采用电子操作，在身份认证、数据传输、数据存储等方面，有一个错误的操作或系统错误就可能带来麻烦。另外，网络招标还需要一整套严密的管理体系和有效的约束机制，保证其规范化和法制化，对于一些重大技术装备和成套装备的招标也不适合使用网络招投标，同时网络安全也是一个需要引起注意的问题。

四、网络招投标的具体流程和操作

（一）通过网络或物业项目信息系统发布与查阅信息

传统的招标信息的发布是通过报纸、杂志这些传统媒体，目的是使尽可能多的供应商（货物、服务、工程）获得招标信息，以便形成广泛的竞争。供应商在获得有关的招标信息后，必须到指定的地点按要求取得招标文件。互联网络作为一种飞速发展的新型载体，同时具备信息发布和文件传输的双重功能，开发商或业主管理委员会欲采用公开招标的，只需将拟招标项目的背景资料、招标说明、招标要求等以招标公告的形式上网发布出去，就可以使任何潜在的投标人随时随地查阅各种招标信息，并立即通过网络下载招标文件。

目前我国已成立了一些招投标的网站，这些网站日趋完善，如 http://www.cec.gov.cn、http://www.chinabidding.com 等。有些地区的交易中心已开发出计算机招投标管理系统。它们不仅为用户提供招标公告、预中标人公示、中标信息、质量信息、企业名录、政策法规、人才市场信息等种类信息，而且网站还专门为交易主体双方设立了招投标服务区，使招标人和投标人可以在服务区完成招投标中的一系列活动，包括网上及时的招标申请、投标报名、招标答疑、发放中标通知、项目后期跟踪等，大大方便了投标人参加招投标活动，提高了招投标工作效率，减少了招投标的成本。

（二）资格预审与择优

目前全国各地各个行业在选择正式投标人方面有各种各样的做法，主要如下：

（1）随机抽取。该做法体现了"三公"的原则，但忽视了"择优"的原则，往往将优秀的投标人排斥掉，使业主达不到招标的目的，且打击了投标人争创优良项目的积极性。

（2）先到先得。谁先报名谁就成为正式投标人，直至名额满为止，该做法容易导致招标人与投标人串通一气，也容易导致出卖投标资格的现象。

（3）经过资格预审的队伍全部参加投标。该做法一方面增大了社会投标成本，造成了社会资源的浪费；另一方面给开标评标工作带来了不利，拖延了招投标时间。

（4）由业主自己选择投标人。该做法体现了业主负责制，但也容易出现不公平不公正的现象，容易产生暗箱操作，使招投标工作流于形式。

若推行网络招标，招标人及其委托代理机构可通过内部局域网的资格预审择优系统来进行科学的资格预审。由招标人首先设定择优条件，如定出企业业绩、经理业绩、企业资质、同类物业经验、财务状况、资信情况等方面的权重分，输入计算机择优系统，然后通过计算机在企业数据库（可及时申报和更新企业资料）中查询信息资料，并自动汇总算出各投标人的得分，择优排列出前7～8名作为正式投标人。这种做法具有如下优点：第一，取代了原来带有博彩性质的随机抽取方式，选择出优秀的投标人参加投标，体现了"三公"、"择优"原则；第二，弥补了手工预审的不足，使招标人在资格预审时不再因为审查条件的繁多而耗费大量的时间和人力，极大地提高了工作效率；第三，减少了社会投标成本，避免了社会浪费，同时也体现了业主负责制，为业主选择投标人提供了科学的依据。

（三）编制招投标文件

通常情况下，在招投标文件的商务部分，有部分内容即使在不同类型的招投标中，也基本上大同小异。如物业管理招标文件中的物业招标内容及要求、投标须知、评标定标的原则和标准，投标文件中的公司情况介绍、组织机构、规章制度、管理人员配备、人员培训及人员管理等内容。针对这些共性的内容，我们可以建立健全相关的不同物业类型的文件数据库，供招投标中反复使用。经理和编制标书人员，不必调整聚会的时间和地点，完全可以通过互联网共享文件数据库里的内容，异地分头快速地实现招投标文件的远程编制。

（四）在线投标

投标人为达到中标的目的，必须完成对招标文件作出实质性响应的投标文件。于是物业企业越来越花大力气做标书，标书越做越厚，完成一份精美的投标书的难度也越来越大，时间越来越长。这最终只能无端加大编制标书的成本和评标的工作量。因此，提供给所有投标人一份简洁务实的投标文件格式范本（标准化的电子表格文本）是十分必要的。投标人在投标时，除了需要提供所有投标文档资料的同时，只需通过浏览器填写标准化的电子表格，就可以完成一份对招标文件作出实质性响应的投标电子文件，即电子标书。通过电子标书，保证所有的投标人都按招标文件规定的格式和内容进行投标，避免了投标文件因计算或格式错误而废标的情况出现。应用电子标书技术，可以使评标过程的价格分析工作更加便利，按照"不低于成本"的合理低价中标原则进行评标与定标。

另外，实现投标预算数据电子储存，一方面，有利于价格管理部门和交易中心进行资料收集和存档工作，通过建立统一的综合价格分析、招投标资料存储等数据接口，最终实现价格数据共享，建立统一的物业管理招投标资料数据库；另一方面，将收集的信息及时反馈到企业，对控制和降低全社会物业服务成本具有特别重要的意义。另外，电子标书可以通过磁盘传递，也可以从网上下载，通过电子证书技术实现电子标书的安全性传递和合法性操作。

（五）开标

在互联网广泛应用的今天，传统招标程序中为人们所津津乐道的现场公开开标越来越表现出它的局限性，例如，高花费低速率的邮送标书，投标书在邮寄和搁置过程中的保密性问题。伴随着网络文件传输安全性的提高，加密文件同步解码释放技术的实现，以及视频数字信号在网络传输中的应用，使得通过网络实现公开开标成为可能。在网络招标时代，将没有往日此起彼伏的报价声，只有急促的键盘敲击声；没有"满天飞"的采购队伍，只有来往不停的电子邮件和网络传输对话。投标人可以在千里之外的各自的办公室里实时参与公开开标的全过程，而且在开标结束后立即获得全部的开标记录。因此，网络开标不仅可以为投标人节省时间和费用，而且在具有安全保证的前提下更加公开和公正。

（六）网络评标

评标是人为因素影响很大的一个环节，在传统招标中，招标人或有关行政监督部门尽管想尽办法，例如，突击召集专家、就地隔离等措施，但仍不能很好保证招标的公正性。在网络招标中，在专家的选择、评标的方法上体现出网络化和自动化的优越性，大大缩短了评标时间，增加了评标的公正和安全。专家的直接参与也将更直接、更集中在评标的最后阶段。

1. 建立和运用专家数据库系统

在实施网络招标时，必须拥有健全的涉及各行各业的专家数据库。招标人根据招标项目的特点有针对性地设定选取条件，由计算机专家库系统按设定的条件自动抽取专家，原来手工操作需半天的工作，现只需几分钟就可以完成。

2. 专家运用评标系统评标定标

评标系统分为技术标评标和商务标评标两大块。技术标评标采用暗标方式，即隐藏投标人的名称和标志，统一投标格式，评委通过计算机对各投标书进行智能的纵、横向比较，并可随时快捷地查询有关的技术要求和规范，这种做法使评委能客观地评分，真正实现了公平、公正地评标；商务标评标也是统一投标格式，评委通过计算机可对投标人的每一个报价作比较分析，并能查询以往中标人的中标价及各部门公布的指导价，计算机对投标人过高或过低的报价有显示提示功能，以引起评委的注意，判断是否低于成本价；评委通过计算机，对各投标书进行多角度、全方位的分析和比较、通过计算机的价格数据库、资料库对投标报价作相应的分析，有效地提高评委的评标质量及速度；然后网络系统按照招标文件的规定，将专家们的评分进行综合汇总，计算得出各个投标人的最后评标分数，并按照得分由高到低的顺序将投标人排序公开，专家们依次对其进行终审确定，得分高且终审合格的投标人中标。评标系统能有效地提高评委的客观评判能力，合理分析投标报价，减少不必要的失误，达到"三公"、"择优"的目的。

3．运用报表系统打印评标报告与上报报表

招投标工作完成后，通过计算机使有关数据自动生成评标报告和上报报表，保证了快捷性和准确性。

五、网络招标在我国现阶段的实施情况

近年来，各地政府采购中心、建筑工程交易中心、软件公司以及招投标网站都在开发网上招投标系统，并已陆续试行并使用。目前在我国还处于网络招标的初级阶段，只能实现部分招标程序的网络化。下面以无锡市政府采购中心的网上招投标系统和我国第一实现互联网全程在线招投标的 CEC 网络招投标平台为典型案例谈谈。

（一）网络招投标系统功能框架

无锡市政府采购中心的网上招投标系统功能特点将登录到本网站的用户分为普通用户、会员、普通管理员和超级管理员。通过浏览器上网的一般系统信息浏览者作为普通用户，可以浏览系统中发布的相关采购政策法规、招投标等信息，但是不能享受会员服务，更不能执行后台采购管理功能。已经通过资格审核的供应商和招标单位作为会员，通过其会员名称及密码登录后，确定其身份，他们可以向市采购管理部门发出招标、投标申请材料，在线进行采购项目咨询、网上竞投标并且在条件许可的情况下完成网上支付结算工作。供应商和招标单位上传的信息经管理部门核准确认后，可由该部门的普通管理员在网上发布相关信息。只有采购办的超级管理员才能完成如删除、修改采购项目等特权操作。系统的具体功能框架，如图 9-1 所示。

CEC 网络招投标平台具有多点操作，异地办公，多项目同时进行，网络招标与传统招标对接，信息发布采用系统内外结合的方式等特点。CEC 网络招投标平台具有分配机构内部招投标权限，管理招标项目，制作招标文件并发售，在线投标，选取专家，在线开标、评标，归档、察看招投标项目等功能，如图 9-2 所示。

（二）网络招投标平台的安全系统

为了保障网上招投标及交易的安全可靠，网络招投标平台的安全认证子系统主要是用来验证用户的身份是否正确，建议最终采用两级认证，即用户密码和 CA 证书认证。因 CA 证书认证的费用较高，无锡市网络平台目前先采用用户密码认证，逐步过渡到两级认证。

该模块根据用户登录的角色的不同而转到相应的角色认证程序中，再由角色认证程序验证用户名和密码，认证成功则为其开放相应的功能，还可以让用户修改自己的密码，对于到一定天数不修改密码的用户，则提示其修改密码。若验证失败则返回。本系统预留CA认证接口。

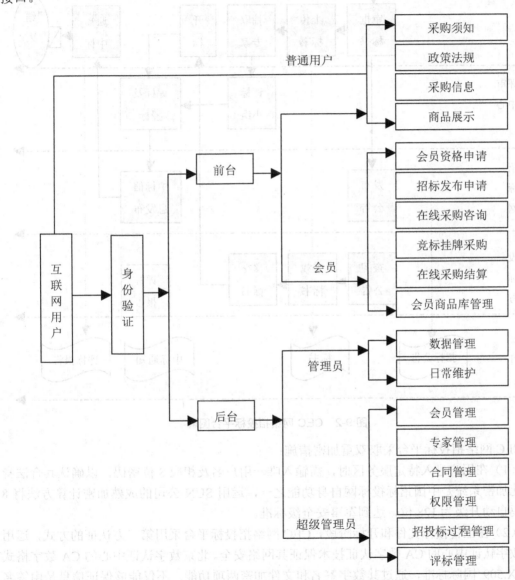

图 9-1 无锡政府采购中心网络招标系统功能框架图

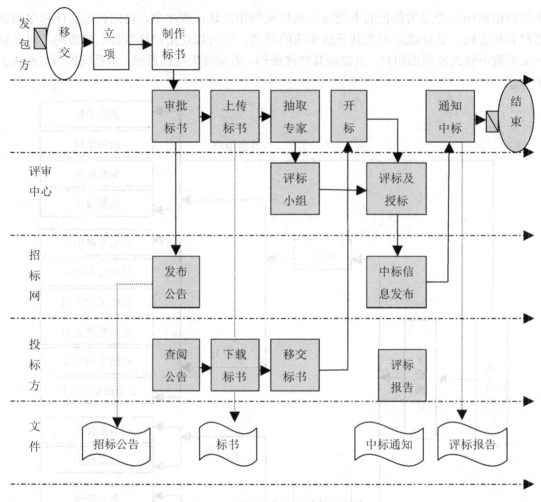

图 9-2　CEC 网络招投标平台图解

CEC 网络招投标平台采取双重加密措施：

（1）在用户进入特定服务区时，需输入唯一用户名及相应 8 位密码，以确认其合法身份。此加密系统是中国招标投标网自身功能之一，运用 SUN 公司的成熟加密计算方法将 8 位密码自动升级为 128 位，达到军事安全级标准。

（2）在上传投标文件和开标阶段，CEC 网络招投标平台采用第三方认证的方式，运用北京数字认证中心的 CA 数字认证技术保证其网络安全。北京数字认证中心的 CA 数字格式采用 X.509 国际标准，通过其数字签名和文件加密两项功能，不仅能够保证信息是由签名者自己签名发送的，签名者不能否认或难以否认；而且能保证信息自签发后到收到止不会被第三方窃取或被他人做任何修改，签发的文件是真实文件。

六、网络招标的发展趋势

如今已是信息科技的时代，电子化、信息化的浪潮迎面而来，在社会的各个领域呈现出前所未有的发展趋势。网络招标以信息技术为载体，结合电子商务技术的应用，能使招投标各方在人力财力上得到大幅的节省，在效率上得到充分的提高，网络招标系统建设逐渐成为招投标采购系统建设的重点。

（1）从国际招投标发展趋势看，通过网络进行招投标是改革的方向。网络招标方式与传统招标方式相比，可以消除空间障碍，提高采购时效，降低招投标的成本，目前有许多国家和地区开始运用。

（2）从政府招标采购方面看，政府采购电子化是大势所趋，建立完善的电子化政府采购平台将对提高政府采购透明度和效率，降低采购成本，增强竞争发挥重要作用，而且能够进一步规范政府采购行为，抑制腐败现象的发生。因此，全面推进电子化政府采购势在必行，而网络招投标是电子化政府采购平台的重要组成部分，必将受到政府重视，得到良好发展。

（3）由于个性化、专业化是电子商务发展的两大趋势，网络招投标作为电子商务的重要组成部分，其发展也将呈现个性化和专业化的趋势，直接体现在现有的网络招标平台逐渐同类兼并，不同类型的招标网站以战略联盟的形式进行相互协作，网络招标平台将从以往的"大而全"模式转向专业细分的行业商务门户，充分发挥第一代的电子商务 Internet 在信息服务方面的优势，使网络招投标真正进入实用阶段。

随着应用服务理念的提出，网络招投标在整合了一体化的支付、物流、资信、保险及后台合同管理功能以后，将成为独立的交易功能平台。随着供需双方招投标行为的扩大化，物业管理网络招标可能从一种采购方式进而升华成一种选择方式，甚至作为开发商或业主管理委员会的一种控制手段或者是介质中间体，实时地针对服务流程中不同环节的不同物业管理企业进行控制，实现需求满足的集约化和效益的最大化。此时的网络招标将不仅仅是一种特殊的交易平台，而更可能会发展成为相对于各个垂直行业市场而独立的第三方交易市场。通过这个交易市场，实现的不仅仅是需求方对供应方的选择，更可能是上游组织对下游组织的机构组成和管理的一种控制。在未来的网络世界里，包括人在内的所有事物，都将成为网络的终端或中间体。

第二节　物业管理软件在招投标中的应用

一、物业管理软件的发展与应用现状

物业管理投标文件实际上就是对未来物业实施系统管理的策划和表现。物业服务企业

的管理工作长期以来以工作量大且繁琐而著称，纯手工工作的效率非常低、费用高且容易出错。例如，各类档案、合同的保存、查询和更新，各类费用的计算与分摊，每月的应收、实收、欠收报表的制作，历史数据的类比，投诉的处理与归档以及大厦设备的保养、维修等。所以，为了使投标文件所体现的物业管理摆脱过去那种单纯依靠手工、单一物业管理处进行管理的方法和手段，大型物业管理企业必然选择通过信息化手段提高工作效率，提升管理质量，实现企业的精细化管理。

随着计算机应用技术和信息技术的飞速发展，以及计算机硬件设备性能的迅速提升和快速普及，近两年来，以物业管理为核心目标的软件飞速发展起来，并迅速在全国范围内得到推广。例如，截至 2009 年，深圳市思源计算机软件有限公司的思源物业管理软件国内用户已超过 3 000 家，万科集团、富力地产、招商地产、保利地产、香港新世界集团等都是思源软件的成功客户。同时，随着互联网技术的不断发展，我国也出现了为物业管理活动提供信息和服务的网站。为了满足物业服务企业的信息化要求，近年来物业管理信息化领域出现了一些新的趋势，包括如下方面。

1. 集中式应用成为主流的应用模式

在目前主流的物业管理信息化系统中，软件系统的产品功能从单一管理处应用模式升级为总公司、区域公司和管理处三级组织架构的集中式应用模式，通过互联网实现"集中管理、分权运作"的应用模式，软件系统既能够满足各个管理处日常业务操作层面的要求，也能够满足公司进行实时监控、流程化管理和报表的自动统计分析等管理层面的要求。目前，深圳许多大型的物业服务企业已经部署集中式管理的物业管理系统。以国家一级资质的深圳市长城物业管理股份有限公司为例，该公司拥有分布在全国各地的共十几个区域公司，下辖 60 多个管理处，2005 年长城物业采购了由深圳市极致软件有限公司开发的"极致物业管理系统（集团版）"，建设集中式管理的物业管理系统。

2. 出现了物业管理信息化整体解决方案

传统的物业管理软件是以收费管理为核心，主要是满足物业管理公司财务核算方面的要求。受限于软件系统的产品功能和技术架构，传统的物业管理软件对于协同办公、经营管理、客户服务、工程管理、物料管理、人力资源管理和企业门户等业务缺乏深入的管理功能，只能够进行一些简单的记录和统计。在目前主流的物业管理信息化系统中，通过多组织架构集中式管理、互联网直联和工作流驱动等先进的产品理念和技术，产品功能的广度和深度得到了全面的提高，能够为大型物业服务企业提供整体的信息化解决方案，充分满足大型物业管理企业进行精细化管理的多方面要求。

当然，与一些信息技术比较发达的国家相比，我国的物业管理软件业还存在不小的差距，例如，面对应用者的实际情况不同，工具软件之间缺乏连贯性和整体关联应用，对互联网技术的运用比较静态和表面，还不能实现对有效数据进行动态分析和多次利用，对各种信息的网络收集、分析、发布还不完善，还不能为用户提供深入的应用服务等。

二、我国物业管理软件的基本功能

目前，开发出的物业管理软件有很多，如浙江大学的科博软件、广州的乐天软件、深圳的思源、上海的冬莲软件、维新物业软件、豫龙软件等。从总体上看，这些软件的具体功能已覆盖到物业资料录入、财务管理、日常管理、安保管理、仓库管理、工程管理、商务管理、停车管理、综合管理、文件管理、保洁绿化管理和系统维护、综合信息查询和统计等方面。

（一）物业资料管理

目前几乎所有物业管理软件能提供对物业资料的全面管理功能，只是具体内容上略有差异。其中，浙江大学的科博软件提供对物业资料的全面管理功能，主要包括小区、大楼和单元资料，新接物业钥匙记录、业主验房登记、业主入住登记，单元变更登记，业主委员会成员、业主大会资料，系列图片资料及文件资料，以及一些辅助信息等。可以对小区、单元及一些相关类型和信息资料进行录入、删除和修改，并查询打印。可记录业主入住前后整个过程的信息并实施管理，在实现了对入住的客户及家庭成员的各方面信息进行登记的同时，也考虑到了业主对每个单元的买卖变更。有的软件系统与 Office 进行了无缝连接，用户根据需要可以实时编辑图片和文档，并以 bmp 图片格式、文本文档形式保存，实现了在联机方面的存和取功能。图 9-3 所示为科博软件物业管理模块。

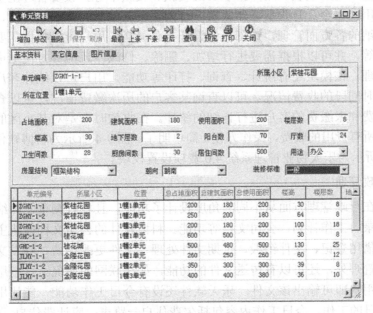

图 9-3 科博软件物业资料管理模块

（二）财务管理

乐天物业管理系统财务管理模块采用运算公式自定义，实现了用户自行设置任意数量、种类的费项以及在收取同一种费用项目时对不同的住户采用不同的收费方式、分摊方式、收费周期（可精确到小时）。如果每一户的收费方式、收费项目、收费周期、分摊方法都不相同，或者通过正常方式均无法界定收费方式等特殊情况，乐天物业管理系统都能方便快捷地解决。其收费系统的密级管理严谨，采用按组管理权限，各操作员拥有自己独立的操作使用权限及密码。后台数据库加密，系统保密性强，杜绝系统外盗取数据，安全性高，即使突然断电也不会造成数据损坏。乐天财务管理模块主要有用户费表设置、用户抄表功能、费项设置、费用计算、银行划账、收款管理等项功能。

其中，费项设置功能可设置收费的名称、公式、单价、滞纳率、计费起止日期和计算周期等属性，并通过拖放成批分配给住户；强大的费项函数，可由用户自定义收费公式，实现任意收费方式的设置（如条件分摊、任意的损耗）。提供几十种参数和函数供用户选择，轻松实现各种分摊费用的计算。调整具体单元的收费，保证同一层收费或任意单元都有各自不同的收费单价、收费周期、计算公式。在费用计算方面，功能强大，操作方便。以向导形式带领用户进行计算管理。通过计算机管理可方便查询用户的计费情况；通过计算滞纳金，临时收费向导帮助用户进一步进行收费的设置修改。

科博软件的商厦版的收费管理包括收费类别、收款方式、收费项目设置、计量单位、表类型、表设置、用户装表、用户抄表、应收款、收款单等。收费管理主要是对已经入住的客户进行费用（租金、月收费、年收费、合同收费、停车、洗衣、清洁、水费、电费、管理费等）缴纳的各方面管理，该部分的设计十分灵活，用户可以根据需要自定义收费项目、收费单价等，并可以根据需要进行增加、删除、修改，还能够方便地进行表类、非表类等的收费管理。该模块还有统计、查询、打印等功能，用户可以统计客户的缴费情况，可以统计某个时间段的收费情况。可以查询某客户的历次缴费情况，可以查询、打印收费列表，对已缴费和未缴费的客户进行详细的统计。在收款时，是对某小区的单独一个单元的某业主进行所有费用的收费，操作方便，简单明了。图9-4所示为科博软件收费项目设置模块，图9-5所示为乐天物业管理系统4.0费项设置模块。

（三）行政管理

各类软件在行政管理方面从不同的角度设计了功能，且各有侧重，归纳起来包括人事管理、会议记录、工作计划、公司文档等功能。科博软件的公司文档模块主要包括受控文件资料、文件借用登记、文件销毁、过期文件处理、文件更改申请、收发文件登记。除了对文件的详细管理外，还可以有传送文件的功能，如在联网的情况下，一用户把文件输入系统后，另一用户即可输出该文件。乐天软件还设有今日工作功能，能让用户设定开机时就自动提醒今日的工作，今日工作内容包括欠费住户一览表、应计费住户、保安执勤工作、今日保养设备清单、合同到期住户、空置单元列表以及逾期维修单、投诉单列表等。用户可以通过这项功能，快速清楚地知道今天的工作内容。下面看一下科博软件中的人事管理人员功能，如图9-6所示。

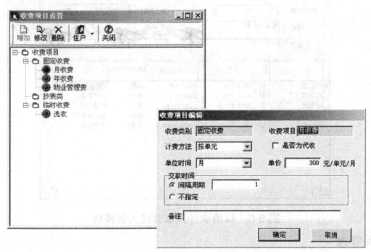

图 9-4 科博软件收费项目设置模块

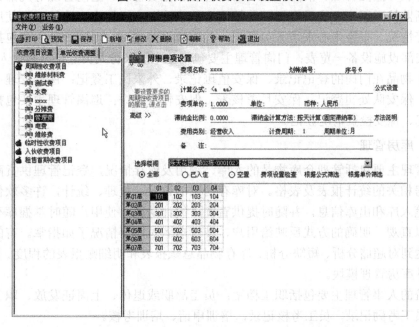

图 9-5 乐天物业管理系统 4.0 费项设置模块

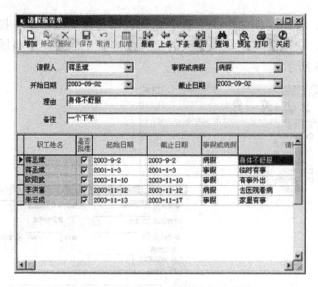

图 9-6　科博软件人事管理人员模块

（四）安保管理

安保管理分监控管理、消防管理、门岗管理、保安管理、巡岗管理等几部分。监控管理主要包括监控室温度湿度日登记、监控中心值班情况、报警中心监控录像使用情况、报警中心报警情况、报警中心来访人员登记、红外线报警测试；消防管理主要包括消防设施检查、保安部设施设备一览表；门岗管理主要包括住宅区来访人员登记、暂住人员（保姆）登记、业主物品在门岗的登记记录、保安值班记录、外来民工登记；保安管理主要包括保安队资料、保安队处罚登记、保安月考核表、保安转正考评；巡岗管理主要包括保安部夜间查岗登记、保安检查情况登记。

（五）库房管理

库房管理主要包括管理仓库物品的入库、领用及库存情况，登记管理供货商的信息，提供与库房相关的统计报表及表格。对库存信息的记录、处理、统计，许多软件已能完整地记录每笔入库和出库信息，并随时提供查询、统计功能，使用户随时掌握库存的明细。库存数据以直观、明确的方式反映给用户，使管理者对库存情况了如指掌。有的软件的查询功能已达到对超储分析、短缺分析、库存物品总账报表和明细账报表的程度。图 9-7 所示为科博软件库房管理模块。

本系统的人事管理主要包括职工档案；员工辞职或退休、上岗证发放、职工调动、请假报告；员工考勤记录、员工考核记录，培训申请、培训考核。

本系统的人事管理也可以说是一个比较独立的模块，用户也可单独使用。但对于整个系统来说，它与其他模块有着不可忽视的紧密关系。

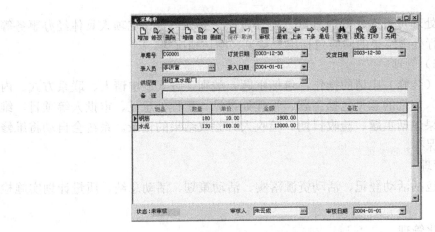

图 9-7 科博软件库房管理模块

（六）工程管理

一般地，各软件此项功能主要包括设施设备资料、设施设备保养计划、设施设备保养记录、设施设备的保养提醒，设施设备对外委托维修、设施设备报废处理，检测器具的申购、验收、使用、维修、鉴定、报废等环节的管理。有的软件系统还可以自动制订日常保养安排表，登记并查询记录设备保养及维修的信息情况。可以自动对不同的设备的各保养项目按全年、季、月或天制定保养计划，计算机自动按用户设定的日期提醒，并自动查看设备的档案和保养维修历史，同时每台设备的保养计划在开机时自动提醒。

（七）停车管理

停车管理主要对小区的车辆（内部、外部车辆）进行管理。主要包括停车场基础数据定义（停车场、车位）、车辆基本资料、固定车位使用情况、外来停车记录、内部停车记录、车辆查询。

（八）综合服务管理

1．网络传递

现在的物业软件已拥有特有的单据发送功能，可将投诉单、维修单即时发送到相应的部门或员工的打印机上，实现办公单据的网络传递，具备办公 OA 特性。

2．钥匙管理

钥匙管理功能可方便地管理每个单元钥匙的外借和归还登记。

3．投诉管理

投诉管理主要包括不合格服务处理、不合格服务返工验证记录、不合格产品处理报告、对策表、预防措施报告、业主投诉报告单、服务质量检查、回访记录。乐天软件系统对住户（业户）投诉的处理，会对包括主题、类别、投诉方式、投诉人等进行登记；处理投诉意见时包括主题、处理负责人、处理意见、处理方法、立项与否、立项人具体经办事务等进行记录；系统进行处理结果的回应包括用户意见、回访情况等。

4．维修（装修）管理

系统进行维修（装修）申请的操作，包括主题、类别、方式、申请人、联系方式、内容等，维修（装修）审批的意见包括主题、管理处意见、工程处意见、审批人等项目，维修（装修）验收结果包括主题、验收日期、验收人、验收结果的记录。系统会自动将维修（装修）情况归档保存。

5．小区文化管理

小区文化管理包括活动登记、活动资源落实、活动策划、活动总结、质量计划实施检查等。

（九）保洁绿化管理

保洁绿化管理是对小区环境方面的管理。其中主要包括绿化分布、绿化巡查、绿化工程、清洁安排、清洁报告、清洁检查、清洁类别管理。

（十）商务管理

商务管理主要包括报刊订阅、报刊接收，邮件收发登记、日活动登记、月活动统计，洗车处洗车登记，游泳池水质处理，游泳池水质检测，有偿服务联系，内部设施检查。

（十一）其他功能

有的软件还具备合同管理、领导查询、系统维护、年终结转等项功能。

1．合同管理

用户可自定义各种不同的文本类别，以便将自己的各种不同的文本归类，并可将合同原本或图纸扫描后存放在系统数据库中，方便用户进行登记、保存，并按任意条件进行查询统计。用户还可以根据实际需要来定义各种文本类别的主要条款，用户的文本中的各主要条款一目了然。

2．领导查询

以网上发布的形式，将系统中的数据进行统计和优化，以供领导查询所关心的数据。在这里可查询收费情况和租售情况。收费情况可查询本月应收金额和本月实收金额，还可统计未到期应收金额及欠收金额；租售情况可查询总面积、已售面积、已租面积和空置面积，如需了解更详细的情况，可以点击"详细资料"查看具体内容。

3．系统维护

操作员及权限定义、数据库配置、数据备份和恢复、系统日志、修改密码等模块。

4．年终结转

特有的年终结转功能，可将每年的数据做结转，可减少数据库记录的数量，从而优化数据库容量，加快系统处理速度。

三、大型物业管理信息化系统

在激烈的买方市场下，物业服务企业能否运用"集中管理、分权运作"的管理思想和先进的物业管理信息化系统，是实现其精细化管理，提高服务品质，降低成本，投标制胜的法宝。目前，长城物业、金地物业、兰州城关物业和北京招商局物业等大型物业管理企业已成功应用了深圳市极致软件有限公司研发的"极致物业管理系统"。图 9-8 所示为极致物业管理信息化整体解决方案框架图。

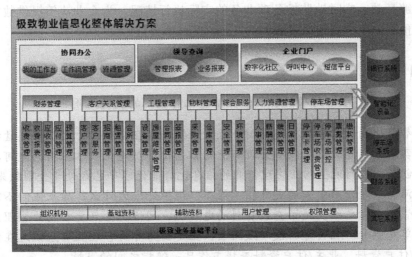

图 9-8　极致物业管理信息化整体解决方案框架图

极致物业管理信息化整体解决方案能够帮助大型物业管理企业在以下几个方面实现精细化管理，全面提升企业的管理水平。

（1）增强的客户服务功能。通过工作流驱动的方式来实现客户服务部、工程部和其他部门的跨部门协作，实现流程化的客户服务功能，提高工作效率和客户满意度。同时，能够通过呼叫中心、数字化社区和短信平台等企业门户加强与客户的沟通与互动，以全面提升服务品质。

（2）精细化的设备管理。设备管理不仅可以记录每个设备的基本属性、技术参数、检测参数和配件附件等详细信息，还可以编制设备保养计划和检测计划，并通过对保养计划和检测计划的有效执行保证设备处于良好的使用状态，降低设备的维护成本并提高设备的使用效率。

（3）更为强大的收费管理功能。收费管理支持同时管理多种类型的物业，支持多种收费项目和多种收费标准，支持各种类型的仪表，支持复杂的公摊表和总表的分摊计算，支持现金收款、银行托收、预收款等缴款方式，并且能够对欠款、保证金（押金）等业务进行全面的精细化管理。

（4）集中采购和仓库管理。通过集中采购能实现统一的供应商和统一的价格体系管理，从而降低采购成本。同时，通过对物料消耗过程的跟踪管理，能够避免物料浪费、防止管理漏洞并降低物料的使用成本。

（5）全面的预算管理。通过对人力成本、物料成本、能耗成本以及对分包商的代维和小型整改业务成本等各种成本的全面预算管理，降低企业成本，提高企业经济效益。

（6）高效、实时的决策支持。通过实时查询从不同维度进行统计的各种业务报表和管理报表，能够高效、实时地监控各项业务的实际执行情况，为企业决策提供数字化依据，做到"事前预测、事中控制、事后分析"。

【案例 9-1】

星河湾项目物业管理信息化智能化的成功运用①

首个全智能化的物业管理系统及财务收费系统已经在全国三十大明星楼盘之一的"星河湾"成功实现了，它开创了物业管理行业内信息化、智能化技术应用的先河，表明与时俱进、开拓创新的广州地区物业管理行业的信息化智能化水平已经处于全国领先的地位。

据说星河湾家政秘书中心的文件柜"保养"得很好，为什么？原来他们不需要翻箱倒柜找文件，管理中心已经实现了查询资料的电脑化、网络化。只要在物业管理系统中输入简单直观的单元编号，相关资料便一跃而出。正是因为非常合理且有组织地在信息系统内存储了业主/住户资料，业主/住户资料查找工作只是弹指之间的事情。

有没有听过会计电算化专业？以前学校里的会计电算化，在这里不是学科，而是实际的操作和应用。在星河湾，不会见到有人拿着一摞又一摞的资料在计算费用，不会看到管理人员拿着本子去抄水气表。运用了乐天物业管理系统中的智能抄表功能，半个小时便可以完成整个小区气表、水表读数的读取。轻点鼠标，5分钟便可以将管理费、水费、直饮水费等费用计算出来。再只需要轻点鼠标，就能将应缴款总额信息发送到每一位业主和住户的手机上。

回答业主/住户交费情况查询时，不再需跑来跑去，拿着一摞摞的收费记录进行查找，只要选择一个住户，即可以查看到所有的费用缴纳记录。

排队交费？在星河湾，业主/住户不再需要亲临管理处交费了，只需要补充银行存款便可以实现银行自动划账交费，业主/住户们只需要打开自家的信箱取回发票或致电管理处查询交费情况。

完美的物业管理业务处理流程，如图9-9所示。

---

① 神女应无恙，当惊世界殊——记信息化智能化在物业管理行业中的应用. 广州乐天科技有限公司，http://www.roadteam.com.cn

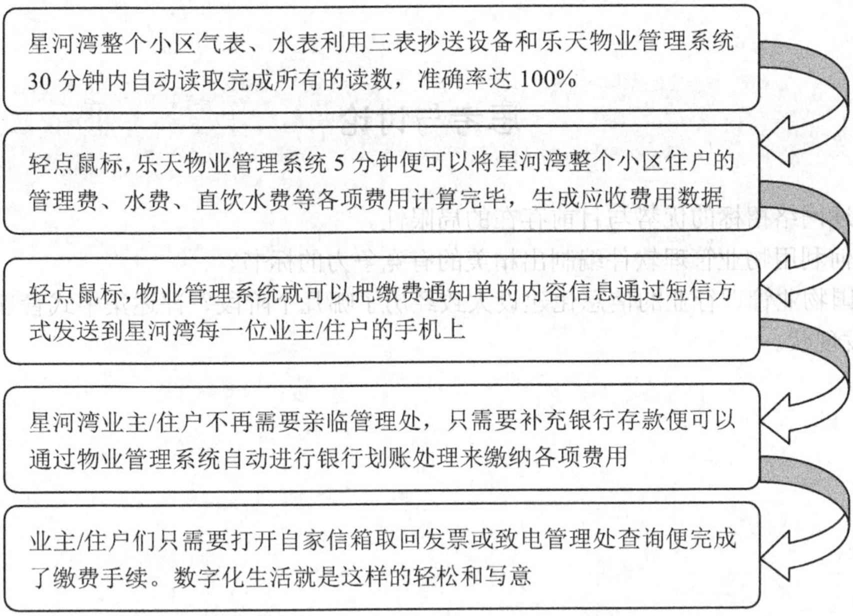

星河湾整个小区气表、水表利用三表抄送设备和乐天物业管理系统30分钟内自动读取完成所有的读数，准确率达100%

轻点鼠标，乐天物业管理系统5分钟便可以将星河湾整个小区住户的管理费、水费、直饮水费等各项费用计算完毕，生成应收费用数据

轻点鼠标，物业管理系统就可以把缴费通知单的内容信息通过短信方式发送到星河湾每一位业主/住户的手机上

星河湾业主/住户不再需要亲临管理处，只需要补充银行存款便可以通过物业管理系统自动进行银行划账处理来缴纳各项费用

业主/住户们只需要打开自家信箱取回发票或致电管理处查询便完成了缴费手续。数字化生活就是这样的轻松和写意

图9-9 星河湾项目物业管理智能化流程图

本 章 小 结

网络招标具有"三公开、三公平、三公正、三择优"的特点，其与传统招标相比优势明显，但在电子操作、管理体系、网络安全等方面有待完善和加强。

目前，我国现有的几个网络招投标系统均能综合运用各种网络信息技术，为招投标双方提供自主自助招标平台。招标单位可以通过网络完成招标项目建立、项目审核、招标邀请发布、供应商审核、招标文件上传、公告澄清、投标文件回收、开标、招标结果公告、评标等招标工作的全过程。部分招投标系统还能为招标单位提供标书费用、投标保证金等辅助管理和招投标用户注册、审核、系统资料维护等业务管理功能，同时提供专用账号，可跟踪、查询项目的招投标全过程和各类统计数据以满足各级主管机关、监察部门等的管理需要。网络招投标未来将可能会发展成为相对于各个垂直行业市场而独立的第三方交易市场。

物业管理软件的有效利用可大大提高物业服务方案水准和中标概率。目前我国物业管理软件主要有物业资料管理、财务管理、行政管理、安保管理、库房管理、工程管理、停车管理、综合服务管理、保洁绿化管理、商务管理等多项功能。物业管理信息化领域新的趋势表现在，集中式应用已成为主流模式和出现了物业管理信息化整体解决方案。

思考与讨论

1. 论述网络招标的优势与目前存在的局限性。

2. 如何利用物业管理软件编制出精美的有竞争力的标书？

3. 我国物业管理行业的信息化建设大致经历了哪几个阶段？评述集中式管理的物业管理软件开发现状。

参 考 文 献

1．卜宪华．物业管理招标投标实务．大连：东北财经大学出版社，2008

2．成虎．建筑工程合同管理与索赔．南京：东南大学出版社，2000

3．丛培经．建设工程施工发包承包价格．北京：中国计划出版社，2002

4．丁芸，谭善勇．物业管理案例精选与解析．北京：中国建筑工业出版社，2003

5．方芳，吕萍．物业管理实务．上海：上海财经大学出版社，2003

6．黄安永．现代房地产物业管理．第 2 版．南京：东南大学出版社，2000

7．黄安永．物业管理招标投标．南京：东南大学出版社，2000

8．何伯森．国际工程招标与投标．北京：水利电力出版社，1994

9．李晶漪．招标、投标及合资企业文书英语．郑州：河南人民出版社，1997

10．（美）H·克雷格·彼得森，W·克里斯·刘易斯．管理经济学．第 3 版．吴德庆译．北京：中国人民大学出版社，1998，328

11．姜早龙，张涑贤．物业管理概论．武汉：武汉理工大学出版社，2008

12．全国造价工程师执业资格考试培训教材编写委员会，全国造价工程师执业资格考试培训教材审定委员会．工程造价案例分析．第 2 版．北京：中国城市出版社，2001

13．舒福荣．招标投标国际惯例．贵州：贵州人民出版社，1994

14．汤礼智．国际工程承包实务．北京：中国对外经济贸易出版社，1993

15．谭善勇．物业管理市场——理论与实务．北京：首都经济贸易大学出版社，2001

16．王秉桐．建设工程施工招标投标管理．北京：中国工业出版社，1994

17．王金泽．物业管理政策与实务问答．天津：天津社会科学院出版社，1996

18．王俊安，徐兴艾．招标投标与合同管理．北京：中国建材工业出版社，2003

19．王青兰，柯木林．物业管理运作指南．北京：中国建筑工业出版社，2000

20．王志儒．住宅小区物业管理．北京：中国建筑工业出版社，1998

21．汪海菁．我看物业管理招投标．现代物业，2004（3）

22．王秀燕，李锦华．工程招投标与合同管理．北京：机械工业出版社，2009

23．许高峰．国际招投标．北京：人民交通出版社，2003

24．徐文通．工程招标投标管理概论．北京：中国人民大学出版社，1992

25．余源鹏．房地产项目物业管理招标与投标实操一本通．北京：机械工业出版社，2009

26．邹益华．海外物业管理．南京：东南大学出版社，2001

27．周珂．物业规范管理教程．北京：中国计量出版社，2001

28．张莹．招标投标理论与实务．北京：中国物资出版社，2003

29．张连生，杨立方，盛承懋．物业管理案例分析．南京：东南大学出版社，2000

30．郑润梅等．建设法规概论．北京：中国建材工业出版社，2004

31．翟峰．物业管理招投标探微．现代物业，2004（3）

32．中华人民共和国招标投标法起草小组．招标投标法实务．北京：法律出版社，2000

33．中国法制出版社．办理招标投标案件法律依据．北京：中国法制出版社，2002

附录 A　中华人民共和国招标投标法

（1999 年 8 月 30 日第九届全国人民代表大会常务委员会第十一次会议通过）

第一章　总　　则

第一条　为了规范招标投标活动，保护国家利益、社会公共利益和招标投标活动当事人的合法权益，提高经济效益，保证项目质量，制定本法。

第二条　在中华人民共和国境内进行招标投标活动，适用本法。

第三条　在中华人民共和国境内进行下列工程建设项目包括项目的勘察、设计、施工、监理以及与工程建设有关的重要设备、材料等的采购，必须进行招标：

（一）大型基础设施、公用事业等关系社会公共利益、公众安全的项目；

（二）全部或者部分使用国有资金投资或者国家融资的项目；

（三）使用国际组织或者外国政府贷款、援助资金的项目。

前款所列项目的具体范围和规模标准，由国务院发展计划部门会同国务院有关部门制订，报国务院批准。

法律或者国务院对必须进行招标的其他项目的范围有规定的，依照其规定。

第四条　任何单位和个人不得将依法必须进行招标的项目化整为零或者以其他任何方式规避招标。

第五条　招标投标活动应当遵循公开、公平、公正和诚实信用的原则。

第六条　依法必须进行招标的项目，其招标投标活动不受地区或者部门的限制。任何单位和个人不得违法限制或者排斥本地区、本系统以外的法人或者其他组织参加投标，不得以任何方式非法干涉招标投标活动。

第七条　招标投标活动及其当事人应当接受依法实施的监督。

有关行政监督部门依法对招标投标活动实施监督，依法查处招标投标活动中的违法行为。

对招标投标活动的行政监督及有关部门的具体职权划分，由国务院规定。

第二章　招　　标

第八条　招标人是依照本法规定提出招标项目、进行招标的法人或者其他组织。

第九条　招标项目按照国家有关规定需要履行项目审批手续的，应当先履行审批手续，取得批准。

招标人应当有进行招标项目的相应资金或者资金来源已经落实，并应当在招标文件中如实载明。

第十条　招标分为公开招标和邀请招标。

公开招标，是指招标人以招标公告的方式邀请不特定的法人或者其他组织投标。

邀请招标，是指招标人以投标邀请书的方式邀请特定的法人或者其他组织投标。

第十一条 国务院发展计划部门确定的国家重点项目和省、自治区、直辖市人民政府确定的地方重点项目不适宜公开招标的，经国务院发展计划部门或者省、自治区、直辖市人民政府批准，可以进行邀请招标。

第十二条 招标人有权自行选择招标代理机构，委托其办理招标事宜。任何单位和个人不得以任何方式为招标人指定招标代理机构。

招标人具有编制招标文件和组织评标能力的，可以自行办理招标事宜。任何单位和个人不得强制其委托招标代理机构办理招标事宜。

依法必须进行招标的项目，招标人自行办理招标事宜的，应当向有关行政监督部门备案。

第十三条 招标代理机构是依法设立、从事招标代理业务并提供相关服务的社会中介组织。

招标代理机构应当具备下列条件：

（一）有从事招标代理业务的营业场所和相应资金；

（二）有能够编制招标文件和组织评标的相应专业力量；

（三）有符合本法第三十七条第三款规定条件、可以作为评标委员会成员人选的技术、经济等方面的专家库。

第十四条 从事工程建设项目招标代理业务的招标代理机构，其资格由国务院或者省、自治区、直辖市人民政府的建设行政主管部门认定。具体办法由国务院建设行政主管部门会同国务院有关部门制定。从事其他招标代理业务的招标代理机构，其资格认定的主管部门由国务院规定。

招标代理机构与行政机关和其他国家机关不得存在隶属关系或者其他利益关系。

第十五条 招标代理机构应当在招标人委托的范围内办理招标事宜，并遵守本法关于招标人的规定。

第十六条 招标人采用公开招标方式的，应当发布招标公告。依法必须进行招标的项目的招标公告，应当通过国家指定的报刊、信息网络或者其他媒介发布。

招标公告应当载明招标人的名称和地址、招标项目的性质、数量、实施地点和时间以及获取招标文件的办法等事项。

第十七条 招标人采用邀请招标方式的，应当向三个以上具备承担招标项目的能力、资信良好的特定的法人或者其他组织发出投标邀请书。

投标邀请书应当载明本法第十六条第二款规定的事项。

第十八条 招标人可以根据招标项目本身的要求，在招标公告或者投标邀请书中，要求潜在投标人提供有关资质证明文件和业绩情况，并对潜在投标人进行资格审查；国家对投标人的资格条件有规定的，依照其规定。

招标人不得以不合理的条件限制或者排斥潜在投标人，不得对潜在投标人实行歧视待遇。

第十九条 招标人应当根据招标项目的特点和需要编制招标文件。招标文件应当包括招标项目的技术要求、对投标人资格审查的标准、投标报价要求和评标标准等所有实质性要求和条件以及拟签订合同的主要条款。

国家对招标项目的技术、标准有规定的，招标人应当按照其规定在招标文件中提出相应要求。

招标项目需要划分标段、确定工期的，招标人应当合理划分标段、确定工期，并在招标文件中载明。

第二十条 招标文件不得要求或者标明特定的生产供应者以及含有倾向或者排斥潜在投标人的其他

内容。

第二十一条 招标人根据招标项目的具体情况，可以组织潜在投标人踏勘项目现场。

第二十二条 招标人不得向他人透露已获取招标文件的潜在投标人的名称、数量以及可能影响公平竞争的有关招标投标的其他情况。

招标人设有标底的，标底必须保密。

第二十三条 招标人对已发出的招标文件进行必要的澄清或者修改的，应当在招标文件要求提交投标文件截止时间至少十五日前，以书面形式通知所有招标文件收受人。该澄清或者修改的内容为招标文件的组成部分。

第二十四条 招标人应当确定投标人编制投标文件所需要的合理时间；但是，依法必须进行招标的项目，自招标文件开始发出之日起至投标人提交投标文件截止之日止，最短不得少于二十日。

第三章 投 标

第二十五条 投标人是响应招标、参加投标竞争的法人或者其他组织。

依法招标的科研项目允许个人参加投标的，投标的个人适用本法有关投标人的规定。

第二十六条 投标人应当具备承担招标项目的能力；国家有关规定对投标人资格条件或者招标文件对投标人资格条件有规定的，投标人应当具备规定的资格条件。

第二十七条 投标人应当按照招标文件的要求编制投标文件。投标文件应当对招标文件提出的实质性要求和条件作出响应。

招标项目属于建设施工的，投标文件的内容应当包括拟派出的项目负责人与主要技术人员的简历、业绩和拟用于完成招标项目的机械设备等。

第二十八条 投标人应当在招标文件要求提交投标文件的截止时间前，将投标文件送达投标地点。招标人收到投标文件后，应当签收保存，不得开启。投标人少于三个的，招标人应当依照本法重新招标。

在招标文件要求提交投标文件的截止时间后送达的投标文件，招标人应当拒收。

第二十九条 投标人在招标文件要求提交投标文件的截止时间前，可以补充、修改或者撤回已提交的投标文件，并书面通知招标人。补充、修改的内容为投标文件的组成部分。

第三十条 投标人根据招标文件载明的项目实际情况，拟在中标后将中标项目的部分非主体、非关键性工作进行分包的，应当在投标文件中载明。

第三十一条 两个以上法人或者其他组织可以组成一个联合体，以一个投标人的身份共同投标。

联合体各方均应当具备承担招标项目的相应能力；国家有关规定或者招标文件对投标人资格条件有规定的，联合体各方均应当具备规定的相应资格条件。由同一专业的单位组成的联合体，按照资质等级较低的单位确定资质等级。

联合体各方应当签订共同投标协议，明确约定各方拟承担的工作和责任，并将共同投标协议连同投标文件一并提交招标人。联合体中标的，联合体各方应当共同与招标人签订合同，就中标项目向招标人承担连带责任。

招标人不得强制投标人组成联合体共同投标，不得限制投标人之间的竞争。

第三十二条 投标人不得相互串通投标报价，不得排挤其他投标人的公平竞争，损害招标人或者其他投标人的合法权益。

投标人不得与招标人串通投标，损害国家利益、社会公共利益或者他人的合法权益。

禁止投标人以向招标人或者评标委员会成员行贿的手段谋取中标。

第三十三条 投标人不得以低于成本的报价竞标，也不得以他人名义投标或者以其他方式弄虚作假，骗取中标。

第四章　开标、评标和中标

第三十四条 开标应当在招标文件确定的提交投标文件截止时间的同一时间公开进行；开标地点应当为招标文件中预先确定的地点。

第三十五条 开标由招标人主持，邀请所有投标人参加。

第三十六条 开标时，由投标人或者其推选的代表检查投标文件的密封情况，也可以由招标人委托的公证机构检查并公证；经确认无误后，由工作人员当众拆封，宣读投标人名称、投标价格和投标文件的其他主要内容。

招标人在招标文件要求提交投标文件的截止时间前收到的所有投标文件，开标时都应当当众予以拆封、宣读。

开标过程应当记录，并存档备查。

第三十七条 评标由招标人依法组建的评标委员会负责。

依法必须进行招标的项目，其评标委员会由招标人的代表和有关技术、经济等方面的专家组成，成员人数为五人以上单数，其中技术、经济等方面的专家不得少于成员总数的三分之二。

前款专家应当从事相关领域工作满八年并具有高级职称或者具有同等专业水平，由招标人从国务院有关部门或者省、自治区、直辖市人民政府有关部门提供的专家名册或者招标代理机构的专家库内的相关专业的专家名单中确定；一般招标项目可以采取随机抽取方式，特殊招标项目可以由招标人直接确定。

与投标人有利害关系的人不得进入相关项目的评标委员会；已经进入的应当更换。

评标委员会成员的名单在中标结果确定前应当保密。

第三十八条 招标人应当采取必要的措施，保证评标在严格保密的情况下进行。

任何单位和个人不得非法干预、影响评标的过程和结果。

第三十九条 评标委员会可以要求投标人对投标文件中含义不明确的内容作必要的澄清或者说明，但是澄清或者说明不得超出投标文件的范围或者改变投标文件的实质性内容。

第四十条 评标委员会应当按照招标文件确定的评标标准和方法，对投标文件进行评审和比较；设有标底的，应当参考标底。评标委员会完成评标后，应当向招标人提出书面评标报告，并推荐合格的中标候选人。

招标人根据评标委员会提出的书面评标报告和推荐的中标候选人确定中标人。招标人也可以授权评标委员会直接确定中标人。

国务院对特定招标项目的评标有特别规定的，从其规定。

第四十一条 中标人的投标应当符合下列条件之一：

（一）能够最大限度地满足招标文件中规定的各项综合评价标准；

（二）能够满足招标文件的实质性要求，并且经评审的投标价格最低；但是投标价格低于成本的除外。

第四十二条 评标委员会经评审，认为所有投标都不符合招标文件要求的，可以否决所有投标。

依法必须进行招标的项目的所有投标被否决的，招标人应当依照本法重新招标。

第四十三条 在确定中标人前，招标人不得与投标人就投标价格、投标方案等实质性内容进行谈判。

第四十四条 评标委员会成员应当客观、公正地履行职务，遵守职业道德，对所提出的评审意见承担个人责任。

评标委员会成员不得私下接触投标人，不得收受投标人的财物或者其他好处。

评标委员会成员和参与评标的有关工作人员不得透露对投标文件的评审和比较、中标候选人的推荐情况以及与评标有关的其他情况。

第四十五条 中标人确定后，招标人应当向中标人发出中标通知书，并同时将中标结果通知所有未中标的投标人。

中标通知书对招标人和中标人具有法律效力。中标通知书发出后，招标人改变中标结果的，或者中标人放弃中标项目的，应当依法承担法律责任。

第四十六条 招标人和中标人应当自中标通知书发出之日起三十日内，按照招标文件和中标人的投标文件订立书面合同。招标人和中标人不得再行订立背离合同实质性内容的其他协议。

招标文件要求中标人提交履约保证金的，中标人应当提交。

第四十七条 依法必须进行招标的项目，招标人应当自确定中标人之日起十五日内，向有关行政监督部门提交招标投标情况的书面报告。

第四十八条 中标人应当按照合同约定履行义务，完成中标项目。中标人不得向他人转让中标项目，也不得将中标项目肢解后分别向他人转让。

中标人按照合同约定或者经招标人同意，可以将中标项目的部分非主体、非关键性工作分包给他人完成。接受分包的人应当具备相应的资格条件，并不得再次分包。

中标人应当就分包项目向招标人负责，接受分包的人就分包项目承担连带责任。

第五章 法律责任

第四十九条 违反本法规定，必须进行招标的项目而不招标的，将必须进行招标的项目化整为零或者以其他任何方式规避招标的，责令限期改正，可以处项目合同金额千分之五以上千分之十以下的罚款；对全部或者部分使用国有资金的项目，可以暂停项目执行或者暂停资金拨付；对单位直接负责的主管人员和其他直接责任人员依法给予处分。

第五十条 招标代理机构违反本法规定，泄露应当保密的与招标投标活动有关的情况和资料的，或者与招标人、投标人串通损害国家利益、社会公共利益或者他人合法权益的，处五万元以上二十五万元以下的罚款，对单位直接负责的主管人员和其他直接责任人员处单位罚款数额百分之五以上百分之十以下的罚款；有违法所得的，并处没收违法所得；情节严重的，暂停直至取消招标代理资格；构成犯罪的，依法追究刑事责任。给他人造成损失的，依法承担赔偿责任。

前款所列行为影响中标结果的，中标无效。

第五十一条 招标人以不合理的条件限制或者排斥潜在投标人的，对潜在投标人实行歧视待遇的，强制要求投标人组成联合体共同投标的，或者限制投标人之间竞争的，责令改正，可以处一万元以上五万元以下的罚款。

第五十二条 依法必须进行招标的项目的招标人向他人透露已获取招标文件的潜在投标人的名称、数量或者可能影响公平竞争的有关招标投标的其他情况的，或者泄露标底的，给予警告，可以并处一万元以上十万元以下的罚款；对单位直接负责的主管人员和其他直接责任人员依法给予处分；构成犯罪的，依法追究刑事责任。

前款所列行为影响中标结果的，中标无效。

第五十三条　投标人相互串通投标或者与招标人串通投标的，投标人以向招标人或者评标委员会成员行贿的手段谋取中标的，中标无效，处中标项目金额千分之五以上千分之十以下的罚款，对单位直接负责的主管人员和其他直接责任人员处单位罚款数额百分之五以上百分之十以下的罚款；有违法所得的，并处没收违法所得；情节严重的，取消其一年至二年内参加依法必须进行招标的项目的投标资格并予以公告，直至由工商行政管理机关吊销营业执照；构成犯罪的，依法追究刑事责任。给他人造成损失的，依法承担赔偿责任。

第五十四条　投标人以他人名义投标或者以其他方式弄虚作假，骗取中标的，中标无效，给招标人造成损失的，依法承担赔偿责任；构成犯罪的，依法追究刑事责任。

依法必须进行招标的项目的投标人有前款所列行为尚未构成犯罪的，处中标项目金额千分之五以上千分之十以下的罚款，对单位直接负责的主管人员和其他直接责任人员处单位罚款数额百分之五以上百分之十以下的罚款；有违法所得的，并处没收违法所得；情节严重的，取消其一年至三年内参加依法必须进行招标的项目的投标资格并予以公告，直至由工商行政管理机关吊销营业执照。

第五十五条　依法必须进行招标的项目，招标人违反本法规定，与投标人就投标价格、投标方案等实质性内容进行谈判的，给予警告，对单位直接负责的主管人员和其他直接责任人员依法给予处分。

前款所列行为影响中标结果的，中标无效。

第五十六条　评标委员会成员收受投标人的财物或者其他好处的，评标委员会成员或者参加评标的有关工作人员向他人透露对投标文件的评审和比较、中标候选人的推荐以及与评标有关的其他情况的，给予警告，没收收受的财物，可以并处三千元以上五万元以下的罚款，对有所列违法行为的评标委员会成员取消担任评标委员会成员的资格，不得再参加任何依法必须进行招标的项目的评标；构成犯罪的，依法追究刑事责任。

第五十七条　招标人在评标委员会依法推荐的中标候选人以外确定中标人的，依法必须进行招标的项目在所有投标被评标委员会否决后自行确定中标人的，中标无效。责令改正，可以处中标项目金额千分之五以上千分之十以下的罚款；对单位直接负责的主管人员和其他直接责任人员依法给予处分。

第五十八条　中标人将中标项目转让给他人的，将中标项目肢解后分别转让给他人的，违反本法规定将中标项目的部分主体、关键性工作分包给他人的，或者分包人再次分包的，转让、分包无效，处转让、分包项目金额千分之五以上千分之十以下的罚款；有违法所得的，并处没收违法所得；可以责令停业整顿；情节严重的，由工商行政管理机关吊销营业执照。

第五十九条　招标人与中标人不按照招标文件和中标人的投标文件订立合同的，或者招标人、中标人订立背离合同实质性内容的协议的，责令改正；可以处中标项目金额千分之五以上千分之十以下的罚款。

第六十条　中标人不履行与招标人订立的合同的，履约保证金不予退还，给招标人造成的损失超过履约保证金数额的，还应当对超过部分予以赔偿；没有提交履约保证金的，应当对招标人的损失承担赔偿责任。

中标人不按照与招标人订立的合同履行义务，情节严重的，取消其二年至五年内参加依法必须进行招标的项目的投标资格并予以公告,直至由工商行政管理机关吊销营业执照。

因不可抗力不能履行合同的,不适用前两款规定。

第六十一条 本章规定的行政处罚,由国务院规定的有关行政监督部门决定。本法已对实施行政处罚的机关作出规定的除外。

第六十二条 任何单位违反本法规定,限制或者排斥本地区、本系统以外的法人或者其他组织参加投标的,为招标人指定招标代理机构的,强制招标人委托招标代理机构办理招标事宜的,或者以其他方式干涉招标投标活动的,责令改正;对单位直接负责的主管人员和其他直接责任人员依法给予警告、记过、记大过的处分,情节较重的,依法给予降级、撤职、开除的处分。

个人利用职权进行前款违法行为的,依照前款规定追究责任。

第六十三条 对招标投标活动依法负有行政监督职责的国家机关工作人员徇私舞弊、滥用职权或者玩忽职守,构成犯罪的,依法追究刑事责任;不构成犯罪的,依法给予行政处分。

第六十四条 依法必须进行招标的项目违反本法规定,中标无效的,应当依照本法规定的中标条件从其余投标人中重新确定中标人或者依照本法重新进行招标。

第六章 附 则

第六十五条 投标人和其他利害关系人认为招标投标活动不符合本法有关规定的,有权向招标人提出异议或者依法向有关行政监督部门投诉。

第六十六条 涉及国家安全、国家秘密、抢险救灾或者属于利用扶贫资金实行以工代赈、需要使用农民工等特殊情况,不适宜进行招标的项目,按照国家有关规定可以不进行招标。

第六十七条 使用国际组织或者外国政府贷款、援助资金的项目进行招标,贷款方、资金提供方对招标投标的具体条件和程序有不同规定的,可以适用其规定,但违背中华人民共和国的社会公共利益的除外。

第六十八条 本法自 2000 年 1 月 1 日起施行。

附录 B 前期物业管理招标投标管理暂行办法

建住房[2003]130 号

第一章 总 则

第一条 为了规范前期物业管理招标投标活动，保护招标投标当事人的合法权益，促进物业管理市场的公平竞争，制定本办法。

第二条 前期物业管理，是指在业主、业主大会选聘物业管理企业之前，由建设单位选聘物业管理企业实施的物业管理。

建设单位通过招标的方式选聘具有相应资质的物业管理企业和行政主管部门对物业管理招投标活动实施监督管理，适用本办法。

第三条 住宅及同一物业管理区域内非住宅的建设单位，应当通过招投标的方式选聘具有相应资质的物业管理企业；投标人少于 3 个或者住宅规模较小的，经物业所在地的区、县人民政府房地产行政主管部门批准，可以采用协议方式选聘具有相应资质的物业管理企业。

国家提倡其他物业的建设单位通过招投标的方式，选聘具有相应资质的物业管理企业。

第四条 前期物业管理招标投标应当遵循公开、公平、公正和诚实信用的原则。

第五条 国务院建设行政主管部门负责全国物业管理招标投标活动的监督管理。

省、自治区人民政府建设行政主管部门负责本行政区域内物业管理招标投标活动的监督管理。

直辖市、市、县人民政府房地产行政主管部门负责本行政区域内物业管理招标投标活动的监督管理。

第六条 任何单位和个人不得违反法律、行政法规规定，限制或者排斥具备投标资格的物业管理企业参加投标，不得以任何方式非法干涉物业管理招标投标活动。

第二章 招 标

第七条 本办法所称招标人是指依法进行前期物业管理招标的物业建设单位。

前期物业管理招标由招标人依法组织实施。招标人不得以不合理条件限制或者排斥潜在投标人，不得对潜在投标人实行歧视待遇，不得对潜在投标人提出与招标物业管理项目实际要求不符的过高的资格等要求。

第八条 前期物业管理招标分为公开招标和邀请招标。

招标人采取公开招标方式的，应当在公共媒介上发布招标公告，并同时在中国住宅与房地产信息网和中国物业管理协会网上发布免费招标公告。

招标公告应当载明招标人的名称和地址，招标项目的基本情况以及获取招标文件的办法等事项。

招标人采取邀请招标方式的，应当向 3 个以上物业管理企业发出投标邀请书，投标邀请书应当包含前款规定的事项。

第九条 招标人可以委托招标代理机构办理招标事宜；有能力组织和实施招标活动的，也可以自行组织实施招标活动。

物业管理招标代理机构应当在招标人委托的范围内办理招标事宜，并遵守本办法对招标人的有关规定。

第十条 招标人应当根据物业管理项目的特点和需要，在招标前完成招标文件的编制。

招标文件应包括以下内容：

（一）招标人及招标项目简介，包括招标人名称、地址、联系方式、项目基本情况、物业管理用房的配备情况等；

（二）物业管理服务内容及要求，包括服务内容、服务标准等；

（三）对投标人及投标书的要求，包括投标人的资格、投标书的格式、主要内容等；

（四）评标标准和评标方法；

（五）招标活动方案，包括招标组织机构、开标时间及地点等；

（六）物业服务合同的签订说明；

（七）其他事项的说明及法律法规规定的其他内容。

第十一条 招标人应当在发布招标公告或者发出投标邀请书的 10 日前，提交以下材料报物业项目所在地的县级以上地方人民政府房地产行政主管部门备案：

（一）与物业管理有关的物业项目开发建设的政府批件；

（二）招标公告或者招标邀请书；

（三）招标文件；

（四）法律、法规规定的其他材料。

房地产行政主管部门发现招标有违反法律、法规规定的，应当及时责令招标人改正。

第十二条 公开招标的招标人可以根据招标文件的规定，对投标申请人进行资格预审。

实行投标资格预审的物业管理项目，招标人应当在招标公告或者投标邀请书中载明资格预审的条件和获取资格预审文件的办法。

资格预审文件一般应当包括资格预审申请书格式、申请人须知，以及需要投标申请人提供的企业资格文件、业绩、技术装备、财务状况和拟派出的项目负责人与主要管理人员的简历、业绩等证明材料。

第十三条 经资格预审后，公开招标的招标人应当向资格预审合格的投标申请人发出资格预审合格通知书，告知获取招标文件的时间、地点和方法，并同时向资格不合格的投标申请人告知资格预审结果。

在资格预审合格的投标申请人过多时，可以由招标人从中选择不少于 5 家资格预审合格的投标申请人。

第十四条 招标人应当确定投标人编制投标文件所需要的合理时间。公开招标的物业管理项目，自招标文件发出之日起至投标人提交投标文件截止之日止，最短不得少于 20 日。

第十五条 招标人对已发出的招标文件进行必要的澄清或者修改的，应当在招标文件要求提交投标文件截止时间至少 15 日前，以书面形式通知所有的招标文件收受人。该澄清或者修改的内容为招标文件的组成部分。

第十六条 招标人根据物业管理项目的具体情况，可以组织潜在的投标申请人踏勘物业项目现场，并提供隐蔽工程图纸等详细资料。对投标申请人提出的疑问应当予以澄清并以书面形式发送给所有的招标文件收受人。

第十七条　招标人不得向他人透露已获取招标文件的潜在投标人的名称、数量以及可能影响公平竞争的有关招标投标的其他情况。

招标人设有标底的，标底必须保密。

第十八条　在确定中标人前，招标人不得与投标人就投标价格、投标方案等实质内容进行谈判。

第十九条　通过招标投标方式选择物业管理企业的，招标人应当按照以下规定时限完成物业管理招标投标工作：

（一）新建现售商品房项目应当在现售前 30 日完成；

（二）预售商品房项目应当在取得《商品房预售许可证》之前完成；

（三）非出售的新建物业项目应当在交付使用前 90 日完成。

第三章　投　　标

第二十条　本办法所称投标人是指响应前期物业管理招标、参与投标竞争的物业管理企业。

投标人应当具有相应的物业管理企业资质和招标文件要求的其他条件。

第二十一条　投标人对招标文件有疑问需要澄清的，应当以书面形式向招标人提出。

第二十二条　投标人应当按照招标文件的内容和要求编制投标文件，投标文件应当对招标文件提出的实质性要求和条件作出响应。

投标文件应当包括以下内容：

（一）投标函；

（二）投标报价；

（三）物业管理方案；

（四）招标文件要求提供的其他材料。

第二十三条　投标人应当在招标文件要求提交投标文件的截止时间前，将投标文件密封送达投标地点。招标人收到投标文件后，应当向投标人出具标明签收人和签收时间的凭证，并妥善保存投标文件。在开标前，任何单位和个人均不得开启投标文件。在招标文件要求提交投标文件的截止时间后送达的投标文件，为无效的投标文件，招标人应当拒收。

第二十四条　投标人在招标文件要求提交投标文件的截止时间前，可以补充、修改或者撤回已提交的投标文件，并书面通知招标人。补充、修改的内容为投标文件的组成部分，并应当按照本办法第二十三条的规定送达、签收和保管。在招标文件要求提交投标文件的截止时间后送达的补充或者修改的内容无效。

第二十五条　投标人不得以他人名义投标或者以其他方式弄虚作假，骗取中标。

投标人不得相互串通投标，不得排挤其他投标人的公平竞争，不得损害招标人或者其他投标人的合法权益。

投标人不得与招标人串通投标，损害国家利益、社会公共利益或者他人的合法权益。

禁止投标人以向招标人或者评标委员会成员行贿等不正当手段谋取中标。

第四章　开标、评标和中标

第二十六条　开标应当在招标文件确定的提交投标文件截止时间的同一时间公开进行；开标地点应当为招标文件中预先确定的地点。

第二十七条　开标由招标人主持，邀请所有投标人参加。开标应当按照下列规定进行：

由投标人或者其推选的代表检查投标文件的密封情况，也可以由招标人委托的公证机构进行检查并公证。经确认无误后，由工作人员当众拆封，宣读投标人名称、投标价格和投标文件的其他主要内容。

招标人在招标文件要求提交投标文件的截止时间前收到的所有投标文件，开标时都应当当众予以拆封。

开标过程应当记录，并由招标人存档备查。

第二十八条　评标由招标人依法组建的评标委员会负责。

评标委员会由招标人代表和物业管理方面的专家组成，成员为 5 人以上单数，其中招标人代表以外的物业管理方面的专家不得少于成员总数的三分之二。

评标委员会的专家成员，应当由招标人从房地产行政主管部门建立的专家名册中采取随机抽取的方式确定。

与投标人有利害关系的人不得进入相关项目的评标委员会。

第二十九条　房地产行政主管部门应当建立评标的专家名册。省、自治区、直辖市人民政府房地产行政主管部门可以将专家数量少的城市的专家名册予以合并或者实行专家名册计算机联网。

房地产行政主管部门应当对进入专家名册的专家进行有关法律和业务培训，对其评标能力、廉洁公正等进行综合考评，及时取消不称职或者违法违规人员的评标专家资格。被取消评标专家资格的人员，不得再参加任何评标活动。

第三十条　评标委员会成员应当认真、公正、诚实、廉洁地履行职责。

评标委员会成员不得与任何投标人或者与招标结果有利害关系的人进行私下接触，不得收受投标人、中介人、其他利害关系人的财物或者其他好处。

评标委员会成员和与评标活动有关的工作人员不得透露对投标文件的评审和比较、中标候选人的推荐情况以及与评标有关的其他情况。

前款所称与评标活动有关的工作人员，是指评标委员会成员以外的因参与评标监督工作或者事务性工作而知悉有关评标情况的所有人员。

第三十一条　评标委员会可以用书面形式要求投标人对投标文件中含义不明确的内容作必要的澄清或者说明。投标人应当采用书面形式进行澄清或者说明，其澄清或者说明不得超出投标文件的范围或者改变投标文件的实质性内容。

第三十二条　在评标过程中召开现场答辩会的，应当事先在招标文件中说明，并注明所占的评分比重。

评标委员会应当按照招标文件的评标要求，根据标书评分、现场答辩等情况进行综合评标。

除了现场答辩部分外，评标应当在保密的情况下进行。

第三十三条　评标委员会应当按照招标文件确定的评标标准和方法，对投标文件进行评审和比较，并对评标结果签字确认。

第三十四条　评标委员会经评审，认为所有投标文件都不符合招标文件要求的，可以否决所有投标。

依法必须进行招标的物业管理项目的所有投标被否决的，招标人应当重新招标。

第三十五条　评标委员会完成评标后，应当向招标人提出书面评标报告，阐明评标委员会对各投标文件的评审和比较意见，并按照招标文件规定的评标标准和评标方法，推荐不超过 3 名有排序的合格的中标候选人。

招标人应当按照中标候选人的排序确定中标人。当确定中标的中标候选人放弃中标或者因不可抗力提出不能履行合同的，招标人可以依序确定其他中标候选人为中标人。

第三十六条 招标人应当在投标有效期截止时限 30 日前确定中标人。投标有效期应当在招标文件中载明。

第三十七条 招标人应当向中标人发出中标通知书，同时将中标结果通知所有未中标的投标人，并应当返还其投标书。

招标人应当自确定中标人之日起 15 日内，向物业项目所在地的县级以上地方人民政府房地产行政主管部门备案。备案资料应当包括开标评标过程、确定中标人的方式及理由、评标委员会的评标报告、中标人的投标文件等资料。委托代理招标的，还应当附招标代理委托合同。

第三十八条 招标人和中标人应当自中标通知书发出之日起 30 日内，按照招标文件和中标人的投标文件订立书面合同；招标人和中标人不得再行订立背离合同实质性内容的其他协议。

第三十九条 招标人无正当理由不与中标人签订合同，给中标人造成损失的，招标人应给予赔偿。

第五章 附　则

第四十条 投标人和其他利害关系人认为招标投标活动不符合本办法有关规定的，有权向招标人提出异议，或者依法向有关部门投诉。

第四十一条 招标文件或者投标文件使用两种以上语言文字的，必须有一种是中文；如对不同文本的解释发生异议的，以中文文本为准。用文字表示的数额与数字表示的金额不一致的，以文字表示的金额为准。

第四十二条 本办法第三条规定住宅规模较小的，经物业所在地的区、县人民政府房地产行政主管部门批准，可以采用协议方式选聘物业管理企业的，其规模标准由省、自治区、直辖市人民政府房地产行政主管部门确定。

第四十三条 业主和业主大会通过招投标的方式选聘具有相应资质的物业管理企业的，参照本办法执行。

第四十四条 本办法自 2003 年 9 月 1 日起施行。